Daniel Dettling (Hrsg.)

Parteien in der Bürgergesellschaft

Daniel Dettling (Hrsg.)

Parteien in der Bürgergesellschaft

Zum Verhältnis von Macht
und Beteiligung

VS Verlag für Sozialwissenschaften
Entstanden mit Beginn des Jahres 2004 aus den beiden Häusern
Leske+Budrich und Westdeutscher Verlag.
Die breite Basis für sozialwissenschaftliches Publizieren

Bibliografische Information Der Deutschen Bibliothek
Die Deutsche Bibliothek verzeichnet diese Publikation in der Deutschen Nationalbibliografie;
detaillierte bibliografische Daten sind im Internet über <http://dnb.ddb.de> abrufbar.

Dieses Buch wurde von der Robert Bosch-Stiftung gefördert.

1. Auflage Juni 2005

Alle Rechte vorbehalten
© VS Verlag für Sozialwissenschaften/GWV Fachverlage GmbH, Wiesbaden 2005

Lektorat: Frank Schindler

Der VS Verlag für Sozialwissenschaften ist ein Unternehmen von Springer Science+Business Media.
www.vs-verlag.de

Das Werk einschließlich aller seiner Teile ist urheberrechtlich geschützt. Jede Verwertung außerhalb der engen Grenzen des Urheberrechtsgesetzes ist ohne Zustimmung des Verlags unzulässig und strafbar. Das gilt insbesondere für Vervielfältigungen, Übersetzungen, Mikroverfilmungen und die Einspeicherung und Verarbeitung in elektronischen Systemen.

Die Wiedergabe von Gebrauchsnamen, Handelsnamen, Warenbezeichnungen usw. in diesem Werk berechtigt auch ohne besondere Kennzeichnung nicht zu der Annahme, dass solche Namen im Sinne der Warenzeichen- und Markenschutz-Gesetzgebung als frei zu betrachten wären und daher von jedermann benutzt werden dürften.

Umschlaggestaltung: KünkelLopka Medienentwicklung, Heidelberg
Druck und buchbinderische Verarbeitung: MercedesDruck, Berlin
Gedruckt auf säurefreiem und chlorfrei gebleichtem Papier

ISBN-13: 978-3-531-14543-3   e-ISBN-13: 978-3-322-80705-2
DOI: 10.1007/ 978-3-322-80705-2

Inhalt

Günter Gerstberger
Grußwort zur Konferenz — 7
Daniel Dettling
Einleitung — 10

Kapitel 1: „Wer regiert: Parteien, Medien oder Bürger? Versuch einer Neubestimmung"

1.1 Das Ende der Mitgliederpartei
Die Parteiendemokratie auf dem Prüfstand — 23
Elmar Wiesendahl

1.2 Neue Bürgergesellschaft, alte Parteien?
Zur Notwendigkeit einer partizipativen Parteireform — 43
Ulrich von Alemann

1.3 Am Ende regiert immer der Kanzler
Bürgergesellschaft in den Medien – wie viel Quote bringen Engagement und Beteiligung? — 49
Richard Meng

Kapitel 2: Perspektive Bürgergesellschaft: Wie viel Engagement braucht die Demokratie?

2.1 Politik als Beruf jenseits der Parteien — 65
Christiane Frantz

2.2. Weiches Thema – Weiche Politik?
Warum die Engagement-Politik in Deutschland im Schatten steht — 72
Thomas Leif

2.3. Eine Partei ist eine Partei.
Über den Sinn von Unterscheidungen. — 81
Holger Backhaus-Maul

2.4. Zwischen Organisation und Bewegung: Wie viel Gesellschaft braucht Partei? — 90
Bernhard Weßels

2.5. Bürgerpartei braucht Engagement: Zur Zukunft der CDU als Volkspartei — 105
Johannes v. Thadden

Kapitel 3: Bürgergesellschaft jenseits der Parteiendemokratie

3.1. „I'll get by with a little help from my friends". 117
Gerd Mielke
3.2. Zivilgesellschaft als politisches Konzept – Gefahr für die Parteien? 131
Rupert Graf Strachwitz
3.3. Fremde Welten?
Bürgergesellschaft und Mediendemokratie 139
Warnfried Dettling
3.4. Mehr Republik wagen
Die offene Gesellschaft verträgt auch keine zivile Uniform 147
Fritz Goergen

Autorenverzeichnis 155
Über dieses Buch 158

Grußwort zur Konferenz

Günter Gerstberger
Robert Bosch Stiftung GmbH

Fragen der Gestaltung einer lebendigen Bürgergesellschaft bilden in der Robert Bosch Stiftung bereits seit Anfang der 1990er Jahre einen eigenen Schwerpunkt. Für bürgerschaftliche Initiative, Ehrenamt und Freiwilligendienste in Deutschland und Europa hat die Stiftung seit 1992 mehr als 30 Mio. Euro zur Verfügung gestellt. Freiwilliges Engagement ist darüber hinaus ebenfalls profilbildend für die Arbeit in anderen unserer Programmbereiche geworden.

Warum wurde uns dieses Thema so wichtig? Abgesehen davon, dass die Stiftung selbst Ausdruck von bürgerschaftlicher Verantwortung des Bürgers und Stifters Robert Bosch und damit ein Akteur der Bürgergesellschaft ist, hat sie sich als Folge der politischen Wende bewusst der Thematik angenommen, weil sie angesichts des sozialstaatlichen und politischen Erneuerungsbedarfs in Ost- und Westdeutschland in der Stärkung des Bürgers als Subjekt und seiner freiwilligen Übernahme von Verantwortung für sich selbst und für das Gemeinwesen die größten Potentiale erkannte für die Stärkung der Demokratie und die Bewältigung der zunächst vereinigungsbedingten Herausforderungen.

Unser ehemaliges Kuratoriumsmitglied Richard von Weizsäcker hat in einem Interview als Bundespräsident im Jahr 1992 unterstrichen, dass eine lebendige Demokratie der aktiven und kritischen Mitwirkung der Bürgerinnen und Bürger auch zwischen den Wahlen bedarf. Die Parteien nannte er „machtversessen" und führte ausdrücklich den Begriff der Bürgergesellschaft im Munde. Die Idee der Bürgergesellschaft hat er nicht erfunden. Sie ist antikes Gedankengut, von der tiefen Überzeugung getragen, dass die politische Gemeinschaft von der Bereitschaft der Bürger abhängt, für sich und für andere Verantwortung zu tragen.

Wir wissen inzwischen, dass es nicht nur an der Bereitschaft der Bürger liegt, sondern auch an den ihnen von den demokratisch legitimierten Institutionen zugestandenen Spielräumen, solche Verantwortung zu übernehmen. Im Unterschied zum Beginn der 1990er Jahre können wir jetzt mit Genugtuung feststellen, dass der Themenkreis „Bürgergesellschaft/Bürgerschaftliches Engagement" aus dem öffentlichen Diskurs und der gesellschaftlichen Praxis nicht mehr wegzudenken ist. Es gibt inzwischen u.a.:

- ein Bundesnetzwerk Bürgerschaftliches Engagement und einen Unterausschuss Bürgerschaftliches Engagement im Bundestag
- die Erlaubnis für Arbeitslose, sich mehr als 12 h/Woche ehrenamtlich zu engagieren
- Tagungen, viel Papier mit klugen Ideen und Argumenten
- und nicht zuletzt viele freiwillig Engagierte, die gerade wieder vom BMFSFJ gezählt werden.

Als z.B. die Aktion Gemeinsinn in den 1990er Jahren die Verantwortlichen der Bundesländer für Ehrenamt einladen wollte, standen einige Landesregierungen vor dem wirklichen Problem, auf wessen Schreibtisch ein solches Ansinnen landen könnte. Das hat sich geändert. Es gibt sie überall, die Beauftragten für das Ehrenamt. Dennoch zeigen Sie durch Ihre Anwesenheit, dass Sie – ebenso wie wir – meinen, das bisher Erreichte kann nur ein Anfang sein.

Ich möchte an dieser Stelle keine Grundsatzabhandlung zu „Bürgergesellschaft" und „Parteien" beginnen, sondern lediglich einige Fragen nennen, die uns auch im Zusammenhang mit unseren eigenen Programmen interessieren und die vielleicht hier oder andernorts in die Diskussion Eingang finden:

- Ist die geringe Beteiligung an den Europa- und Kommunalwahlen vom Juni nun Ausdruck dessen, dass die Bürgerinnen und Bürger ja die bereits existierenden Möglichkeiten der Teilnahme nicht nutzen und daher der Gedanke einer aktiven Bürgergesellschaft eher aus einem Wunschbild resultiert, für das man sich die Menschen erst noch backen müsste? Gegebenenfalls in anderen Schulen als heute üblich?
- Oder ist die Wahlbeteiligung Ausdruck von Resignation darüber, dass die politischen Parteien auf unterschiedlichen Ebenen ohnehin die Macht haben, von der sie engagierten Bürgern nicht gern abgeben, unabhängig von ihrer politischen Verortung? Wie erklären sich dann die großen Unterschiede bei der Wahlbeteiligung (Brandenburg z.B. nur 27 %)?
- Politische Parteien sollen gem. GG Artikel 21 bei der politischen Willensbildung mitwirken. Sie sind aber nicht die alleinigen Akteure. Weniger als 3,5 % der Wahlbevölkerung gehört einer politischen Partei an, was nicht heißt, dass der große Rest politisch desinteressiert wäre. Mehr als 35 % (oder was auch immer der neue Freiwilligensurvey ergeben mag) engagiert sich ehrenamtlich in gemeinwohlorientierten Aufgaben. Aber welche realen Gestaltungs- und Entscheidungsmöglichkeiten haben sie im Vergleich zur Übermacht der Apparate?
- Wie wirkt sich die parteipolitische Besetzung kommunaler Themen und Organe, z.T. geprägt durch überörtliche Vorgaben, auf die Berücksichtigung des Sachverstands engagierter Bürger aus? Schwächt sie nicht die Identifi-

kation des Bürgers mit seiner Gemeinde und damit die Bereitschaft zum Engagement vor Ort? Kommunale Wählergemeinschaften (sog. „Rathausparteien") sind nur in Baden-Württemberg, Bayern und Rheinland-Pfalz wesentliche politische Faktoren. (Graf Vitzthum/Kämmerer 2000: 14)
- Und selbst wenn es die Bereitschaft zum Engagement der Gemeindebürger gibt – wie attraktiv ist die Mitwirkung, wenn politische Perspektiven und Alternativen nicht realisiert werden können, weil es nur noch um die Verwaltung des Mangels und die Exekution von Sachzwängen zu gehen scheint? (Graf Vitzthum/Kämmerer 2000: 75)
- Die Ausländerbeauftragte aus Berlin-Schöneberg wies darauf hin, dass 80 % der Integrationsarbeit ehrenamtlich geleistet wird. Wie mögen die deutschen und ausländischen Beteiligten das parteipolitische Gerangel um das Zuwanderungsgesetz wahrgenommen haben?

Die Robert Bosch Stiftung hat schon allein angesichts dieser beispielhaft genannten Fragen allen Grund, die Engagierten von berlinpolis zu unterstützen, die sich aus bürgerschaftlicher Verantwortung dem Thema „Parteien in der Bürgergesellschaft" zuwenden.

Ich danke den Initiatoren dafür, dass sie mit der Publikation „Parteien in der Bürgergesellschaft – Kooperation oder Konkurrenz" einen Anstoß geben, der – wie wir hoffen – nicht nur diese Thematik stärker in den Blickpunkt der öffentlichen Debatte rückt, sondern zu nachhaltigen Ergebnissen führt, auch über weiteres bedrucktes Papier hinaus. Ich danke dem Wissenschaftszentrum Berlin dafür, dass es durch diese Art der Kooperation das Vorhaben unterstützt. Möge diese Konferenz eine anregende und streitlustige Diskussion sein, die dazu beiträgt, eine bürgergesellschaftliche politische Kultur der Teilhabe innerhalb und außerhalb von Parteien voranzutreiben.

Literatur

Graf Vitzthum, Wolfgang, Kämmerer, Jörn Axel (2000): Bürgerbeteiligung vor Ort, Beiträge zum Ehrenamt 4, Robert Bosch Stiftung.

Einleitung
Parteien in der Bürgergesellschaft. Perspektiven für eine Politik des Vertrauens

Daniel Dettling

Die Deutschen wenden sich von den Parteien, vor allem von den beiden Volksparteien, ab. Die Parteienverdrossenheit ist historisch einmalig. Immer weniger Bürger trauen den Parteien die Lösung der großen Probleme und Herausforderungen zu: Arbeitslosigkeit, Wirtschaftswachstum, Staatsverschuldung, Demographie. Hinzu kommt ein Wertewandel, auf den die Parteien bislang kaum reagiert haben. Mit ihm ist ein Themenwandel verbunden. Fragen der Umwelt- und Lebensqualität und Fragen der persönlichen Lebensgestaltung gewinnen an Bedeutung.

1 Bürgergesellschaft, Parteiendemokratie und Medien

Bürgergesellschaft und Zivilgesellschaft sind die deutschen Übersetzungen der angelsächsischen civil society. Vor 1989 stellte der Begriff das Gegenprogramm zum übermächtigen, allseits präsenten und freiheitsfeindlichen Staat dar. Von Bürgergesellschaft war bis in die 1990er Jahre in Deutschland kaum die Rede. Die (alte) Bundesrepublik war erfolgreich als Wirtschaftsgesellschaft und als (Sozial)Staatsgesellschaft. Die natürlichen sozialen Ressourcen (Familie, Sitten und Gewohnheiten, Traditionen, Religion) galten als selbstverständlich und würden sich, so dachte man, wie von selbst erneuern. Seit einiger Zeit zeigt diese Erfolgsgeschichte gewisse Risse. Es wächst die Distanz zur Politik in Form einer historisch einmaligen Parteienverdrossenheit. Die Bürger vertrauen den Parteien immer weniger.

Das Leitbild der Bürgergesellschaft enthält eine normative und eine empirische Aussage. Normativ geht es von der Prämisse aus, dass es den Bürgern und der Gesellschaft besser geht, wenn sich möglichst viele aktiv betätigen und sich nicht nur um ihre privaten oder beruflichen Interessen kümmern, sondern auch um gemeinsame Angelegenheiten, um öffentliche Dinge. Der aktive, tätige Mensch steht im Mittelpunkt der Bürgergesellschaft. Empirisch besagt das Leitbild der Bürgergesellschaft, dass ein Gemeinwesen nur dann erfolgreich ist und seine Ziele erreicht, wenn es nicht nur auf den Staat setzt und soziale Fragen an ihn delegiert, sondern wenn es gelingt, mehr bürgerschaftliches Engagement und die sozialen Ressourcen zu mobilisieren. Der amerikanische Soziologe Robert D. Putnam hat belegen können, dass dort, wo die „soziale Verbundenheit" der Menschen untereinander hoch ist, die Arbeitslosigkeit geringer ist, die Drogenabhängigkeit weniger ein Problem ist und Menschen weniger krank sind. Soziales Engagement ist also Voraussetzung dafür, dass soziale Probleme gelöst werden können und sich die Zustände in vielen Bereichen (Bildung, Gesundheit, Arbeit, Inklusion) verbessern.

Das Leitbild der Bürgergesellschaft enthält eine Reformperspektive für Staat und Gesellschaft, eine Anregung auch für die Parteien, wie eine gute Gesellschaft aussehen könnte. Die entscheidende Leitfrage für die Parteien lautet: „Tragen sie dazu bei, dass sich Menschen in ihnen engagieren oder machen sie die Bürger eher passiv? Rechnen sie mit dem Engagement ihrer Mitglieder und Nicht-Mitglieder oder betrachten sie diese eher als Objekte, als Empfänger bestimmter Dienste und Leistungen?"

Von der Parteien- zur Mediendemokratie?

Verfassungsrechtlich nehmen Parteien eine Zwitterstellung ein: Als quasiverfassungsrechtliche Organe sind sie sowohl staatliche Organisationen wie Vereine bürgerlichen Rechts. Parteien bewegen sich somit jenseits von Gesellschaft (soziale Sphäre) und Bürokratie (staatliche Sphäre). Glaubt man dem Bild, welches viele Befunde zeichnen (Raschke 2001), steht den Parteien eine besonders düstere Zukunft ins Haus. Schwindende Mitgliederzahlen, sinkende Finanzen und nachlassende politische Bedeutung. Letztere ist auch Folge einer Verflechtung von Partei- und Staatsämtern bzw. Mandaten. Die **gesellschaftliche** Verankerung der Parteien wird so durch eine **staatliche** Verankerung ersetzt. Ihre Nähe zum Staat und die Ferne zur Bürgergesellschaft ist eine Ursache der Parteienverdrossenheit. Immer mehr Wähler trauen keiner der beiden Großparteien noch Lösungskompetenz in zentralen Themenbereichen zu. Der Trend politischen bzw. gesellschaftlichen Engagements geht daher in Richtung bürgerschaftliches Engagement. Parteipolitische Aktivität verliert an Attraktivität und bietet immer weniger Orientierung.

Ein weiterer Trend kommt hinzu: die Transformation der Parteien- zur Mediendemokratie. Für jede Partei gilt: Die Partei wird, genauer das Innenleben einer Partei, wird immer unwichtiger, die Medien werden immer wichtiger. Die Mediendemokratie hat für die Parteien drei wichtige Folgen (Meyer 2002):
1. Sie sind als große Diskurs- und Integrationsorganisationen prinzipiell zu langsam, um dem Präsentismus-Prinzip der Medienkommunikation folgen zu können.

2. Sie sind im überdurchschnittlichen Maße für Bürger attraktiv, deren Berufsposition und Lebensrhythmus ihnen ausreichend disponible Zeit übrig lässt.
3. Sie verlieren als zentrale Verbindungsinstanzen von Gesellschaft und Staat einen großen Teil ihrer Bedeutung als politische Integrationsklammer. Der gesamte intermediäre Bereich (Kirchen, Gewerkschaften, Verbände etc.) ist an den Rand des politischen Prozesses geraten.

Durch ihre spezifische Verfasstheit (Personalrekrutierung, Milieumagnetismus, Staatsfixiertheit) befördern die Parteien selbst ihre eigene Marginalisierung. Damit sind sie als soziale Transmissionsriemen wenig interessant für die neuen Berufe der Wissens- und Dienstleistungsgesellschaft. Während diese „beschleunigten" Berufe kaum Zeit haben für ein permanentes Engagement in den Parteien, finden sich in ihnen stärker denn je die Milieus der „Entschleunigung" und des Zeitreichtums. Zeit für die erforderliche kontinuierliche Teilhabe haben fast nur noch Kommunalbeamte, Lehrer, Hausfrauen und Rentner. Die repräsentative Demokratie wird offenbar immer weniger repräsentativ bestimmt.[1] Inzwischen sind motivierte Ehrenamtliche kaum noch zu rekrutieren, die die vielfältigen, in der Regel unbezahlten Aufgaben und Positionen auf den unteren Ebenen der Partei mit geeigneten Kandidatinnen und Kandidaten besetzen könnten.

2 Wertewandel und gesellschaftliche Konfliktlinien

In den letzten beiden Jahren lässt sich ein neuer politischer Klimawechsel beobachten: Reformen im alten, sozialreformerischen Sinne von Umverteilung, Egalisierung und Emanzipation scheinen überlebt, jedenfalls nicht mehr finanzierbar. Auf dem Vormarsch ist eine „neue Vergesellschaftung" durch die zunehmende Verlagerung staatlicher Verantwortung und Aufgaben in subsidiäre Bereiche bis hin zum einzelnen Bürger. Für diesen Trend steht die Karriere des Begriffs der „Eigenverantwortung" und „mündiger Bürger". Den Parteien gelingt es nicht mehr, die Bürger durch staatliche Versprechen an sich zu binden.

In eine ähnliche Richtung wirkt ein anderer Trend: Die Bereitschaft zu formalen und dauerhaften Mitgliedschaften ist in den traditionellen Bereichen und Organisationen bürgerschaftlichen Engagements deutlich gesunken. Hierunter leiden nicht nur Sportvereine und Verbände wie Gewerkschaften und Kirchen, sondern auch die politischen Parteien. Die Notwendigkeit für die Parteien, sich unter den Bedingungen der modernen Mediengesellschaft auf Wahlkämpfe und

---

[1] Der Bundestagsabgeordnete Hubertus Heil (SPD) (2003: 56) spricht gar von einer „Diktatur der Zeitreichen über die Zeitarmen, der Männer über die Frauen und der Alten über die Jungen". Hinzufügen könnte man noch „und der Deutschen über die Ausländer".

die permanente Vermittlung der eigenen Botschaften zu konzentrieren, haben zu einer spürbaren Abnahme des Dialogs mit den bürgerschaftlich Aktiven geführt.

Die Parteien haben sich in der Vergangenheit ein Quasi-Monopol angeeignet; die Kehrseite ist, dass die Parteien auf der anderen Seite gesellschaftliches Gebiet frei geben. Beleg hierfür sind die in den letzten beiden Jahren aus dem Boden geschossenen Bürgerbewegungen und Initiativen wie „Attac", „Bürger-Konvent" und die „Initiative Neue Soziale Marktwirtschaft". Vor allem der SPD und den Grünen ist es damals in den Jahrzehnten der „partizipatorischen Revolution" stets gelungen, soziale Bewegungen zu politisieren und außerparlamentarischen Protest an sich zu binden. Dies gelingt heute allen Parteien mit den neuen Protestgruppen nicht. Offenbar sind die heutigen Protestgruppen an Sachkunde, themenbezogener Mobilisierung und sozialer Attraktivität den Parteien weit voraus.

Es sind vor allem die beiden großen Parteien, CDU und SPD, die die unbequemen äußeren Veränderungen organisatorisch und politisch beantworten müssen. Eine offene Frage ist, ob es den beiden Parteien gelingen wird, in den nächsten Jahren die verloren politisch-kulturelle Hegemonie wieder auszuüben.

3 Die Reaktion der Großparteien: „Moderne Mitgliederpartei" (SPD) und „Bürgerpartei (CDU)

Auf diesen Wandel reagieren die beiden Großparteien SPD und CDU unterschiedlich. Die SPD versuchte in den Jahren 2001 und 2002 mit dem Konzept der „Netzwerkpartei" eine Antwort auf die technischen Herausforderungen des Internet und auf die gesellschaftlichen Veränderungen. Vor allem der damalige Bundesgeschäftsführer der Partei, Matthias Machnig, sah die Partei der Zukunft als Politikunternehmen, ihre Repräsentanten als responsive Manager und die Mitglieder- als Mitarbeiterpartei. (Vgl. Radunski 1999) Sein Programm war aber eher die Dienstleistungspartei als eine Verankerung der Partei in der Gesellschaft. Noch ist der Partei das Ziel einer Selbsterneuerung nicht gelungen. Das Projekt der organisatorischen Parteireform (Vorwahlen, Mitgliederentscheide, Urwahlen) scheiterte an der Mehrheit der Mandatsträger und Funktionäre in der Partei. Der Medienwechsel zur verstärkten Nutzung des Internet hat die Aktivierung von unten nach oben nicht gefördert.

„Moderne/Aktive Mitgliederpartei"

Nach dem Bochumer Parteitag Ende 2003 schwankt die SPD zwischen dem Festhalten an der Mitgliederpartei und der Organisationsform als (aktive) Netz-

werkpartei („moderne Mitgliederpartei"). Die Partei leidet an einem dramatischen Rückgang der Mitgliederzahlen. 130.000 Mitglieder hat die Partei in den letzten beiden Jahren verloren. Ihr Verhältnis zur Bürgergesellschaft beschreibt sie mit der Formel „Demokratie braucht Engagement der Bürgerinnen und Bürger und das Engagement der Parteien".
Die SPD wird sich als „moderne Mitgliederpartei" folgenden Fragen stellen müssen:

- Was sind die Alleinstellungsmerkmale der Partei?
- Welche Rolle spielen die Gewerkschaften als Vorfeldorganisationen?
- Wie ist das Verhältnis zwischen den alten und den neuen, weniger gut organisierten Vorfeldorganisationen?
- Wie sieht die Partei das Verhältnis zwischen Identität und Öffnung? Wie können Strukturen, Werte, Lebenslagen und Personen verbunden werden?
- Welche Zukunft hat eine „Volkspartei" angesichts der demographischen Herausforderung („Schrumpfung")?
- Wie rekrutiert und bildet sie das politische Personal und organisiert die Zusammenarbeit von Haupt- und Ehrenamtlichen?

„Bürgerpartei"

Die CDU hat auf die neuen Entwicklungen mit dem Konzept der „Bürgerpartei" reagiert. Das Konzept geht von dem gesellschaftlichen Befund einer fortschreitenden Individualisierung und Pluralisierung aus. Die moderne Gesellschaft sei zunehmend eine „Minderheitengesellschaft in rasch wechselnden Konstellationen". Großes soziales Potential sieht die CDU in Netzwerken, in denen vor allem Frauen und jüngere Menschen ehrenamtlich arbeiten und in ihrem Umfeld als Multiplikatoren wirken. Die CDU will künftig als „Bürgerpartei" die Lücke zwischen Bürgergesellschaft und Politik schließen. Ein erster Schritt soll eine Arbeitseinheit „Netzwerke-Dialog" sein. Einen wichtigen Baustein soll die Weiterbildung der Aktiven und Ehrenamtlichen darstellen. Die Strategie der CDU setzt auf der Instrumentenebene an; die Responsivität der Gremien soll erhöht werden.
Aber auch das Konzept der „Bürgerpartei" gibt keine Antwort auf die Frage, wie den Grundproblemen – sinkende Organisationsgrade und mangelnde Repräsentativität der Volksparteien – begegnet werden könnte. Ähnlich wie die SPD kommt die Union mit dem Spagat zwischen Öffnung und Schließung, mit dem Dilemma der Logik der Bürgergesellschaft – Freiwilligkeit und Selbstorganisation – und der Logik der Politik – Loyalität und Machterhalt – nur schwer zurecht. Das Konzept gibt keine Antwort auf die Fragen:

- Was sind die Alleinstellungsmerkmale der Union?
- Welche Rolle spielen die Kirchen als Vorfeldorganisationen?
- Wie ist das Verhältnis zwischen den alten und den neuen Vorfeldorganisationen?
- Wie ist das Verhältnis zwischen Identität und Öffnung? Wie können Strukturen, Werte, Lebenslagen und Personen verbunden werden?

4 What comes next? Zur Kompatibilität von Parteiendemokratie und Bürgergesellschaft

Der soziale Wandel (Individualisierung, Pluralisierung, Demographie) stellt eine Chance dar für neue Formen der politischen Teilhabe, die bislang von einem durch den traditionsbeladenen Begriff von Solidarität verstellten Blick nicht wahrgenommen werden. Die Menschen sind auf der Suche nach neuen sinnstiftenden Netzwerken, die zum Teil stabiler, weil überlegter und geplanter sind. Offene Netzwerke haben vor allem folgende Vorteile (Klages 2000):

- leichte Zugänglichkeit ohne Vorbedingungen (Ausbildung, Geld, Herkunft, Zugehörigkeit zu Organisationen, Gruppen etc.);
- uneingeschränkte Möglichkeit zur Einbringung eigener Beiträge, die sich an alle Netzteilnehmer als Angebot richten können;
- Möglichkeit mit allen Netzteilnehmern ohne vorgegebene Kontaktbarrieren und Hierarchiegrenzen direkt in Kommunikation treten zu können;
- uneingeschränkte Möglichkeit des jederzeitigen Ein- und Austritts bzw. der Mitgliedschaft auf Zeit.

Die Personalnot ist in allen Parteien groß und wird in wenigen Jahren zur dramatischen Herausforderung. Die Parteien werden Schwierigkeiten haben, einen Apparat aufrecht zu erhalten, der politische Sacharbeit bewältigen kann. (Ehrenamtliche) Netzwerke und professionelle Vorbereitung auf politische Ämter können dazu beitragen, die Defizite auszugleichen. Die Parteien als hauptamtliche Organisationen alleine werden politische Bündnis- und Strategiefähigkeit nicht herstellen können. Neue intermediäre Strukturen wie Think Tanks und Netzwerke könnten das politische Management und das soziale Engagement verbessern. Diese Organisationen haben nicht nur den Vorteil, dass sie Debatten in Gang setzen und führen, die über den Alltag hinaus weisen, sondern auch den „Nebeneffekt", dass sie neue Talente an die Parteien heran führen. Der Partei, der diese Transformation und Neuaufstellung am schnellsten und besten gelingt, wird in Zukunft am ehesten Politik gestalten und nicht bloß verwalten können. **Nach innen bedeutet Parteireform Professionalisierung des politischen Personals und**

Ausbau der Strategiefähigkeit, nach außen ein offener und ehrlicher Umgang mit Themen und Dialog mit alten wie neuen Organisationen der Bürgergesellschaft.

Mangelnde Personalauswahl

Auf den Trend hin zum kurzfristigen Engagement, zum Engagement für eine bestimmte Person, für ein bestimmtes Thema, aber zeitlich befristet, hat keine Partei engagementpolitisch geantwortet. Das politische und personelle Erscheinungsbild der Parteien verengt sich auf den kleinen Kern der aktiven Mitglieder (ca. 15 bis 20 Prozent einer Partei). Ein möglicher Ansatz wäre, bei der Personalauswahl Seiteneinsteiger zu berücksichtigen. Die Landesliste war ursprünglich dazu gedacht, politische Experten über den Typus des Wahlkreiskandidaten hinaus in den Landtag oder Bundestag zu bringen. Die Parteiführungen nutzen dieses Instrument der personellen Innovation aber kaum oder unzureichend. Beim Thema Personalauswahl schweigen beide Konzepte bzw. bieten nur Allgemeinplätze.

Besonders verheerend ist das Erscheinungsbild der Parteien in den Großstädten. Der Zwischenbericht der CDU „Große Städte" beschreibt dieses recht ungeschminkt. In den kulturellen und intellektuellen Milieus seien die Parteien kaum präsent. Von einem „autistisch binnenorientiertem Raumschiff Ortsverein" ist die Rede. Die Parteien hätten ihre „Deutungshoheit" verloren und besäßen nicht einmal mehr eine „Einladungshoheit". Von „Volkspartei" könne hier nicht mehr gesprochen werden.

Ausgangspunkt einer Parteireform könnte die Frage sein: „Wie muss eine Parteiarbeit organisiert werden, wenn man heute mit einer neuen Partei anfangen würde? Gesucht ist eine Balance von Bürgerinitiative und Partei, freiwillig, aber nicht staatlich, öffentlich, aber nicht privat. Auch die zahlreichen Vereinigungen in den Parteien greifen auf Gesellschafts- und Organisationsstrukturen des 19. Jahrhunderts zurück. Sie spiegeln zu stark die alten Sozialstrukturen ab und zementieren die alten ideologischen Positionen. Welche politischen Impulse gehen von der Frauenunion, den Jusos oder der Mittelstandsvereinigung eigentlich aus?

Alleinstellungsmerkmal politische Mitwirkung und Mitentscheidung

Die Parteien stehen vor der Herausforderung, ihr Alleinstellungsmerkmal gegenüber anderen gesellschaftlichen Organisationen zu schärfen. Dieses liegt vor allem im Privileg der Mitwirkung und Mitentscheidung an politischen Entscheidungen. Die Abschaffung des Delegiertenprinzips bei der Kandidatenbestimmung vor Ort wäre ein erster wichtiger Schritt einer Stärkung des „Parteibürgers". Personen für Spitzenämter sollten von allen Mitgliedern gewählt werden. Wie andere Organisationen auch werden sie mit mehr Projektarbeit, weniger Bürokratie und mit offeneren Hierarchien antworten müssen. Und sie werden wieder Themen setzen und Debatten organisieren müssen, wenn sie in der öffentlichen Wahrnehmung nicht untergehen wollen. Auch wenn die Vereinbarung von Mitgliederinteressenvertretung und Gemeinwohlorientierung für die Parteien schwieriger geworden ist, muss ihnen dieser Spagat gelingen, sowohl zum Wohle der Bürgergesellschaft als auch zu ihrem eigenen.

Beitrag zur Modernisierung von Staat und Gesellschaft

Wesentliches Prinzip der Bürgergesellschaft ist das Prinzip der Subsidiarität, der Vorrang der kleinen Einheiten. Subsidiarität meint aber etwas anderes als Entstaatlichung oder Privatisierung. Kleine Einheiten brauchen „hilfreichen Beistand" (Nell-Breuning), das heißt einen „aktivierenden bzw. ermöglichenden Staat". Eine intelligente Staats- und Verwaltungsreform fragt nicht nur, *was* der Staat tut, sondern auch *wie* er es tut. Es sind die kleinen Einheiten, die die Grundlagen und Voraussetzungen schaffen, ohne die weder Staat noch Markt erfolgreich existieren können.

Das Leitbild der Bürgergesellschaft geht über den Begriff des Staatsbürgers hinaus und verfolgt eine ganzheitliche Betrachtungsweise (Kultur, Wirtschaft, Soziales). Ihr eigentlicher Ort sind die Städte, die Gemeinden und Regionen. Bürgergesellschaft meint bewusst mehr als kommunale Selbstverwaltung. Die Kommunen und Städte der Zukunft motivieren die Bürger, beraten und unterstützen sie in ihrem freiwilligen Engagement. Ein Schlüssel hierfür ist die Vernetzung der entscheidenden Akteure, ihre Inpflichtnahme zur Lösung sozialer Probleme und ihr zielorientiertes Management. Auch die Parteien könnten sich hier als professionelle Moderatoren und Mediatoren anbieten, die zwischen den Gruppen vermitteln. Als Parteien der Bürgergesellschaft könnten sie die Quantität und Qualität des freiwilligen und sozialen Engagements steigern und die brachliegenden Ressourcen der Bürger wecken. „Bürgergesellschaft konkret" bedeutet so gesehen einen wichtigen Beitrag für das Wachstum der Zukunft: die Lebensqualität der Bürger.

5 Plädoyer für eine Allianz von Parteien und Bürgerinitiativen

Parteiendemokratie und Bürgergesellschaft sind solange nicht kompatibel, solange beide einher- bzw. untergehen mit dem Niedergang des Sozialstaats. Die

Bürger stehen dem Projekt der Bürgergesellschaft skeptisch gegenüber, wenn es als Lückenbüßer eines zugleich omnikompetenten und impotenten Wohlfahrtsstaats proklamiert wird. Die Bürgergesellschaft wird so mit Erwartungen überfrachtet, die sie nicht einlösen kann. Bürgergesellschaft oder neue bürgerliche Gesellschaft werden es in der Gesellschaft der Wähler und Zuschauer schwer haben, wenn sie nicht Wege aufzeigen, die mehr als nur den Niedergang des Alten beschwören. Als Ausfallbürgen für einen Staat der knappen Kassen wird die Bürgergesellschaft keine Zukunft haben.

Ein Begriff spielt für das politische Projekt Bürgergesellschaft eine zentrale Rolle: **Vertrauen**. Die Parteien haben nur dann eine Zukunft, wenn die Bürger ihnen wieder Vertrauen entgegen bringen. Vertrauen ist der Kernbegriff der politischen Kultur. Nur mit einem positiven Stil kann das Vertrauen in die Politik und in die Parteien gestärkt werden. Die Parteien in der Bürgergesellschaft brauchen dringend eine neue positive Gesprächs- und Diskussionskultur. „Moralisieren, polarisieren und attackieren" ist der überkommene Politikstil des letzten Jahrhunderts.

Das Leitbild der Bürgergesellschaft kann nicht die alleinige Antwort auf die Erosion des Sozialstaates geben. Auf der Suche nach einer neuen Balance von Staat, Markt und Gesellschaft kann das Konzept der Bürgergesellschaft jedoch eine wichtige Orientierungsleistung erbringen. Eine gute soziale Infrastruktur ist die Voraussetzung, dass Menschen gemeinsam etwas unternehmen. Eine Kultur des bürgerschaftlichen Engagements braucht eine entsprechende Kooperation zwischen Hauptamtlichen und Freiwilligen. Parteien sollten sich wieder stärker zu Bürgerorganisationen zurück entwickeln.

Beide – das Projekt Bürgergesellschaft und das Projekt Partei – sind in Zukunft aufeinander angewiesen. Ohne Parteien wird es nicht gehen, aber nur mit ihnen auch nicht. Eine starke Demokratie braucht Partei und Bürgergesellschaft. Beide sind aufeinander angewiesen. Ein „ermöglichender Staat" hat die „ermöglichte" Bürgergesellschaft zum Ziel. Die Fähigkeit einer Gesellschaft zur Selbstorganisation ist Voraussetzung einer innovativen Demokratie und damit auch ein Beitrag zur mehr Wettbewerbsfähigkeit insgesamt. „Mehr Bürgergesellschaft wagen" ist kein schlechtes Motto für das begonnene 21. Jahrhundert.

Literatur

Heil, Hubertus (2003), Ermattete Riesen. In: Berliner Republik 5/03, 56.
Klages, Helmut (2000): Engagementpotenzial in Deutschland. In: Braun, J., Klages, H. (Hrsg.), Freiwilliges Engagement in Deutschland, Bd. 2: Zugangswege zum freiwilligen Engagement und Engagementpotenzial in den neuen und alten Bundesländern, Stuttgart, 114-198

Meyer, Thomas (2002), Soziale Demokratie und Globalisierung, Bonn.
Radunski, Peter (1991), „Angestrebt wird eine moderne Dienstleistungspartei". In: Die Sonde 1991, H. 24, 3-8.
Raschke, Joachim (2001), Die Zukunft der Volksparteien. In: Machnig, M, Bartels, H.-P. (Hrsg.), Der rasende Tanker. Analysen und Konzepte zur Modernisierung der sozialdemokratischen Organisation, Göttingen, 14-25.

Kapitel 1
„Wer regiert: Parteien, Medien oder Bürger? Versuch einer Neubestimmung"

1.1 Das Ende der Mitgliederpartei
Die Parteiendemokratie auf dem Prüfstand

Elmar Wiesendahl

1 Einleitung

Sensationell neu ist der Befund sicherlich nicht, dass sich die Politik bestimmenden Parteien in Deutschland in einer schlechten Verfassung darbieten. Beunruhigend daran aber ist, dass es mit ihnen seit Jahren weiter nach unten geht, ohne absehen zu können, wann der Tiefstpunkt der Abwärtsspirale erreicht sein wird. Im Gegenteil paart sich die Schwäche der Parteien mit einer schon länger anhaltenden Phase der gesellschaftlichen Perspektivlosigkeit und Verunsicherung. Und unter den Deutschen grassieren Orientierungslosigkeit, Pessimismus und Zukunftsangst, ohne dass die Parteien und die aus ihnen hervorgehende politische Klasse auch nur ein kleines Quäntchen an Aufbruchstimmung oder Zuversicht zu verbreiten verständen. Dies ist mit ein Grund, warum sie zur Zielscheibe massiver öffentlicher Kritik und allgemeiner Unzufriedenheit wurden. Aus zivilgesellschaftlicher Sicht ergibt sich hieraus eine klare Lage: „Die traditionelle Politik – das Geschäft der politischen Klasse – ist am Ende" (Müller 2002: 14).

Nicht zu weit hergegriffen ist daher der Gedanke, nicht mehr auf die Selbstheilungskräfte der Parteien und ihrer Vertreter zusetzen, sondern die von ihnen maßgeblich organisierte politische Willensbildung in andere Hände zu legen. Nicht etwa in die mit dem Staat institutionell eng verbandelten repräsentativdemokratische Vermittlungsinstanzen, sondern die Bürgerinnen und Bürger selbst, die sich erst jüngst wieder mit einer beeindruckenden Mehrheit von 68 % gegen Politiker-Politik und für eine direkte Beteiligung der Bevölkerung an wichtigen politischen Entscheidungen aussprechen (Forschungsgruppe Wahlen 2003: 78). Etwas Faszinierendes hat die dieser Idee zugrunde liegende Logik schon, dass, wenn die Parteien und ihre Repräsentanten das Vertrauen entzogen bekommen, die politische Regelungskompetenz an die Gesellschaft zurückgegeben werden sollte, damit die Bürgerschaft selbstorganisiert und eigenverantwortlich darüber befinden kann.

Damit sind wir beim Thema, nämlich dem Ersatz von verfestigter Parteien- und Parteipolitikerherrschaft durch Formen bürgerschaftlicher Selbstorganisation von Politik, wie sie im Modell der Zivilgesellschaft angedacht werden. Untersucht werden soll, ob in den Stärken einer parteifernen Zivilgesellschaft ein

Ausweg aus der Parteienkrise gefunden werden könnte. Um diesen Faden aufzugreifen, ist es angebracht, das Beziehungsverhältnis zwischen dem realdemokratischen Parteienstaat und dem Modell der Zivilgesellschaft näher auszuleuchten. Zuvor wird aber eine Bestandsaufnahme der wesentlichen Krisensymptome gegenwärtiger Parteienherrschaft gemacht, zumal sie den Anlass für die Idee liefern, die entwurzelte Parteiendemokratie zu Gunsten der Zivilgesellschaft preiszugeben.

Nur Tücken hat dieses Unterfangen allemal. Deshalb geht es des weiteren um eine kritische Durchleuchtung des zivilgesellschaftlichen Engagementbereichs, der sich an der institutionell verfassten Mitarbeit in Parteien messen lassen muss. Es soll an dieser Stelle nicht verhehlt werden, dass das Prüfergebnis nicht allzu rosig ausfällt und dass am Ende im Interesse gesellschaftlicher An- und Rückbindung von Politik davor gewarnt wird, Parteiendemokratie und Zivilgesellschaft gegeneinander auszuspielen.

2 Parteien auf gesellschaftlicher Talfahrt

Die Parteien in der Bundesrepublik haben schon sehr viel Krisengerede halbwegs unbeschadet überstanden. Doch was sie seit geraumer Zeit im Verhältnis zu ihrer Ausgangsbasis, der Gesellschaft, durchmachen, findet für die zurückliegende 60jährige Nachkriegszeit keine vergleichbare Parallele. Alles fing damit an, dass sich nach einer Hochphase der überschäumenden Mobilisierungskraft und Gesellschaftsintegration in den 1970ern die Vorzeichen des Beziehungshochs seit den 80ern schleichend umkehrten (Wiesendahl 2002). Dies lässt sich an verschiedenen untrüglichen Indikatoren festmachen. Zunächst ist da die Abwärtsentwicklung der Mitgliederentwicklung der Parteien zu nennen.

Wie Abbildung 1 aufzeigt, ist in der Gesamtschau ein historisch einzigartiger Konjunkturzyklus zu beobachten, der in den 1970ern durch eine massenhafte Mitgliederschwemme eingeleitet wird. In der kurzen sozialliberalen Hochmobilisierungsphase zwischen 1969 und 1973 erlebte allein die SPD eine Beitrittswelle von fast 480.000 Neumitgliedern und steigerte dadurch ihren Mitgliederbestand um 55 %. Bei der CDU hielt die Mitgliederschwemme sogar noch länger bis 1975 an, so dass sie bis dahin über 500.000 Neueintritte verzeichnete. Dadurch konnte sie ihren Bestand um 120 % aufstocken. Hinzu kommt die CSU, die ihre Mitgliederzahlen zwischen 1969 und 1976 ebenfalls verdoppeln konnte.

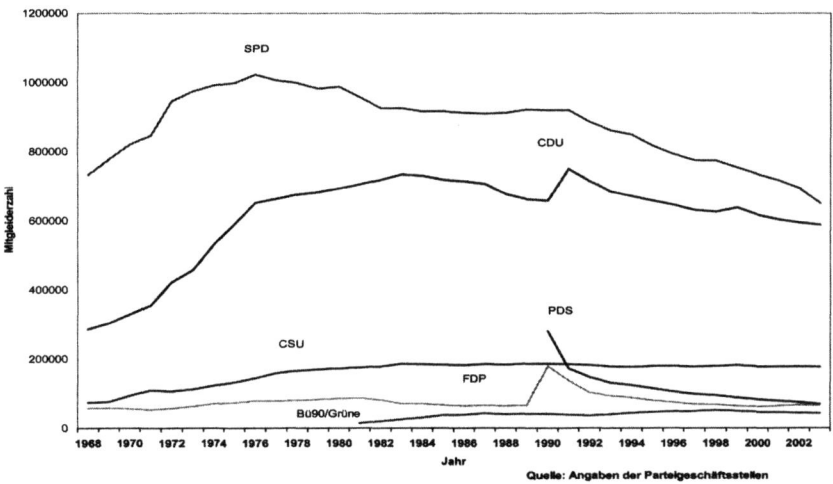

Abb.1: Mitgliederentwicklung der Bundestagsparteien von 1968 - 2003

Quelle: Angaben der Parteigeschäftsstellen

Dieser breite Mitgliederzustrom zu den Großparteien ebbte allerdings zum Ende der 1970er ab und ist, abgesehen von CSU und den Grünen, in einen Prozess der Substanzauszehrung übergegangen. Die SPD ist seit ihrem Spitzenjahr 1976 mit 1.022.191 Mitgliedern auf 650.379 (- 36,4 Prozent) Mitglieder Ende 2003 zurückgeschrumpft. Besonders dramatisch entwickelte sich der Abwärtssog ab den Jahren der Deutschen Einheit, so dass sie allein zwischen 1990 und 2003 gesamtdeutsch einen Verlust von 270.339 Organisierten (- 29,4 %) zur erleiden hatte. Die CDU erreichte 1983 mit 734.555 Mitgliedern ihr westdeutsches Spitzenjahr und hat sich bis Ende 2003 gesamtdeutsch auf 587.244 Organisierte (- 20 %) zurückentwickelt. 1990/1991 erlebte sie durch ostdeutsche CDU-Blockparteienmitglieder eine kurze Scheinblüte verzeichnen. Doch ging es nach 1991 wieder abwärts, und sie hat bis Ende 2003 einen Verlust von 163.919 Mitgliedern (- 22 %) abzuschreiben.

Ausgehend von ihrem Höchststand von 186.197 Mitgliedern im Jahre 1990 steht die CSU besser da und muss nur bis Ende 2003 einen Rückgang von 10.255 Mitgliedern (- 5,5 %) verschmerzen. Die Mitgliederentwicklung der FDP dagegen vollzog sich sehr bewegt. Von den ostdeutschen LDPD-Zuwächsen zehrte sie nicht lang, so dass sie zwischen 1990 und 2003 von 178.625 auf 65.192 Organisierte (- 63,5 %) absackte. Schließlich erlebten die Grünen gegen den Trend in den 90ern einen kleinen Boom, der sie an die 50.000-Marge heranführte. Seitdem sie Regierungspartei sind, leiden auch sie unter Mitgliederverlusten. Am schlimmsten aber traf es die PDS, die sich zwischen 1990 und 2003 von 280.882

auf 70.805 Mitglieder zurückentwickelte. Der Verfall des parteipolitischen Engagements in Ostdeutschland ist schon in einen Zusammenhang mit dem Aufstieg von mitgliederlosen Rahmenparteien gebracht worden (Grabow 2000). Insgesamt haben die Bundestagsparteien haben einstmals zu ihrer westdeutschen Bestzeit 1981 1.948.763 Bundesbürgerinnen und Bürger in ihren Reihen organisiert und sind jetzt – Ende 2002 – gesamtdeutsch auf 1,59 Millionen (- 18 %) zurückgefallen. Wieder gelandet sind sie bei einem Mitgliederstand, den sie bereits vor 30 Jahren allein in Westdeutschland erreicht hatten. Zu besichtigen ist ein historisch einzigartiger, zeitlich befristeter Mitgliederboom, der sich bis heute wieder in Luft aufgelöst hat. Hinter den nackten Zahlen von 1,6 Millionen Mitgliedern verbirgt sich ein dramatisches Regenerationsproblem, weil seit den 1980ern die Parteien vom Nachwuchs zur Erneuerung ihrer Mitgliedschaft abgeschnitten wurden. Mit der anhaltenden Rekrutierungskrise (Wiesendahl 2001) schreitet deshalb ihre Überalterung beschleunigt fort (Wiesendahl 2003). So hat der Anteil der über 60jährigen Mitglieder Ende 2003 bei der SPD die 42-Prozentmarke und bei der CDU die 45-Prozentmarke überschritten. Noch verzerrter bietet sich der Altersaufbau der PDS dar, bei der zwei von drei Mitgliedern zu den über 60jährigen zählen. Dieses starke Ergrauen macht die Parteien zu Vorruhestands- und Rentnerparteien, die dem unmittelbaren Erfahrungshorizont der Jugend und der Berufs- und Arbeitswelt fern stehen. Ohne Aussicht auf hinreichend frische Blutzufuhr wird die anwachsende Mortalitätsrate unter den überalterten Mitgliedern die Reproduktionskrise der Parteien weiter verschärfen. Dadurch steigt ihre gesellschaftliche Isolierungs- und Abschottungstendenz, so dass ihre Sensorik versagt, um noch die gegenwärtigen Zeitströmungen in sich aufzunehmen.

Zwar haben bereits in den 1990ern die Parteien auf ihre Auszehrung und Sklerose mit Organisationsreformen reagiert (Wiesendahl 1997, Reichart-Dreyer 2001, Kießling 2003, Walter-Rogg/Mößner 2004). Doch blieben die erhofften Erneuerungs- und Revitalisierungswirkungen aus, so dass aus heutiger Sicht die Ansätze als gescheitert bzw. versandet eingeschätzt werden müssen.

Wenn in der Mitgliederzahl ein untrügliches Maß für die Präsenz und Verankerung der Parteien in der Gesellschaft gesehen werden kann (Poguntke 2000: 219), dann spricht der aufgezeigte Trend für deren schleichendes, kaum noch aufhaltbares Verschwinden aus der Gesellschaft. Als wäre die chronische Rekrutierungsschwäche noch nicht genug, haben, wie Abbildung 2 veranschaulicht, insbesondere die Großparteien SPD und CDU/CSU darüber hinaus auch noch unter sich verschlimmernder elektoraler Mobilisierungs- und Integrationsschwäche zu leiden.

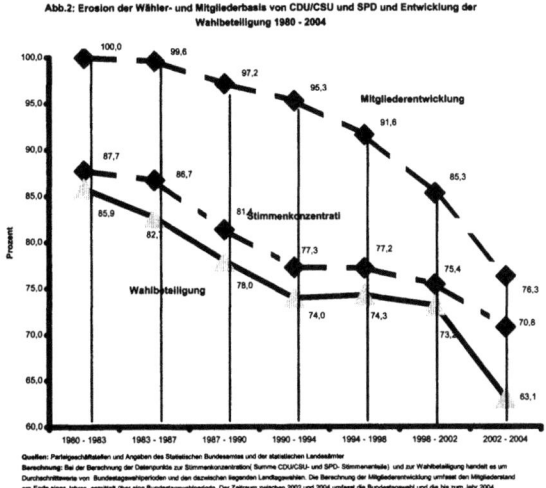

Abb.2: Erosion der Wähler- und Mitgliederbasis von CDU/CSU und SPD und Entwicklung der Wahlbeteiligung 1980 - 2004

So lässt sich ihre nachlassende Mobilisierungspotenz bei Bundestags- und Landtagswahlen am Abwärtstrend der Wahlbeteiligung über die letzten 20 Jahre ablesen. Auch ihre einstmals imposante volksparteiliche Integrationskapazität schwand dahin, was sich im Negativtrend des Konzentrationsgrads widerspiegelt. Die seit 2002 stark nach unten gerichtete Wahlbeteiligung und Stimmenkonzentration sind landtagswahlbedingt. Es bleibt abzuwarten, ob der Trend auf die Bundestagswahlen 2006 durchschlägt.

Sprechen diese Prozesse für sich genommen bereits für einen organisatorischen und elektoralen Abkoppelungsprozess, wird die fortgeschrittene Loslösung der Parteien von der Gesellschaft auch noch durch das gestörte mentale Beziehungsverhältnis zwischen ihnen und der Bürgerschaft unterstrichen. Zu keiner Zeit ihrer Nachkriegsentwicklung haben die Parteien und ihre Repräsentanten einen dermaßen desaströsen Vertrauensentzug wie heute zu verkraften. Lag das Vertrauen für Parteien Anfang der 1980er noch bei 50 %, ist das Niveau mittlerweile bis Ende der 1990er auf die Hälfte herabgesunken. Ende 2003 ist der Vertrauenswert, gemessen mit Hilfe einer + 5/- 5-Skala, nochmals tiefer auf - 0,8 heruntergesackt (Forschungsgruppe Wahlen 2003: 62). Zudem ist die Zahl der von allen Bundestagsparteien enttäuschten Bundesbürger zwischen 2002 und 2004 von 35 auf 65 % angestiegen (Köcher 2004: 5). Bei der Onlineumfrage „Perspektive Deutschland 2004" bekunden 67,9 % der Deutschen den Parteien ihr Misstrauen, und 86,4 % erkennen bei ihnen einen dringenden Verbesserungsbedarf (Stern Nr. 18/2004: 57). Es spricht für sich, dass bei allen Vertrauenserhebungen der letzten Jahre Parteien das weit abgeschlagene Schlusslicht bildeten. Nur die aus den Parteien hervorgehenden Politiker unterbieten noch die Letztplatzierung. Ihnen gegenüber wird 2003 mit - 1,0 ein noch ausgeprägteres Misstrauen geäußert (Forschungsgruppe Wahlen 2003: 62). Einen desaströsen Höchststand von 75 % zeigt auch der Wert, mit dem die Befragten verneinen, dass im Großen und Ganzen die führenden Positionen mit den richtigen Leuten besetzt seien (ebenda: 57).

Parteien bewegen sich, das indizieren die Umfragedaten, in einem Klima allgemeinen Missmuts, und sie sind zum zentralen Objekt öffentlichen Misstrauens, Kreditverfalls, gar Verachtung geworden. Und noch nie war der Glaubwürdigkeitsverlust und Integritätsverfall der politischen Klasse so groß wie heute. Ob die aufgezeigten Befunde zur Krisendiagnose taugen, wird von einigen Parteienforschern solange verneint, wie hiervon nicht der Bereich staatlicher Entscheidungsfindung infiziert wird (Helms 1998: 437). Doch interessiert hier allein die Anbindung der Parteien an die Gesellschaft. Und da weisen alle Einzelsymptome auf einen krisenhaften gesellschaftlichen Entwurzlungs- und Loslösungsprozess der Parteien hin, der ihre Rolle als parteiendemokratische Interessenrepräsentationsinstanz untergräbt und sie unglaubwürdig werden lässt, noch als Bindeglieder zwischen Gesellschaft und Staat zu fungieren.

3   Zivilgesellschaft und Parteienstaat auf Kollisionskurs

Parteien sehen sich mit der Debatte um die Zivilgesellschaft einer wachsenden Herausforderung ausgesetzt, für die sie nur schlecht gewappnet sind. Im Gegenteil geben sie in dem Maße ein Bild der Schwäche und Hilflosigkeit ab, je mehr ihr Geltungsanspruch, Interessierten ein Forum politischer Mitwirkung zu bieten und Repräsentationsinstanzen kollektiver Interessen zu sein, durch zivilgesellschaftlichen Anbindungsverlust in Verruf gerät. Die Loslösung von der Gesellschaft könnte sich für sie sogar zur Existenzfrage auswachsen.

Umgekehrt gibt es auf den ersten Blick nichts, was die Zivilgesellschaft auf Parteien angewiesen machen könnte. Eher scheint es so, als ob die Schwächung der Parteien, die grassierende Parteien- und Politikerverachtung der Zivilgesellschaft schnurstracks in die Hände spielen würde. Jedenfalls sind Anhänger der Zivilgesellschaft auf Parteien als Gebilde des staatlichen Machtapparats und privilegierte Einrichtungen politischer Willensbildung nicht gut zu sprechen. Denn für sie okkupieren Parteien mit ihrem Herrschaftsanspruch einen Raum des Politischen, der wieder entstaatlicht und „zurückverlagert" (Klein 2002: 50) werden sollte.

Der Grund dafür liegt auf der Hand. Denn: „Bürgergesellschaft beschreibt ein Gemeinwesen, in dem sich die Bürgerinnen und Bürger im Rahmen der politischen Demokratie selbst organisieren und auf die Geschicke des Gemeinwesens einwirken kann" (Kortmann/Evers/Olk/Roth 2002:5). Und wo „freiwillige, selbstbestimmte gesellschaftliche Organisationen" (Klein 2002: 41) als zivilgesellschaftliche Akteure die Träger dieses Gemeinwesens bilden, ist für Parteien kaum noch ein Platz. Genauer noch, sie haben Platz zu machen. Denn aus diesem Blickwinkel heraus ist ausgemacht, dass sich Parteien, zusammen mit weiteren „klassischen Institutionen der repräsentativen Demokratie" zurücknehmen, selbst begrenzen (Klein 2002: 37f.) und „Gestaltungsmacht an die Bürgerinnen und Bürger zurückgeben" müssen (Kortmann/Evers/Olk/Roth 2002: 8). Ohne Auseinandersetzung geht das nicht ab, wobei der bürgerschaftliche Selbstbestimmungsanspruch von „AktivbürgerInnen" gegen den Monopolanspruch „privilegierter Akteure", also in erster Linie Parteien, durchgesetzt werden muss (Roth 2000: 20).

Anhänger der Zivilgesellschaft stehen größtenteils mit Parteien deshalb auf Kriegsfuß, weil diese mit ihrem herrschaftlichen politischen Vertretungs- und Steuerungsansprüchen ein demokratisches Ordnungsmodell verkörpern, das zum zivilgesellschaftlichen Selbstregulierungsanspruch querliegt. Als Außenposten sind Parteien Teil des gängelnden und bevormundenden Staats, den man abschütteln und hinter sich lassen möchte. Die systemalternative Stoßrichtung ist dabei klar: Es geht „um den strukturellen Ersatz ... der parteienstaatlichen Institutionen" (Walter 2002: 28).

Mag die zivilgesellschaftliche Konfrontationsstellung gegenüber Parteien auch erkennbar interessengeleitet und überzogen sein, geht sie doch auf einen nicht einfach abzutuenden Argwohn zurück, in dem sich ungute Erfahrungen mit der Machtvollkommenheit der Parteien und deren parteienstaatliche Absicherung in Deutschland widerspiegeln. Immerhin war es der Erfinder der Parteienstaatstheorie, Gerhard Leibholz, selbst, der das Volk als eigenständiges politisches Subjekt mit dem Argument ausbootete, dass es in der Massendemokratie nicht politisch handlungsfähig sei und deshalb der Parteien als Sprachrohre zur Artikulation seines Willens bedürfe. Parteien würden dadurch zu „Hütern" des durch sie „zum Ausdruck gebrachten Volkswillens" (1967: 102) werden.

Zweimal ließen sich dies die Parteien nicht sagen. Von Beginn der jungen Bundesrepublik an machten sie sich zielstrebig daran, um sich, ausgestattet mit dem politischen Mitwirkungsprivileg des Grundgesetztes, zu beherrschenden Schlüsselakteuren politischer Willensbildung und Nutznießern des parteienstaatlichen Machtgefüges in der Bundesrepublik aufzuschwingen. Die unaufhaltsame Okkupation des öffentlichen Raumes als Allzuständige für die Organisation politischer Macht und die Kanalisierung bürgerschaftlicher Beteiligung ging mit den von ihnen selbst in §1 Abs. 2 des Parteiengesetzes von 1967 erhobenen Anspruch einher, „auf allen Gebieten des öffentlichen Lebens" an der politischen Willensbildung des Volkes mitzuwirken, und das „indem sie insbesondere

- auf die Gestaltung der öffentlichen Meinung Einfluss nehmen,
- die politische Bildung anregen und vertiefen,
- die aktive Teilnahme der Bürger am politischen Leben fördern,
- zur Übernahme öffentlicher Verantwortung befähigte Bürger heranbilden,
- sich durch Aufstellung von Bewerbern an den Wahlen in Bund, Ländern und Gemeinden beteiligen,
- auf die politische Entwicklung im Parlament und Regierung Einfluss nehmen,
- die von ihnen erarbeiteten politischen Ziele in den Prozess der staatlichen Willensbildung einführen und
- für eine ständige lebendige Verbindung zwischen dem Volk und dem Staatsorgan sorgen".

Dieser all umfassende Aufgabenkatalog legalisiert nachholend nur das, was längst an Parteiendominanz von der Formierungsphase nach 1945 an in der noch jungen Nachkriegsdemokratie Praxis geworden war und nun noch durch den Ausbau der staatlichen Parteienfinanzierung arrondiert werden sollte.

Wie die Übersicht schematisierend herausstellt, deckt das Ausmaß parteienstaatlicher Herrschaftsausübung sowohl die Sphäre personeller als auch inhaltlicher Einflussnahme auf den gesamten politischen Willensbildungszyklus ab. Dabei machten die Parteien nicht einmal an den Grenzen des politischen Raumes halt, sondern nutzten ihre politisch-administrative Machtvollkommenheit, um auch noch mit ihren Patronage- und Steuerungsansprüchen im gesellschaftlichen Vorfeld- und Vermittlungsbereich der Politik zu kolonisieren.

Trotz fortwährender öffentlicher und akademischer Parteienkritik, in die sich gelegentlich auch mal ein Parteipolitiker einreihte (Rüttgers 1993), konnte der Etablierung und praktisch unangefochtenen Ausdehnung des Parteienstaats nichts entgegengesetzt werden. Der Schlüssel zum Rückbau und zur Selbstbescheidung des Parteienstaats liegt nämlich bei der aus den Parteien hervorgehenden Berufspolitikerklasse selbst, deren Eigeninteresse sich zuförderst mit dem Fortbestand der sie begünstigenden Verhältnisse verbindet. Insofern muss im Aufstieg einer Klasse von Lebenszeitpolitikern eine wesentliche Ursache für die Parteienstaatsexpansion gesehen werden (von Beyme 1993, Wiesendahl 1999). Dies ging nach Auffassung von Katz und Mair (1995, Detterbeck 2002) mit der Loslösung der älteren Massen- und Volksparteien aus der Gesellschaft einher, die sich zu halbstaatlichen und öffentlich finanzierten „Kartellparteien" transformiert hätten. Treibende Kraft dieser Entwicklung bildeten dabei wiederum die Berufspolitiker, deren Dominanz über die Parteien von Beyme (1997, 2000) dermaßen hoch einschätzt, dass sie sich für ihn zu auf Wahlkämpfe hin spezialisierte „Berufspolitikerparteien" gewandelt hätten.

Abb. 3: Kennzeichen parteienstaatlicher Herrschaft in der Bundesrepublik Deutschland

I. Juristisch
Verfassungsrechtliche Privilegierung und Inkorporierung der Parteien durch Grundgesetz (Art. 21) und Parteiengesetz.
II. Ideologisch
Staatsrechtliche und politikwissenschaftliche Rechtfertigung und Überhöhung der Organisation politischer Macht durch Parteien (Parteiendemokratie-/Parteienstaatslehre).
III. Empirisch
Beherrschende Einflussnahme auf Verlauf und Ergebnis politischer Willensbildung.

1. Personelle Einflussnahme
1.1. Organisation und Kanalisierung bürgerschaftlicher Beteiligung
1.2. Kontrolle des Kandidatenauswahlverfahrens bei Wahlen
1.3. Monopol über die Elitenauswahl für öffentliche Wahlämter, parlamentarische Entscheidungsorgane und politische Schaltstellen staatlicher Macht
1.4. Personelle Kontrolle der Regierungsbildung
1.5. Personelle Kontrolle der Besetzung administrativer und juristischer Spitzenämter
2. Inhaltliche Einflussnahme Personelle Kontrolle der Regierungsbildung
2.1. Beeinflussung der öffentlichen Tagesordnung und Meinungsbildung
2.2. Selektion, Bündelung und Vermittlung individueller wünsche und Gruppeninteressen
2.3. Kontrolle der Entscheidungsinhalte parlamentarischer Entscheidungsprozesse
2.4. Programmatische Ziel- und Richtungsbestimmung staatlichen Handelns (Sozialpolitik, Bildungspolitik, Sicherheitspolitik etc.)
2.5. Kontrolle über Art und Ausmaß öffentlicher Parteienfinanzierung und Politikerbesoldung
2.6. Kontrolle über die Gesetzgebung zur Regelung des Parteieneinflusses
3. Gesellschaftliche Einflussnahme
3.1. Expansions- und Durchdringungstendenz des Parteienflusses im Gesellschaftlichen Vorfeldbereich (Medien, Verbände, Vereine, Unternehmen)

Im Staatsbereich richteten sich die Berufspolitiker dauerhaft ein und errichteten durch Kartellabsprachen um sich herum einen Schutzraum. Dies verstärkte ihre Selbstreferenz und den Abstand zu den urwüchsigen Kollektivinteressen, die in der Bevölkerung gehegt werden. Zwar werden Wahlen weiterhin nach den vorgegebenen Politik- und Personalalternativen der altvertrauten Parteien strukturiert. Doch ist den Wählern die Möglichkeit verwehrt, die gewählte politische

Klasse auf die Einhaltung der gemachten Programmaussagen und Versprechen zu verpflichten (Wiesendahl 2003: 19ff.). Weiter verfestigt dadurch sich der von Berufspolitikern beherrschte Parteienstaat, und dies mit einer sich immer stärker aushöhlenden parteiendemokratischen Legitimationsfassade.

Zweifelsohne ist die hier vorgebrachte Parteienstaatskritik Wasser auf die Mühlen der Zivilgesellschaftsanhänger. Nur ist deren Frohlocken übereilt, weil das zivilgesellschaftliche Lager die Gefahrenmomente verkennt, die in der pauschalen Gleichsetzung von Parteien und Parteienstaat und damit in den daraus abgeleiteten Zerrbild des übermächtigen, hierarchischen und regelungswütigen Staates liegen, der die Zivilgesellschaft gängelt.

Obendrein ist das Parteienverständnis der Zivilgesellschafter zu schlicht, wenn der elementare Unterschied zwischen einer im Gesellschaftlichen verankerten Parteiendemokratie und einem der die Herrschaft von Berufspolitikern absichernden Parteienstaat (Wiesendahl 2003) nicht bedacht wird. Denn nicht Parteien sind per se das Problem, sondern deren faktische Instrumentalisierung für die Wahl und Machtabsicherung einer abgehobenen und verselbständigten politischen Klasse. Dass diese Gruppe an Parteioberen und öffentlichen Amtsträgern, die die „party in public office" verkörpern, aus parlamentarischer Machtvollkommenheit heraus den öffentlichen Raum dermaßen stark ihren Kontroll- und Steuerungsanspruch unterwarfen, ist das Resultat eines Fehlentwicklungsprozesses, an dem die Hunderttausenden an Parteiaktiven und Ehrenamtlichen in den gesellschaftlich verwurzelten Basiseinheiten der Parteien nicht mitwirken. Allerdings liegt in der parteiengesteuerten Rekrutierung des politischen Führungspersonals ein Strukturproblem (Wiesendahl 2004), das der verselbständigten Elitenherrschaft in Deutschland Vorschub leistete.

4 Gegen- und Zwischenwelten des parteipolitischen und bürgerschaftlichen Engagements

Sonderbar ist es schon, wenn im Folgenden zwischen parteipolitischem und zivilgesellschaftlichen Engagement getrennt wird. Hier verfolgt die analytische Scheidung beider Engagementformen allein den Zweck, auf der empirischen Beobachtungsebene der Frage nach der gesellschaftlichen Verankerung und Verbreitung der Zivilgesellschaft nachzugehen, was vielleicht in der Tat mit einem Auseinanderdriften von Mitarbeit in Parteien und „neuen" zivilen Engagementformen einhergehen könnte.

Geht es nämlich bei der Zivilgesellschaft um die Entstaatlichung und Rückübertragung von Politik in die Hände von selbstorganisierten zivilgesellschaftlichen Assoziationen, drängt sich die Frage nach dem breiten Spektrum an zivilgesellschaftliche Gesellungs- und Beteiligungsformen auf, die einen Nährboden für die Ausbreitung politisch selbstbestimmter Zivilgesellschaft liefern könnten. Dies schließt die Frage nach der demokratischen Qualität des zivilgesellschaftlichen Engagements ein. Und klärungsbedürftig ist zudem, wie unter Beachtung des demokratischen Gleichheitsgrundsatzes selbstorganisiert Gruppen zusammengesetzt sind und was sie legitimiert, für nicht Anwesende zu sprechen und bindende Beschlüsse zu fassen.

All diese Fragen nach der konkreten Erfahrungswirklichkeit und Praxis sind deshalb relevant, weil sich die Zivilgesellschaft in ihrem gegenwärtigen Entwicklungsgrad zuallererst als Vision und Vorstellung darbietet. Um sich aber als bessere Alternative zur Parteiendemokratie empfehlen zu können, hat sie ihre Praxistauglichkeit und erfolgreiche Realitätserprobung unter Beweis zu stellen. Dies schließt die kritische Prüfung von Engagementformen auf ihre Eignung für die Konstitution von Zivilgesellschaft ein und nicht zuletzt die Frage, was von parteipolitischem Engagement dann noch übrig bleiben könnte.

Sich auf dem Feld des zivilgesellschaftlichen Beteiligungswirklichkeit kundig zu machen, wird dadurch erschwert, dass weder ein präzis definierter und konsistent verwandter Sattelbegriff für die Vielfalt des bürgerschaftlichen Engagements existiert noch gesicherte Befunde vorliegen, die über die tatsächliche Verbreitung der bürgerschaftlichen Engagementpraktiken Auskunft geben könnten. So versteht Klein (2002: 54) unter bürgerschaftlichem Engagement ein vieldeutiges und ausladendes Sammelphänomen, das „die freiwillige bzw. ehrenamtliche Wahrnehmung öffentlicher Funktionen, klassische und neue Formen des sozialen Engagements, der gemeinschaftsorientierten, moralökonomisch bzw. von Solidarvorstellungen geprägten Eigenarbeit und der gemeinschaftlichen Selbsthilfe (umfasst)". Thomas Meyer (2002: 3) richtet bürgerschaftliches Engagement auf eine explizite Zweckbindung aus, indem er neben der Freiwilligkeit und Selbstorganisiertheit noch als weiteres Spezifikum ein „gemeinsames Handeln von Bürgerinnen und Bürgern zu auch gemeinwohlorientierten Zwecken" hervorkehrt. Und bei den Trägergruppen und Assoziationsformen bürgerschaftlichen Engagements wird an „zunehmend selbstbewusste und kompetente Aktivbürger" gedacht, die bereit sind, ihre Anliegen verstärkt in Bürgerinitiativen, Selbsthilfegruppen, sozialen Bewegungen und politischen Protesten zum Ausdruck (zu) bringen". (Kortmann/Evers/Olk/Roth 2002:8).

Damit werden die Anforderungen an bürgerschaftliches Engagement und die es ausübenden Akteure recht hoch geschraubt, was sich nicht zuletzt dadurch erklärt, dass es um Selbstorganisation von Politik bzw. direktdemokratische Teilnahme an der politischen Willensbildung geht.

Die Verbreitung dieses anspruchsvollen zivilgesellschaftlichen Engagements jenseits der Parteien im gesellschaftlichen Freizeitbereich aufzuspüren, ist nur über den Umweg von mittlerweile in zahlreicher Form vorliegenden Befragungsstudien möglich. Die liefern aber mit ihren stark differierenden methodischen Designs eine verwirrende, widersprüchliche und wenig zuverlässige Zahlenwelt, was eine „große Schwankungsbreite und scheinbare Beliebigkeit" der Umfrageergebnisse zur Folge hat (Rosenbladt 1999: 401). Bis heute hält die enorme Spanne der erhobenen Befunde an, so dass die Quoten an freiwillig und ehrenamtlich Engagierten während der letzten 15 Jahre zwischen 13 und 38 % hin und her streuen (Klages 1998: 30; Rosenbladt 1999: 339f; Priller 1999: 136; Forschungsgruppe Wahlen 2003: 96; BMU 2004: 72).

Bei diesem anhaltenden Zahlenwirrwarr fällt es allemal schwerer, eine Schlüsselthese zur Auseinanderentwicklung von Parteien und Zivilgesellschaft genauer zu überprüfen. Als Verlagerungsthese besagt sie, dass sich die „alten" dauerhaften und verpflichtungsintensiven Engagementformen, wie die Mitgliedschaft in traditionellen Großorganisationen in Gestalt von Parteien, Gewerkschaften, Kirchen und Wohlfahrtsverbänden erschöpft hätten, während gleichzeitig das „neue" freiwillige Engagement in ungebundener, temporärer und verpflichtungsarmer Form in Initiativen, Projekten und Netzwerken einen Auftrieb erfahren habe (Dux 1999: 113ff., 138 ff.; Picot 2000: 120f.; Brömme/Strasser 2001: 6ff.).

Die Trendaussage „weg von der formalen Großorganisation hin zur informellen theoretisch begrenzten und selbstorganisierten Kleingruppe" (Meier/Weil 2002: 10) schließt offenkundig an ältere Aussagen der Partizipationsforschung an, die schon in den 1970ern eine Präferenzverlagerung weg von institutionell verfassten, unkonventionellen hin zu nicht verfassten, konventionellen politischen Partizipationspraktiken beobachtete.

Im Einklang mit statistischen Organisationsdaten gibt die Auswertung von Umfragedaten immerhin soviel her, dass seit den Achtzigern einerseits das organisierte politische Engagement tatsächlich einen Rückgang erfahren hat. Andererseits wird gleichzeitig aus Befragungsdaten ein Anstieg des freiwilligen ehrenamtlichen Engagements herausgelesen. Was aber die genauere Erfassung dieses Auftriebsprozesses angeht, liefern die vorliegenden Daten nur ungesicherte und widersprüchliche Erkenntnisse.

Diskussionsbedürftig bleibt, inwieweit die Zivilgesellschaft realiter im „neuen" ehrenamtlichen Engagement einen Nährboden vorfindet, aus dem die bürgerschaftliche Selbstorganisation von Politik Gestalt hervor sprießen könnte. Denn was besagt das schon für das zivilgesellschaftliche Potential in der Bundesrepublik, wenn der Anstieg des freizeitlichen Engagements in erster Linie auf Zugewinne im nichtpolitischen Betätigungssektor zurückgeht (siehe Erlinghagen/Rinne/Schwarze 1999: 248ff.) und der überwiegende Anteil der freizeitlichen freiwilligen Betätigung von Sport- und Geselligkeitsaktivitäten absorbiert wird (Picot 2000: 135; BMU 2004: 73). Dagegen sind es nach einer jüngsten Umfrage grob geschätzt nur 23 % unter den freizeitlich Organisierten, die sich mit Politik im weitesten Sinne beschäftigen (Forschungsgruppe Wahlen 2003:

92f.). 11 Prozent lassen sich dem bürgerschaftlichen Engagement in Gruppen und Initiativen zurechnen. Allein aus der Expansion des Freizeitbereichs ergeben sich für die Zivilgesellschaft noch keine rosigen Perspektiven.

Dafür müsste schon zumindest die „politische" von der „sozialen Dimension" des vielfältigen bürgerschaftlichen Freizeitengagements (Gohl 2001: 7) abgegrenzt werden. Hierbei reicht die Frage nach den Motiven (Enquete Kommission 2002: 6) der Engagierten allein keineswegs aus, sondern politikbezogenes bürgerschaftliches Engagement muss sich schon an erhöhten partizipatorischen und demokratischen Qualitätsstandards messen lassen. Denn ließe sich die zivilgesellschaftliche Debatte ernsthafter auf eine Anforderungsdiskussion über die Standards von unmittelbarer, selbstorganisierter bürgerschaftlicher Willensbildung ein, wäre auch ein kritischeres Verhältnis zu den unverfassten politischen Beteiligungspraktiken angebracht, die unter dem Begriff der unkonventionellen Partizipation firmieren.

Ihren Ursprung haben sie in der sogenannten partizipatorischen Revolution, als die Bürger in den frühen Siebzigern damit begannen, ihr bislang auf konventionelle, institutionell eingebundenen Partizipationsmuster, wie das Wählen und Mitarbeit in Parteien, begrenztes Aktionsrepertoire um neue protestorientierte und antiinstitutionelle politische Einmischungsformen zu erweitern. Dieser kognitive und politische Mobilisierungsprozess wurde demokratietheoretisch mit Genugtuung begrüßt, weil darin ein demokratischer Reifungssprung der Westdeutschen und der Übergang in eine entwickelte Beteiligungskultur gesehen wurden. Wie aufgezeigt, profitierte das parteipolitische Engagement zunächst noch von diesem Prozess. Ins Hintertreffen geriet es aber dann, als das über die neuen sozialen Bewegungen mobilisierte unkonventionelle Protestengagement immer stärker eine Frontstellung zu den Parteien einnahm. Zudem geriet die Mitarbeit in Parteien in dem Maße ins Hintertreffen und in Verruf, wie ihr das Label des nicht mehr Schicklichen und Unzeitgemäßen übergestülpt wurde. Wer dagegen demonstrierte, sich Unterschriften- oder Boykottaktionen anschloss und bei Bürgerinitiativen mitmachte, wusste sich im Einklang mit dem Zeitgeist und dem akademischen Mainstream. Befragungen bestätigen, dass gerade jüngere Bundesbürger an diesen neuen, gar nicht mehr so unkonventionellen Partizipationspraktiken Gefallen fanden (Niedermayer 2001: 215ff.; Forschungsgruppe Wahlen 2003: 83).

Die wohlwollende akademische Beschäftigung mit der neuen Protestkultur hielt allerdings selbst dann noch an, als der Protest seit Mitte der Achtziger während der behäbigen und demobilisierenden Kohl-Ära in die Bewegungsflaute geriet und sich in jüngerer Zeit auch in einigen Umfragedaten allgemeine politische Lustlosigkeit und Ermattungserscheinungen widerspiegelten (Schmidtchen 1997: 432; Gille/Kleinert/Krüger 2000: 27; van Deth 2000: 120 f.; Ott 2001: 107; Glaab 2003: 121). Als akademisch einflussreich erwies sich dabei der Versuch, den partizipatorischen Strukturwandel mit der gesellschaftstheoretischen Individualisierungsthese in Beziehung zu setzen.

Von hierher rührt aber auch die nach wie vor zu selten aufgeworfene Frage her, inwieweit das neue „unkonventionelle" Engagement an die Ansprüche, die von der zivilgesellschaftlichen Selbstorganisation von Politik ausgehen, heranreicht. Denn wie immer es um einen Anstieg der freiwilligen freizeitlichen Betätigung bestellt sein mag, ist ein Rückgang der Partizipationsintensität zu beobachten: „Dauer und Regelmäßigkeit" des Engagements sind nämlich rückläufig (Heinze/Olk 1999: 77). Diese Entwicklung verbindet sich mit der Tendenz, dass ältere Bindungsmotive im Gefolge gesellschaftlicher Individualisierung durch selbstbezogene Mitmachmotive verdrängt würden (Brömme/Strasser 2001: 8f.). Was deshalb heute unter dem Sammelbegriff der unkonventionellen Partizipation firmiert, trägt vielfach den Charakter des punktuellen, kurzfristig-sporadisch, interruptiven, bindungslosen und verpflichtungsfreien, themenbegrenzten und – nicht zu vergessen – anstrengungsarmen und einsatzschwachen Engagements.

In die neue aufwandsminimalistische Schongang- und Wohlfühlpartizipation hat sich etwas Flüchtiges, Verpflichtungsloses und Nachlässiges eingeschlichen, was schwerlich mit den Anforderungen an selbstbestimmte bürgerschaftliche Politikgestaltung konform geht. Deshalb bedarf es schon einiger Fantasie, um von diesen neuen individualisierten Partizipationsvorlieben einen Bogen hin zu zivilgesellschaftlicher Beziehungs- und Bindefähigkeit, Zugehörigkeit und Verpflichtung, Solidarität und Zusammenhalt, Vertrauen und Gemeinsinn schlagen zu können (vgl. Kissler/Schäfer-Walkmann 1999). Jedenfalls fällt wohl diese von ihrer Motivationsstruktur her eher utilitaristisch gesonnene Ich-Partizipation nicht mehr unter jenes gemeinschaftliche Engagement, aus dem die Zivilgesellschaft als „Gemeinwesen" (Evers 1999: 54 ff.) hervorgeht.

Spricht da nicht doch, – selbst auf die Gefahr des heftigen Widerspruchs hin –, einiges für das gute alte parteipolitische Engagement, das vom Ressourceneinsatz und von dem bewussten Einlassen genügend soziales und kulturelles Kapital aufbringt, um Politikvorstellungen und politische Problemlösungen zu erarbeiten? Selbst die Mitarbeit in Bürgerinitiativen steht diesem Anspruch in nichts mehr nach, zumal sie längst auf ein zeitintensives Dauerengagement hinausläuft (Schneider-Wilkens 1997: 305f.).

Doch anders als bei Bürgerinitiativen spricht einiges bei der Mitarbeit in Parteien für eine demokratisch höherwertige Form des zivilgesellschaftlichen Engagements, weil die durch konkurrierende Vereine, Projektgruppen, Initiativen oder Netzwerke artikulierten Partikularanliegen in Parteien zusammengeführt und zu Allgemeinanliegen aggregiert werden (Ware 1987: 87). Ebenfalls nicht leichtfertig aus den Augen zu verlieren ist auch die problematische Ungleichheitsstruktur politischer und gesellschaftlicher Aktivität (Norris 2001), die gerade beim selbstregulierten zivilen Engagement noch stärker als bei Parteien zu Buche schlägt. Sind es doch vor allem höhere Bildungs- und Mittelschichtenangehörige, die die neuen Assoziationsformen zu einem „Forum akademischer Mittelschichten" und nicht zum „Terrain bildungsferner Sozialgruppen" machen (Walter 2002: 33; Brömmer/Strasser 2001: 11). Es werden also niedrigere sozioökonomische Statusgruppen exkludiert, weil sie mit ihrer schlechteren partizipatorischen Ressourcenausstattung die selbstorganisierten zivilgesellschaftlichen Beteiligungschancen nicht auszunutzen wissen (Gabriel 2000: 99f., Kaase 1981; Glaab 2003: 130).

Dann geht es noch, genauso wie in den Parteien, auch im zivilgesellschaftlichen Beteiligungssektor um die Legitimation und Bändigung von Macht. Denn noch so viel staatsfreie selbstregulierte Demokratie macht die Bürgergesellschaft nicht zur politikfreien Zone. Im Gegenteil hat man auch in diesem Bereich sich das Politische in Form von Macht, Mikropolitik, partikulare Interessenverfolgung, Bevor- und Benachteiligung zu vergegenwärtigen.

Je mehr bei näherem Hinsehen der strahlende demokratische Glanz selbstorganisierter bürgerschaftlicher Demokratie verblasst, desto bemerkenswerter ist, dass Parteimitglieder ein offenes und völlig entspanntes Verhältnis zur Zivilgesellschaft pflegen. Sie sind nämlich so vielseitig und multiaktiv, dass sie neben der Parteiarbeit noch erhebliche Zeit für das zusätzliche Engagement auf allen zivilgesellschaftlichen Betätigungsfeldern aufbringen. Ohnehin hält sie nichts davon ab, sowohl die konventionelle als auch die unkonventionelle Seite des partizipatorischen Aktionsrepertoires voll auszuschöpfen (Hoffmann-Lange 1994: 102f.; Bürklin/Neu/Veen 1997: 42 ff.; Hallermann 2003: 80 ff.; Gabriel 2004: 73 ff.). Umgekehrt stehen mittlerweile auch die Türen zur Mitarbeit in Parteien für all diejenigen weit offen, die ohne Mitgliedsbuch und zeitlich begrenzt an einem Thema Interesse finden (Alemann/Strünck 1999: 32 ff.). Wird dadurch durch den Personenkreis der Parteiaktiven auf der individuellen Engagementebene der Abstand zwischen Parteiendemokratie und Zivilgesellschaft praktisch überbrückt, kann dies umgekehrt von den zivilgesellschaftlichen Akteuren und ihren Trägern nicht behauptet werden. Sie haben sich mental und in ihrer Organisationsdistanz soweit von den Parteien entfernt, dass die Brücken zu ihnen abgebrochen wurden. Die einseitige Hinwendung der Parteimitglieder zum zivilgesellschaftlichen Lager bleibt infolgedessen seit geraumer Zeit unerwidert. Hieran kann man durchaus die von Mielke (2003: 161) aufgestellte These vom „allmählichen Auseinanderdriften von Parteien und Bürgergesellschaft" bestätigt sehen.

5 Die zivilgesellschaftliche Unersetzbarkeit politischer Parteien

Die ausgeuferte Parteienherrschaft in Deutschland bedarf dringend eines zivilgesellschaftlichen Korrektivs durch selbstbewusste und partizipationsbereite Bürger. Dazu müssen sich Parteien vor allem aus solchen vorpolitischen Räumen zurückziehen, die sie durch parteienstaatlichen Expansionsdrang kolonisiert haben. Als Partizipationskanäle haben sie sich in eine Reihe mit konkurrierenden und ihnen in nichts nachstehenden politischen und gesellschaftlichen Partizipationsanbietern einzugliedern. Nur lassen sich Parteien zivilgesellschaftlich nicht ersetzen. Dies schon deshalb nicht, weil kein zivilgesellschaftlicher Akteur das Format besitzt, die Aufgaben von Parteien zu übernehmen. Solange sich Politik in repräsentativ-demokratischen Bahnen bewegt, werden Parteien gebraucht, weil sie als intermediäre Organisation und als „das zentrale Scharnier" (Poguntke 2000: 23) die Gesellschaft mit den in den staatlichen Schaltstellen sitzenden Entscheidungsträgern verbinden.

Gerade deshalb ist der Vorschlag von Joachim Raschke (2002: 80), Parteien einseitig dem Staat zuzuschlagen, problematisch. Nachvollziehbar wäre er nur, wenn man „Berufspolitiker und strategische Eliten" mit Parteien in eins setzt. Durch ihr singuläres Janusgesicht vereinen sie aber sowohl politisch staatsbezogene als auch politisch gesellschaftlich bezogene Eigenschaften. Hieran ist nicht zu rütteln, solange sie mit Zehntausenden von Basisorganisationen und Hunderttausenden von freiwilligen Aktiven und Ehrenamtlichen inmitten der Gesellschaft wurzeln. Was allerdings, wie in Teil 2 aufgezeigt, als Gefahrenmoment droht, ist, dass sie durch Etatisierung auf der einen Seite und Entwurzelung auf der anderen Seite ihre Gesellschaftlichkeit verlieren.

Wenn Parteienmacht zivilgesellschaftlich begrenzt werden soll, muss ermittelt werden, wohin die Macht hingewandert ist und wer sie ausübt. Dies sind sicherlich nicht die Basisorganisationen, sondern die Parteioberen, die zentralen Parteiapparate sowie die Fraktions- und Regierungsspitzen. Es ist die politische Klasse, die diese Zentren der Macht unter sich aufteilt. Mit der sich vertiefenden Kluft zwischen gesellschaftlich entkoppelter Berufspolitikerherrschaft und nicht mehr gesellschaftlich verwurzelten Parteien verliert die Zivilgesellschaft eines ihrer wichtigsten „instruments of public control" (Ware 1987: 25), über das sich dauerhaft Druck und Kontrolle auf die staatlichen Entscheidungsträger ausüben ließe. Für diese Form organisierter Politikbefähigung und Einflussnahme von unten sind deshalb Parteien zivilgesellschaftlich unverzichtbar. Mancher Zivilgesellschaftler würde gleichwohl einem Wegfall der Parteien keine Träne nachweinen. Doch im zivilgesellschaftlichen Eigeninteresse sollten die Bürgerinnen und Bürger die noch so schlecht beleumundeten und in Misskredit geratenen Parteien nicht links liegen lassen. Denn haben einmal die Graswurzelorganisationen der Parteien ihr Leben ausgehaucht, gibt es nicht etwa mehr Zivilgesellschaft, sondern es werden sich die Berufspolitiker weiter ausbreiten, die sich endlich des eigensinnigen, lästigen und widerborstigen Aktiven- und Ehrenamtlichenbereichs entledigen konnten. Umso ungehinderter wird sich die politische Klasse an der Zivilgesellschaft vorbei nach amerikanischem Muster auf die Mediendemokratie einlassen.

Unter diesen Umständen müsste der Erhalt und die Stärkung des an die Gesellschaft angebundenen parteiendemokratischen Regelwerks im ureigensten zivilgesellschaftlichen Interesse liegen.

Literatur

Alemann, Ulrich von, Strünck, Christoph (1999): Die Weite des politischen Vor-Raumes. Partizipation in der Parteiendemokratie, in: Kamps, Klaus (Hrsg.), Elektronische Demokratie? Perspektiven politischer Partizipation, Opladen, Wiesbaden, 21-38.

Beyme, Klaus von (1997): Funktionenwandel der Parteien in der Entwicklung von der Massenmitgliederpartei zur Partei der Berufspolitiker. In: Gabriel, Oscar W./Niedermayer, Oskar, Stöss, Richard (Hrsg.): Parteiendemokratie in Deutschland, Bonn, 359-383.

Beyme, Klaus von (2000): Parteien im Wandel. Von den Volksparteien zu den professionalisierten Wählerparteien, Wiesbaden.

Brömme, Norbert, Strasser, Hermann (2001): Gespaltene Bürgergesellschaft? Die ungleichen Folgen des Strukturwandels von Engagement und Partizipation. In: Aus Politik und Zeitgeschichte, B25-26/01, 6-14.

BMU (Bundesministerium für Umwelt, Naturschutz und Reaktorsicherheit) (Hrsg.) (2004): Umweltbewusstsein in Deutschland 2004. Ergebnisse einer repräsentativen Bevölkerungsumfrage, Bonn.

Deth, Jan W. van (2000): Das Leben, nicht die Politik ist wichtig, in: Niedermayer, Oskar/Westle, Bettina (Hrsg.), Demokratie und Partizipation. Festschrift für Max Haase, Wiesbaden, 115-135.

Detterbeck, Klaus (2002): Der Wandel politischer Parteien in Westeuropa, Opladen.

Deutscher Bundestag (2002): Bericht der Enquete-Kommission „Zukunft des Bürgerschaftlichen Engagements". Bürgerschaftliches Engagement: Auf dem Weg in eine zukunftsfähige Bürgergesellschaft (Drucksache 14/8900), Berlin.

Düx, Wiebken (1999): Das Ehrenamt in Jugendverbänden. In: Beher, Karin/Liebig, Rainhard, Rauschenbach, Thomas, Strukturwandel des Ehrenamts, Weilheim und München.

Ehling, Manfred, Schmidt, Bernd (1999): Ehrenamtliches Engagement, in Kistler, Ernst u.a. (Hrsg.), Perspektiven gesellschaftlichen Zusammenhalts, Berlin, 411-433.

Gaiser, Wolfgang, Rijke, Johann de (2001): Gesellschaftliche Beteiligung der Jugend, in: Aus Politik und Zeitgeschichte, B44/01, 8-15.

Erlinghagen, Marcel, Rinne, Karin, Schwarze, Johannes (1999): Ehrenamt statt Arbeitsamt? Sozioökonomische Determinanten ehrenamtlichen Engagements in Deutschland. In: WSI-Mitteilungen 4/99, 246-255.

Evers, Adalbert (1999): Verschiedene Konzeptualisierungen von Engagement. Ihre Bedeutung für Analyse und Politik. In: Kistler, Ernst u.a. (Hrsg.), Perspektiven gesellschaftlichen Zusammenhalts: empirische Befunde, Praxiserfahrungen, Messkonzepte, Berlin, 53-65.

Forschungsgruppe Wahlen (2003): Politische Partizipation in Deutschland. Ergebnisse einer repräsentativen Bevölkerungsumfrage November 2003, Mannheim.

Gabriel, Oscar W. (2000): Partizipation, Interessenvermittlung und politische Gleichheit. Nicht intendierte Folgen der partizipatorischen Revolution. In: Klingemann, Hans-Dieter, Neidhardt, Friedhelm (Hrsg.), Zur Zukunft der Demokratie. Herausforderungen im Zeitalter der Globalisierung, Berlin, 99-122.

Gabriel, Oscar W. (2004): In welchen Arenen spielen sie? Außerparteiliche Partizipation und Politikerkontakte von Parteimitgliedern. In: Walter-Rogg, Melanie, Gabriel, Oscar W. (Hrsg.), Parteien, Parteieliten und Mitglieder in einer Großstadt, Wiesbaden, 69-91.

Glaab, Manuela (2003): Mehr Partizipation wagen? Der Wandel politischer Beteiligung und seine Konsequenzen für die Parteien. In: Dies. (Hrsg.), Impulse für eine neue Parteiendemokratie. Analysen zu Krise und Reform (Schriftenreihe der Forschungsgruppe Deutschland), München, 117-140.

Gohl, Christopher (2001): Bürgergesellschaft als politische Zielperspektive. In: Aus Politik und Zeitgeschichte, B6-7/01, 5-11.

Grabow, Karsten (2000): Abschied von der Massenpartei. Die Entwicklung der Organisationsmuster von SPD und CDU seit der deutschen Vereinigung, Wiesbaden.

Hallermann, Andreas (2003): Parteimitglieder in Thüringen: Profil und Partizipation, Phil. Diss. Friedrich-Schiller-Universität Jena, Jena.

Heinze, Rolf G., Olk, Thomas (1999): Vom Ehrenamt zum bürgerschaftlichen Engagement. Trends des begrifflichen und gesellschaftlichen Strukturwandels. In: Kistler, Ernst u.a. (Hrsg.), Perspektiven gesellschaftlichen Zusammenhalts: empirische Befunde, Praxiserfahrungen, Messkonzepte, Berlin, 77-100.

Helms, Ludger (1998): Gibt es eine Krise des Parteienstaates in Deutschland? In: Merkel, Wolfgang, Busch, Andreas (Hrsg.), Demokratie in Ost und West. Für Klaus von Beyme, Frankfurt am Main, 435-454.

Hoffmann-Lange, Ursula (1994): Zur Politikverdrossenheit Jugendlicher in Deutschland, in: Politische Studien, Juli/August 1994, 92-106.

Kaase, Max (1981): Politische Beteiligung und politische Ungleichheit: Betrachtungen zu einem Paradox. In: Albertin, Ludwig, Link, Werner (Hrsg.), Politische Parteien auf dem Weg zur parlamentarischen Demokratie in Deutschland, Düsseldorf, 363-377.

Katz, Richard S., Mair, Peter (1995): Changing Models of Party Organization and Party Democracy. The Emergence of the Cartel Party, in: Party Politics, 1, (1995), 5-28.

Kießling, Andreas (2003): Changemanagement als Reformoption. Strukturelle und kulturelle Perspektiven für die deutschen Parteien. In: Glaab, Manuela (Hrsg.), Impulse für eine neue Parteiendemokratie. Analysen zu Krise und Reform, München, 69-94.

Kistler, Ernst, Schäfer-Walkmann, Susanne (1999): Gemeinsinn, Ehrenamt, Sozialkapital. Zur Einführung in ein weites Feld. In: Kistler, Ernst u.a. (Hrsg.), Perspektiven gesellschaftlichen Zusammenhalts: empirische Befunde, Praxiserfahrungen, Messkonzepte, Berlin, 45-52.

Klages, Helmut (1995): Engagement und Engagementpotential in Deutschland. Erkenntnisse der empirischen Forschung, in: Aus Politik und Zeitgeschichte B 38/98, 29-38.
Klein, Ansgar (2001): Der Diskurs der Zivilgesellschaft. Politische Hintergründe und demokratietheoretische Folgerungen, Opladen.
Klein, Ansgar (2002): Der Diskurs der Zivilgesellschaft. In: Meyer, Thomas/Weil, Reinhard (Hrsg.), Die Bürgergesellschaft: Perspektiven für Bürgerbeteiligung und Bürgerkommunikation, Bonn, 37-64.
Köcher, Renate (2004): Mit Verständnis statt Konzepte, Frankfurter Allgemeine Zeitung, 18.08.2004, 5.
Kortmann, Karin, Evers, Adalbert, Olk, Thomas, Roth, Roland (2002): Engagementpolitik als Demokratiepolitik. Reformpolitische Perspektiven für Politik und Bürgergesellschaft. In: Maecenata actuell Nr. 34, 5-25.
Leibholz, Gerhard (1967): Strukturprobleme der modernen Demokratie, 3. Aufl. Karlsruhe.
Meyer, Thomas (2002): Einleitung: Zivilgesellschaft, Politische Kultur und Politische Bildung. In: Ders., Weil, Reinhard (Hrsg.), Die Bürgergesellschaft: Perspektiven für Bürgerbeteiligung und Bürgerkommunikation, Bonn, 9-35.
Meyer, Thomas, Weil, Reinhard, (2002): Die Bürgergesellschaft. Perspektiven für Bürgerbeteiligung und Bürgerkommunikation, Bonn.
Mielke, Gerd (2003): Parteien zwischen Kampagnenfähigkeit und bürgerschaftlichem Engagement. In: Enquete-Kommission „Zukunft des Bürgerschaftlichen Engagements" Deutscher Bundestag (Hrsg.), Bürgerschaftliches Engagement in Parteien und Bewegungen, Opladen, 157-166.
Müller, Erhard O. (2002): Das Geschäft der politischen Gladiatoren ist am Ende. In: Frankfurter Rundschau, 21. März 2002, 14.
Niedermayer, Oskar (2001): Bürger und Politik. Politische Orientierungen und Verhaltensweisen der Deutschen. Eine Einführung, Wiesbaden.
Norris, Pippa (2001): Digital Divide. Civic Engagement, Information ? and the Internet ? . Cambridge.
Ott, Erich (2001): Distanz zwischen Gesellschaft und Politik. Überlegungen zum Schwinden demokratischer Legitimation in Deutschland. In: Conrad, Andrea, Noetzel, Thomas (Hrsg.), Zukunft der Demokratie in Deutschland, Opladen, 105-124.
Picot, Sibylle (2000): Jugend und freiwilliges Engagement. In: Freiwilliges Engagement in Deutschland – Freiwilligensurvey 1999, Bd. 3: Frauen und Männer, Jugend, Senioren, Sport, Stuttgart, 111-207.
Priller, Eckhard 1999: Variationen zum Thema „Ehrenamt". Unterschiedliche Perspektiven und Resultate. In: Kistler, Ernst u.a. (Hrsg.), Perspektiven gesellschaftlichen Zusammenhalts: empirische Befunde, Praxiserfahrungen, Messkonzepte, Berlin, 131-143.
Poguntke, Thomas (2000): Parteiorganisation im Wandel. Gesellschaftliche Verankerung und organisatorische Anpassung im europäischen Vergleich, Wiesbaden.
Raschke, Joachim (2002): Zivilgesellschaft und Demokratie. In: Rossade, Werner, Sauer, Birgit, Schirmer, Dietmar (Hrsg.), Politik und Bedeutung. Studien zu den kulturellen Grundlagen politischen Handelns und politischer Institutionen, Wiesbaden, 87-95.

Reichart-Dreyer, Ingrid (2001): Parteireformen. In: Gabriel, Oscar W., Niedermayer, Oskar, Stöss Richard (Hrsg.): Parteiendemokratie in Deutschland. 2. aktualisierte und erweiterte Auflage. Opladen, 570-591.

Rosenbladt, Bernhard von (1999): Zur Messung des ehrenamtlichen Engagements in Deutschland – Konfusion der Konsensbildung? In: Kistler, Ernst u.a. (Hrsg.), Perspektiven gesellschaftlichen Zusammenhalts. Empirische Befunde, Praxiserfahrungen, Messkonzepte, Berlin, 399-410.

Roth, Roland (2001): Bürgerschaftliches Engagement – Formen, Bedingungen, Perspektiven. In: Annette Zimmer, Stefan Nährlich (Hrsg.), Engagierte Bürgerschaft, Opladen 2000, 2.

Rüttgers, Jürgen (1993): Dinosaurier der Demokratie. Wege aus Parteienkrise und Politikverdrossenheit, Hamburg.

Schmidtchen, Gerhard (1997): Wie weit ist der Weg nach Deutschland? Sozialpsychologie der Jugend in der postsozialistischen Welt, Opladen.

Schneider-Wilkes, Rainer (1997): Macht oder Ohnmacht? Erfolgsbilanz und persönliche Auswirkungen von politischem Engagement in Bürgerinitiativen. In: Ders. (Hrsg.), Demokratie in Gefahr? Zum Zustand der deutschen Republik, Münster, 294-315.

Walter, Franz (2002): Bürgergesellschaft – die neue Erzählung. Einsprüche, Bedenken und Fragezeichen, in: Ders., Politik in Zeiten der neuen Mitte, Frankfurt am Main, 27-35.

Walter-Rogg, Melanie, Mößner, Alexandra (2004): Vielfach gefordert, selten verwirklicht: Parteimitglieder und das Thema Parteireformen. In: Walter-Rogg, Melanie, Gabriel, Oscar W. (Hrsg.), Parteien, Parteieliten und Mitglieder in einer Großstadt, Wiesbaden, 149-181.

Ware, Alan (1997): Citizens, Parties and the State. A Reappraisal, Princeton, New Jersey.

Wiesendahl, Elmar (1997): Noch Zukunft für die Mitgliederparteien? Erstarrung und Revitalisierung innerparteilicher Partizipation. In: Klein, Ansgar, Schmalz-Bruns, Rainer (Hrsg.): Politische Beteiligung und Bürgerengagement in Deutschland. Möglichkeiten und Grenzen. Bonn, 349-381.

Wiesendahl, Elmar (1999): Die Parteien in Deutschland auf dem Weg zu Kartellparteien? In: Hans Herbert von Arnim (Hrsg.), Adäquate Institutionen: Voraussetzungen für „gute" und bürgernahe Politik? Berlin, 48-72.

Wiesendahl, Elmar (2002): Überhitzung und Abkühlung: Parteien und Gesellschaft im Gezeitenwechsel der siebziger und achtziger Jahre. In: Schildt, Axel, Vogel, Barbara (Hrsg.), Auf dem Weg zur Parteiendemokratie, 138-169

Wiesendahl, Elmar (2003): Parteiendemokratie in der Krise: Das Ende der Mitgliederparteien? In: Glaab, Manuela (Hrsg.), Impulse für eine neue Parteiendemokratie. Analysen zu Krise und Reform, München, 21-38

Wiesendahl, Elmar (2004): Elitenrekrutierung in der Parteiendemokratie. Wer sind die Besten und setzen sie sich in den Parteien durch? In: Konjunktur der Köpfe? Eliten in der modernen Wissensgesellschaft, hrsg. Von Oscar W. Gabriel, Beate Neuss und Günther Rüther, Düsseldorf, 124-141

1.2 Neue Bürgergesellschaft, alte Parteien?
Zur Notwendigkeit einer partizipativen Parteireform

Ulrich von Alemann

10 Thesen

These 1
Parteien stellen die bestimmenden Organisationen der Politik dar, sie legitimieren staatliches Handeln, sie organisieren Interessenvermittlung und Willensbildung der Aktivbürgerschaft.
 Parteien vermitteln Interessen in die politische Willensbildung. Das ist ihre historische Wurzel. Sie sind entweder als Massenorganisation in der Gesellschaft entstanden, insbesondere in Opposition zu herrschenden Strömungen, wie zum Beispiel die katholische Zentrumspartei und die Sozialdemokratie. Oder sie sind als Fraktionsparteien in den Parlamenten als Bündelung gesellschaftlicher Interessen und Strömungen entstanden, wie die bürgerlichen Honorationparteien, ob als konservativ oder als liberal.
 Es muss jedenfalls eine gesellschaftliche Basis, ein Milieu, eine soziale Bewegung da sein, die sich gerade durch die Auseinandersetzung mit anderen formiert und profiliert sowie die eigenen Anhänger mobilisiert. Reinen Protestparteien fehlt diese Basis, deswegen sind sie meist kurzlebig und auch intern ohne eigenen Kitt, der die unterschiedlichen Strömungen, die in jeder Partei auftreten, zusammenhält.

These 2
Parteiendemokratie und Bürgergesellschaft sind keine zwei Welten. Bürger bewegen sich mal in Parteien, mal in Bürgerinitiativen und – foren und häufig in beiden.
 Parteien sind Bürgervereinigungen und keine staatlichen Körperschaft. Sie müssen sich das immer klarmachen, und nicht wie Staatsapparate agieren. Parteien sind an der Schnittstelle zwischen Staatsapparat und Gesellschaft angesiedelt und deshalb immer prekär in der Gefahr, entweder zu sehr zu verstaatlichen oder sich zu vergesellschaften. Parteien sind Dienstleistungsagenturen politisch aktiver Bürger. Sie wollen auf die politische Willensbildung einwirken. Deswegen gibt es auch keine Alternative zwischen Parteiendemokratie und direkter Demokratie. Direktdemokratische Elemente wie Bürgerentscheide, Volksab-

stimmung und Referenden müssen genauso organisiert und vermittelt werden wie Wahlen zu Parlamenten. Deshalb werden Parteien direkte Demokratieelemente genauso organisieren wie sie Parlamentswahlen vorbereiten. Auch Bürgergesellschaft oder Zivilgesellschaft sind deshalb keine Alternativen zur Parteiendemokratie. Wenn Parteien keine zutiefst zivilen und bürgerlichen Interessenvermittler sind, dann machen sie etwas verkehrt.

These 3
Wir brauchen nicht weniger Parteipolitik, sondern bessere Parteien, die spannende Debatten zu wesentlichen gesellschaftlichen Fragen organisieren.

Die Parteien beschäftigen sich zu sehr mit sich selbst. Innerhalb der Parteien interessiert viele nur die Gremienvielfalt der eigenen Partei für die eigene Karriere und für die eigene Interessensetzung. Die anderen Parteien sind weit weg und werden nur in sporadischen Wahlkämpfen als Gegenpart wahrgenommen. Aus dieser Fixierung auf die eigene Organisation müssen die Parteien herausfinden. Sie müssen sich in ihrer Sprache und in ihrem sonstigen Kommunikationsverhalten an die Artikulationsweise ihrer eigenen Anhänger und Bürger anpassen, statt sich nur an Werbeslogans zu orientieren. Die Werbesprache der Parteiprogramme, Broschüren und Flyer steht einer authentischen Kommunikation mit dem Bürger im Weg. Die gelackte Hochglanzsprache der Politik stößt die Bürger ab. Nicht Werbeexperten sondern gute Journalisten sollten die Wahlaussagen einer Partei formulieren. Ein nüchterner und sachlicher Text, der Probleme benennt und nicht ausklammert, der auch eigene Defizite einräumt, zwar Lösungswege aufführt, aber auch Risiken anspricht. Dies wäre ein ganz neuer und überzeugenderer Weg zur Formulierung von politischer Programmatik.

These 4
Parteiendemokratie und Mediendemokratie schließen sich nicht gegenseitig aus.

Parteien und Medien sind in ihrer gemeinsamen Rolle als Vermittlungsagenturen miteinander verwoben: Ein symbiotisches Verhältnis dominiert. Die Beziehungen zwischen Politikern und Journalisten sind eine Art Tauschverhältnis mit wechselseitiger Abhängigkeit (Sarcinelli). Der Politiker hat einen Nutzen an persönlicher Publicity, Thematisierung von ihm nützlichen Themen, Ausklammerung von Themen, die ihm schaden können und dem steht das Interesse des Journalisten gegenüber an persönlichem Prestige am journalistischen Milieu, an exklusiven Informationen und an langfristiger Gewogenheit gegenüber dem Politiker. Beide verfolgen ein gemeinsames Ziel, nämlich die Aufrechterhaltung einer engen Kommunikationsbeziehung trotz unterschiedlicher Intentionen und Interessen. Damit können sich aber auch beide in Abhängigkeiten verstricken, werden zu Akteuren in Verhandlungsnetzwerken. Beide Seiten, die Parteien und die Medien, sollten allerdings darauf achten, dass keine zu enge Symbiose besteht, die die Freiheit des Entscheidens durch den Politiker und die Freiheit des Berichtens beeinträchtigt. Beide Seiten neigen allerdings auch zur Selbstüberschätzung, wenn sie ihre massiven Eigeninteressen für das Gemeinwohl zu halten.

These 5
Die Bedeutung der Massenmedien ist nicht nur in Bezug auf Information der Bürger über die Politik und Parteien gewachsen, sondern auch in Bezug auf interne Kommunikation in den Parteien selbst.

In der Vergangenheit bestand ein beträchtlicher Nutzen der Parteimitgliedschaft darin, exklusive Informationen aus der und über die Politik aus erster Hand zu erhalten. Auf Parteiabenden berichtete der Abgeordnete direkt aus dem Parlament, die Parteizeitung informierte über die richtige Sichtweise der Parteilinie. Dies hat sich alles drastisch geändert. Die Parteipresse ist praktisch bedeutungslos geworden und untergegangen. Die Informationsfunktion der Parteiveranstaltungen ist drastisch zurückgegangen. Wichtige politische Entscheidungen werden nicht in Parteigremien verkündet, sondern in Talkshows, Interviews und Presseerklärungen. Die interne Diskussionskultur der Parteien ist „mediatisiert". Auch damit ist eine wichtige Aufgabe der klassischen Mitgliederpartei verloren. Neue Medien, wie das Internet, können für die Parteienkommunikation diesen Verlust nicht wettmachen, höchstens einen gewissen Ersatz bieten.

These 6
Die gesamte parteiinterne Willensbildung ist „mediatisiert". Dabei ist die Basis offen für neue Partizipationsgruppen.

Kontroverse Diskussionen sind in Parteien unbeliebt, weil jede kontroverse Debatte als Zerstrittenheit und damit als Handlungsunfähigkeit von den Medien negativ kommentiert wird. Obwohl die Medien unablässig authentische Debatten in den Parteien fordern, wird jede inhaltliche Auseinandersetzung als Zerstrittenheit apostrophiert. Die Parteien reagieren auf diesen Konformitätsdruck durch die Medien, indem sie ihre Parteitage wie Hochämter inszenieren, auf denen nicht inhaltlich debattiert, sondern die Führung adoriert wird. Die Parteien sollten sich viel offener zu ihrem Führungsanspruch in Bezug auf politische Konzeptionen und Visionen bekennen. Aber sie sollten Führung inhaltlich formulieren und nicht inszenieren.

An der Basis sind die Parteien allerdings viel offener, als viele Bürger denken. Es herrscht immer noch die Auffassung, dass man seine eigenen politischen Überzeugungen an der Garderobe eines Parteibüros abgeben müsse, wenn man sich entschließt, in einer Partei mitzuwirken. Diese Annahme ist längst anachronistisch geworden. In den fünf im Bundestag vertretenen Parteien kann man nahezu jede Meinung, die man in einer der Parteien vertreten kann, auch in einer jeweils anderen vertreten. Liberal, sozial, fortschrittlich, konservativ, ökologisch, feministisch, pazifistisch oder patriotisch: In jeder der Bundestagsparteien gibt es eine Nische für alle diese Überzeugungen. Jede Partei ist heute eine Koalition, eine Bündelung vielfältiger politischer Facetten. Aus Angst, zerstritten zu wirken, wird nur viel zu wenig über dies Spannbreite in den Parteien selbst debattiert.

These 7
Parteireformen sollten die Aufgaben der Parteien nicht noch mehr reduzieren, sondern stärken.

Wenn immer mehr Funktionen der Parteibasis reduziert werden, muss man sich nicht wundern, dass Parteimitgliedschaft nicht attraktiv ist. Wenn eine der wichtigsten Aufgaben der Parteien, nämlich die Nominierung von Mandatsträgern für die Parlamente, vom Gemeinderat bis zum Europaparlament, den Parteien durch allgemeine Vorwahlen entzogen würde, macht das die Parteien nicht unbedingt anziehender. Vorwahlen sind in den USA vor gut hundert Jahren eingeführt worden, um die verkrusteten und teilweise korrupten Parteimaschinen in den amerikanischen Großstädten von außen zu demokratisieren. Dadurch ist die Funktion der amerikanischen Parteien ausgehöhlt und entpolitisiert worden. Statt der Parteimitgliedschaft die letzten Bastionen ihrer Kompetenzen zu nehmen, sollten sie lieber mit neuen Kompetenzen angereichert werden, z. B. Urabstimmungen über wichtige programmatische Themen und Urwahlen über wichtige politische Positionen. Leider wird das Mittel der Urwahl allerdings nur strategisch eingesetzt, wenn sich einzelne Kandidaten um Spitzenpositionen davon persönliche Vorteile versprechen, wie man das in Baden-Württemberg im Winter 2004 besichtigen kann.

These 8
Widerstände gegen Parteireformen erwachsen aus der Angst der Funktionäre vor Machtverlust.

Gerade die mittlere Funktionärselite hat sich komfortabel in komplizierten Organisationsstrukturen eingerichtet. Selbst große Gewerkschaften mit Millionen Mitgliedern versuchen eine schlanke Organisation zu erreichen durch im Wesentlichen drei vertikale Organisationsebenen: Kreis- oder Stadtverband, Landesebene und Bundesebene. In einer Partei wie der SPD existieren dagegen teilweise noch fünf Organisationsstufen: Ortsverein, Unterbezirk, Bezirk, Land und Bund. Daneben gibt es noch eine Fülle von Fach-, Sonder- und Zusatzorganisationen. Nur gegen großen Widerstand ist teilweise die Bezirksebene zurückgeschnitten worden. In diesem Widerstand gegen Parteireformen artikulieren sich aber nicht nur die Ängste zur Verteidigung personeller und finanzieller Gründe, es verbirgt sich dahinter auch ein tiefgehender Traditionalismus. Wird diesem nicht mit neuen Identifikationsangeboten Rechnung getragen, so können daraus Identitätskrisen aus unverarbeitetem Wandel von Positionen und aus mangelnder Orientierung entstehen.

Im Übrigen wird die in der Satzung verankerte Willensbildungsstruktur von unten nach oben immer häufiger umgangen, z.B. durch so genannte Regionalkonferenzen. An allen im Parteiengesetz verankerten Willensbildungsstrukturen vorbei lädt die Parteiführung, die bestimmte Positionen oder Personen durchsetzen will, zu regionalen Konferenzen ein, um für ihre eigene Sache zu werben. Damit bestimmt sie alleine die Agenda und ist nicht an die Geschäftsordnung eines Landes- oder Kreisparteitages gebunden.

These 9
Durch Parteireformen muss die politische Führung und die programmatische Funktion zurückgewonnen werden.

Beides gehört zusammen – politische Führung und programmatische Funktion. Eine „Netzwerkpartei" ohne klare Struktur, Willensbildung von unten nach oben und Entscheidungskompetenz durch die Spitze ist keine Lösung des Willensbildungsproblems. Ein Netzwerk hat keine Hierarchie, kein Zentrum, nur ein paar Knoten: Das kann in einer Großorganisation nicht funktionieren. Vielleicht ist mit Netzwerk aber nur dasselbe gemeint, was die Jungsozialisten vor dreißig Jahren einmal Doppelstrategie nannten: Verankerung der Politik in der Partei und zugleich in der Gesellschaft. Je unübersichtlicher die Wählerschaft wird, desto stärker wachsen die strategischen Anforderungen an die Parteiführungen. Die Unübersichtlichkeit der Wählerschaft muss aber nicht die Parteien zwingen, selbst ebenfalls unübersichtlich zu werden. Es müssen viel mehr Impulse in die Partei eingespeist werden als früher. Für solche Aufgaben braucht es kein Netzwerk, sondern politische Führung. Strategische Handlungsfähigkeit und politische Orientierungskraft ist mit deutlich verbesserter Kommunikation und Willensbildung in Einklang zu bringen.

These 10
Die deutschen Parteien sind besser als ihr Ruf.

Trotz aller Schwächen, Defizite und Probleme sollte man allerdings auch einmal von außen auf die Parteien blicken. Aus der Sicht des Auslandes sind die deutschen Parteien ein Erfolgsprogramm. Radikale Parteien rechts und links sind die große Ausnahme und fast nie in die Parlamente gekommen. Die Parteien haben immer noch eine beträchtliche und aktive Parteimitgliedschaft. Es gibt einen Grundkonsens über den demokratischen, sozialen und föderalen republikanischen Staat in Europa, der in unseren Nachbarländern selten ist. Es gibt zwei große Volksparteien, die alternierend die Geschicke des Landes in den letzten fünfzig Jahren bestimmt haben. Die deutsche Einigung und die Europäisierung sind ohne Brüche vorangebracht worden. Selbst die Wahlbeteiligung ist noch um einiges höher als in vielen Nachbarländern. Deshalb kann man diese Skizze von Problemen der deutschen Parteien heute durchaus mit einem über hundert Jahre alten Wort des liberalkonservativen Historikers Heinrich von Treitschke schließen: „Gut oder schlecht, wie die Parteien von jeher waren, werden sie auch in Zukunft sein."

1.3 Am Ende regiert immer der Kanzler
Bürgergesellschaft in den Medien – wie viel Quote bringen Engagement und Beteiligung?

Richard Meng

Samstag, 2. Oktober 2004. In Berlin wird gegen Sozialabbau, speziell Hartz IV, demonstriert. Nicht irgendeine Protestaktion sollte das sein, sondern vorläufiger Höhepunkt einer neuen Bewegung. So jedenfalls, inklusive bundesweiter Mobilisierung, war der Termin geplant. Die Aktion sollte die Kraft bündeln, die aus den viele Monate lang durchgehaltenen Montagsdemonstrationen gewachsen ist. Und sie sollte deutlich werden lassen, wer Hauptadressat des Protests ist: die rot-grüne Bundesregierung, die Berliner Zentrale. Sie sollte neue Bürgergesellschaft verkörpern. Zeigen, dass Politik mehr ist als hochregulierter Institutionenstreit, der am Ende oft so stark parteitaktisch geprägt und im Ergebnis vorhersehbar ist – angesichts vorher feststehender Mehrheitsverhältnisse in den parlamentarischen Gremien. Zeigen, dass das Volk sich wieder einmischt, wenn seine Interessen berührt sind. Dass Bewegung ins Land gekommen ist, **politische** Bewegung.

Samstag, 2. Oktober 2004: Es überraschte schon niemanden mehr, dass der Höhepunkt keiner war. Die Mediengesellschaft hatte es bereits antizipiert. Das Hauptthema jener Tage war der Stimmungswandel gegen die CDU, der Absturz der Parteivorsitzenden Angela Merkel in den Meinungsumfragen. Die Großdemonstration in Berlin wurde, nachdem die organisationsstarken Gewerkschaften zum Aufrufen nicht bereit gewesen waren, von den Veranstaltern vorher schon heruntergestuft zu einem Regionalereignis. Und Hartz IV, das beherrschende Thema der Sommermonate, war ohnehin schon wieder aus den Schlagzeilen verschwunden. Interessanterweise exakt mit dem Tag, als die Regionalwahlen des Herbstes vorüber waren.

Hauptthema der Abendnachrichten war die Demonstration an diesem Abend weder in der **ARD**, deren **Tagesschau** in Westdeutschland nach wie vor die meistgesehene Informationssendung ist, noch beim Privatsender **RTL**, dem Nachrichten-Marktführer im Osten. Kein Wunder: Kaum mehr Demonstranten waren zum zentralen Protest gekommen als zu Hochzeiten der Montagsdemos wenige Wochen zuvor bei nur lokaler Mobilisierung. Viel PDS-Stammpublikum, kaum Teilnehmer aus dem Westen: Es gab, das belegte dieser Tag, denn doch noch keine neue Bewegung. Es gab nur ein vorübergehendes, weitgehend auf den Osten begrenztes Aufbegehren, im Ergebnis eher eine Dokumentation zivilgesellschaftlicher Ohnmacht. Ein Aufbegehren zudem, bei dem linke Parteien oder auch Parteigründungs-Interessierte ihre eigenen Kalküle verfolgten. Ein Testfeld zuletzt eher für Organisationsstrategen und Basis-Sucher. Ein Medienereignis nur, solange die Teilnehmerzahl anwuchs. Ein Medienereignis vielleicht auch insofern, als vorübergehende Attraktivität und Dynamik sogar stark determiniert waren durch die mediale Resonanz.

Der SPD-Vorsitzende, dessen Partei angesichts der Proteste zunächst wochenlang immer weiter ins politische Desaster hineinzutreiben schien, hatte schon seit den ersten Anzeichen von Stimmungsberuhigung die These vertreten, dass es vielleicht gar nicht so schlecht gewesen sein könnte, dass solche Demonstrationen gerade diesen Sommer prägten. Das Instrument war damit nun verbraucht und die öffentliche Aufmerksamkeit für das Thema Sozialreformen habe letztlich sogar zu viel „kostenloser" Aufklärung geführt. Die Medien hätten sich wochenlang mit einem komplizierten Thema beschäftigt und dadurch – man betone: aufklärerisch – letzten Endes sogar für Akzeptanz der umstrittenen Sozialreformen bei einer großen Mehrheit gesorgt. Der Kanzler aus derselben Partei hatte den Verzicht der Gewerkschaften auf Unterstützung der zentralen Protestaktion als logischen Kurswechsel interpretiert. Als einen, wie er im System von Einheitsgewerkschaften angelegt sei: Denn Gewerkschaften wüssten sehr genau, dass sie aus zwingenden organisationspolitischen Gründen nie bei den Verlierern sein dürften. Und überhaupt: Mediengestützte Wutwellen dieser Art, das glauben die Regierenden nach sechs Amtsjahren gelernt zu haben, könne man sowieso nicht durch Zugeständnisse brechen. Wutwellen könne man nur ungerührt abwettern, sie vorüber ziehen lassen.

Die Bilanz eines unruhigen Herbstes: Da sind nun also zum einen Gewerkschaften, denen immer bedrohlicher die Mitglieder weglaufen, die deswegen selbst vor harten internen Personalkürzungen stehen, die als Teile von Bürgergesellschaft (alt) vorübergehend durch die anwachsende Protestbewegung eine Chance zum Brückenschlag mit einer neuen Generation erhofft hatten, die jetzt aber vor allem eines verhüten wollten: dass sie in der Öffentlichkeit als schwach dargestellt werden konnten. Da ist zum anderen die Kanzlerpartei SPD, für die zumindest das vordergründige Medienbild Entspannung signalisiert, die ansonsten eher neben als hinter der aktuellen Regierungspolitik nach neuen Themen für die Zukunft sucht und schon zufrieden ist, wenn der Volkszorn auch die Union einmal trifft. Da ist drittens eine Regierung, die all die chaotischen Erfahrungen dieser Monate kurioserweise auf eine zugleich klassisch bürgergesellschaftliche und auch wiederum klassisch obrigkeitsstaatliche Weise verarbeitet hat.

Ihr Arbeitsprogramm zielt nun einstweilen ausdrücklich nicht auf weitere gesetzgeberische Reformen, sondern auf verwaltungstechnische Umsetzung von zuvor Beschlossenem. Aus dem Hartz-IV-Konflikt könne man lernen, doziert der Kanzler in lustvoll-kreativer Umkehrung des alten linken Basisprinzips, wie wenig mit Gesetzesbeschlüssen allein politisch zu bewegen, wie entscheidend für den Erfolg jeglicher Politik erst die Umsetzung beschlossener Maßnahmen sei. Vor Jahrzehnten hatte die Generation Schröder/Fischer das einmal ähnlich gesagt, aber anders gemeint.

Damals zählte es zum Kernbestand links-undogmatischer Strategie, dass parlamentarische Erfolge ohne gesellschaftliche Basis (also: Mehrheiten auch im Inhalt) am Ende nutzlos seien, weil die Durchsetzung von Mehrheitsbeschlüssen gegen widerstrebende Interessen dann nicht möglich sei. Jetzt ist aus der vorausschauenden Basismobilisierung eine nachgelagerte Basisüberzeugung (das Erklären von Reformen gegenüber dem Volk) geworden. Die Zivilgesellschaft als Objekt höherer politischer Wahrheit sozusagen: die Bürger als Menschen, die, weil sie neue Realitäten zunächst innerlich noch nicht recht akzeptieren mögen, nun erst in der letzten Stufe des Reformprozesses ins Spiel kommen – als zu Überzeugende.

1 Bürgergesellschaft: Annäherung an einen Begriff

Demokratie braucht Bürgergesellschaft. Dass letztere nicht oder nur unzureichend existierte, war weltweit immer wieder der wichtigste Grund für autoritäre Restauration – auch innerhalb formaldemokratischer Systeme, allemal aber in rein staatsfixierten Regierungsformen, wie sie international nach wie vor zahlenmäßig dominieren. Offene Gesellschaft als Humus und zugleich Transmissionsriemen politischer Entscheidungsprozesse: Dies ist das Funktionsgeheimnis, das tiefere Fundament partizipatorischer Demokratie. Gesellschaft in verschiedenster Form: sowohl organisiert als auch unorganisiert, sowohl planmäßig an einem politischen Prozess teilhabend als auch spontan sich in ihn einmischend. Gesellschaft, für die konstitutiv bleibt die Existenz und Funktionsfähigkeit bürgerlicher Öffentlichkeit – womit letztlich auch Mediengesellschaft, soweit sie staatsunabhängig organisiert ist, prinzipiell eine Facette der Bürgergesellschaft ist.

Längst stellt sich nach dem Ende der Systemauseinandersetzung nur noch theoretisch die prinzipielle Frage nach dem Verhältnis zwischen Bürgergesellschaft und Markt (nicht allein, aber auch: Medienmarkt). Praktisch ist sie beantwortet. Da die Marktlogik – als deren besonderen Teil man die Medienlogik sehen muss – die Gesellschaft insgesamt durchdringt, ist es letztlich trivial, dass auch die gesellschaftliche Öffentlichkeit marktgeprägt ist. Das bedeutet keineswegs, dass hier nicht Zielkonflikte bestünden, etwa zwischen den Verkaufschancen eines Medienprodukts und Fragen der adäquaten Wirklichkeitsabbildung. Sie gehören aber jedenfalls geradezu konstitutiv dazu. Sie sind Teil von Systemfunktion und werden das auch bleiben.

Nun gibt es einerseits die **alte** Bürgergesellschaft, die seit Jahrzehnten in einer Modernitätskrise steckt. Sie war hervorgegangen aus bürgerschaftlichen Zusammenschlüssen zu allen nur denkbaren Themen des Alltagslebens, aufgegangen teils im selbstspieglnden deutschen Vereinswesen, teils in stärker gesellschaftlich ausgerichteten Organisationen. Sie war – zumindest zu Beginn – keineswegs so unpolitisch, wie sie aus heutiger Sicht erscheint. In einem sehr weiten Sinn des Begriffs Bürgergesellschaft zählen auch Großorganisationen wie die Gewerkschaften, wie Glaubensgemeinschaften (soweit sie sich sozial engagieren), Feuerwehren und technische Hilfsdienste oder die Wohlfahrtsverbände dazu – und schließlich **auch** die politischen Parteien, soweit sie sich noch als Mitgliederorganisation mit eigenem gesellschaftsbezogenem Anspruch empfinden und nicht nur als Rekrutierungsfeld und Resonanzraum für Parlamentspolitik.

Sie alle haben bei starker ehrenamtlicher Komponente einen jahrzehntelangen Professionalisierungsprozess hinter sich, sind insofern heute etablierte Nichtregierungsorganisationen mit gleichwohl oft halbstaatlicher Funktion, weil ihnen spezifische Gemeinschaftsaufgaben übertragen sind. Die Organisationen dieser alten Bürgergesellschaft verlieren sukzessive an Attraktivität, sind aber für viele der gesellschaftlich dominanten, ortsfesten Milieus nach wie vor noch wichtige Orte von Gesellschaftlichkeit. Dort, wo sie noch große soziale Bedeutung haben (vor allem in kleinstädtisch-ländlichen Regionen), bleiben sie auch Sozialisationsinstanzen für nächste Generationen. Sie sind konstitutive Garanten eines Staats- und Gesellschaftsverständnisses, das davon ausgeht, dass der Staat gerade nicht die Gesellschaft in all ihren Segmenten selbst „managt", sondern dass er dazu (meist auch in finanzieller Hinsicht) Räume garantiert, in denen Bürger Gemeinschaftsaufgaben übernehmen bzw. sie professionell erledigen lassen.

Daneben ist in der alten Bundesrepublik seit den Kulturumbrüchen der späten 1960er Jahre eine **neue** Bürgergesellschaft entstanden, die sich viel politischer und zugleich individualistischer versteht als die alte. Eine, die neben ihren westlich-libertären kulturellen Klammern vom Prinzip themenbezogener, aber oft nicht gerade kontinuierlicher politischer Einmischung zusammengehalten wird. Die ursprünglich Umwelt-, Friedens- und Frauenthemen in den Mittelpunkt stellte, aber längst viel umfassender ansetzt – oder sich manchmal auch nur auf die lebensweltliche Ebene, auf Milieuidentitäten zurückgebildet hat. Die aber auch ihre eigenen Professionalisierungs- und Organisierungsprozesse hinter sich hat und mittlerweile durch Organisationen wie Amnesty, Attac oder Greenpeace auch international vernetzt und zugleich hochgradig spezialisiert ist. Die zugleich soziale, alltagsorientierte Facetten entwickelt hat – siehe Selbsthilfebewegung. Die teilweise die Interessensorganisationen der alten Bürgergesellschaft als Katalysator für neue politische Generationen abgelöst hat. Die kaum mehr durch massenhafte Aktion oder Organisation von sich reden macht, sondern über punktuelle Mobilisierung, die ihre spezifischen Stellvertreterrollen mit starker Medienorientierung oft höchst effektiv zu verbinden wusste.

Die Art Bürgergesellschaft, die diese neuen Ansätze innerlich trägt, ist weitgehend eine Generationsgesellschaft. Eine Milieukultur manchmal mit einem durchaus leicht zynischen Verhältnis zu ihren eigenen Stellvertreter-Aktivisten. Eine gebildete neue Mittelschicht-Teilgesellschaft, die in sozialer Hinsicht auch in der Globalisierung materiell noch relativ gut abgesichert bleibt, zwar neuen Abstiegsängsten unterliegt wie inzwischen die gesamte Mittelschicht, aber angesichts ihrer Kreativität und Flexibilität relativ besser gegen solche Rutschbahneffekte gewappnet ist.

Eine allerdings auch, die wegen ihrer starken Milieubindungen im Land sehr ungleichmäßig stark ist. Die speziell im Osten noch lange nicht so entwickelt ist wie im Westen – weshalb auch die vorübergehend breite ostdeutsche Beteiligung an den Anti-Hartz-Demonstrationen noch kein Beleg für eine neue zivilgesellschaftliche Basis war. Eher im Gegenteil: Gerade das weitgehende Fehlen von alter Bürgergesellschaft und neuem bürgerschaftlichem Engagement hat im Osten dazu geführt, dass die Protestaktionen eher noch einmal eine Art Reminiszenz an vergangene Zeiten waren. Sie haben Unzufriedenheit gegenüber dem Staat ebenso ausgedrückt wie eine passive Erwartungshaltung, dass dieser allverantwortliche Staat in einem sehr instrumentellen Sinn unter Erwartungsdruck setzbar sei. In kultureller Hinsicht könnte dies sogar eine Art regressiver Schub gewesen sein, der nichts als neue Enttäuschung und Verbitterung nach sich zieht, darin womöglich künftig sogar noch mehr Anfälligkeit für rechten Populismus – aber jedenfalls kein stabiles neues bürgerschaftliches Engagement hervorbringt.

2 Die langsame Selbstverwandlung des politisch-medialen Systems

In einer Mediengesellschaft entfalten via Markt- und Medienlogik gesellschaftliche Trends manchmal schon Wirkung, noch bevor sie eindeutig als solche erkannt und identifiziert sind. Die klassischen, alten Organisationen kommen dann aus nachholenden Anpassungsprozessen kaum mehr heraus. Der Wählermarkt, so einer der wichtigsten Langfrist-Trends, ist flexibler geworden. Die Parteibindungen sind bei vielen Bürgern schwächer denn je. Politik wird zunehmend als Dienstleister wahrgenommen, der konkrete Ansprüche befriedigen soll. Kaum mehr jemand hat den Anspruch, über Politik nachhaltig Gesellschaft zu gestalten. Gesellschaft arbeitet sich, wenn es gut geht, an Politik ab – nicht mehr umgekehrt. Auch Bürgergesellschaft (alt und neu), soweit sie organisiert ist, reagiert darauf mit Verunsicherung.

Ganz besonders und zu Recht verunsichert sind die politischen Parteien, die zunächst einmal jahrzehntelang in immer neuen Anläufen versucht hatten, die neuen Trends aus der Gesellschaft zu kopieren – in der Illusion, dies würde den kulturellen Abstand verringern. Vor allem neue Elemente direkter Demokratie innerhalb und außerhalb der Parteien sind Symbol für diese Anpassungsversuche. Es mag sein, dass durch sie hin und wieder erstarrte Strukturen aufgebrochen wurden. An geringer Wahlbeteiligung, aber auch geringem innerparteilichen Engagement haben all solche Experimente aber nichts geändert.

Inzwischen sollte für Illusionen über diesen langsamen Prozess der Selbstverwandlung des politisch-medialen Systems kein Raum mehr sein. Viel Fachkompetenz ist ausgewandert aus Institutionen, Großorganisationen und Parteien. Medienöffentlichkeit funktioniert ganz anders als innerorganisatorische Willensbildung. Erfolgreiches Regieren ist zu einer Art Dompteursleistung geworden – also: zum Versuch, den Gang der Dinge zwar nicht mehr grundlegend zu verändern, aber doch hin und wieder feinzujustieren. Hinsichtlich der großen politischen Fragen hat sich in Zeiten der Globalisierung an allen Parteispitzen Fatalismus breit gemacht. Freilich: Zielgerichtet kommuniziert werden die großen internationalen Zusammenhänge nicht – und das ginge, mangels direkter Erfahrbarkeit, auch nur sehr schwer. Aber es lebt ja auch bis hinunter zum kleinen Bürgermeister der politische Kandidat bei Wahlen von der Unterstellung, er könne – jedenfalls prinzipiell – Großes bewegen. Wahlen sind immer noch Einsammeln von Hoffnungen, mögen die im konkreten Fall auch von vornherein unrealistisch sein.

Immer öfter haben diese Hoffnungen nur noch wenig mit dem realen Handlungsspielraum und – angesichts der fulminanten Unterfinanzierung und Überschuldung des Staates – den mittelfristigen Lösungschancen zu tun. Die über die Medien ausgetragene Parteienkonkurrenz bezieht sich nach aller Erfahrung mehr darauf, wer wem sein Thema aufdrängen kann, als dass noch Politisierung im strategischen Sinn, Basissuche für konkrete Projekte angestrebt würde. Die Hauptaufgabe des erfolgreichen Politikers wird es so, beim Vollzug des Unvermeidlichen als Person einigermaßen gut auszusehen. Die Medienwelt taxiert und bewertet dann wie ein Preisgericht beim Eiskunstlaufen. Die Wertungen sind – meist jedenfalls – in der Relation zueinander nachvollziehbar. Aber ob dies nun gerade der richtige Sport war, steht auf einem anderen Blatt.

Ist diese Sicht zu pessimistisch? Zunächst ist sie nur ganz einfach realistisch. Über das Verhältnis zwischen Macht und Bürgern muss deshalb grundsätzlich neu nachgedacht werden – wobei Parteien ja immer beides sind, Machtagenten und Gesellschaft. Bisher geht der Trend immer weiter dahin, dass sie sich auf Nachwuchsrekrutierung für Führungsjobs reduzieren. Inhaltliche Konflikte sind immer häufiger von Beginn an personell instrumentalisiert. Und die Medienwelt stellt allemal viel zu früh schon die Frage, **wer** sich da wohl durchsetzen wird, nicht **was** durchgesetzt sein wird. Dem entspricht bei den Profis in den politischen Zentren zunehmend eine Mentalität, die ihrerseits politische Inhalte und Ziele nur noch als Vehikel sieht, das für die Zeit nach einem erhofften Wahlsieg nicht wirklich bindet.

Dafür, dass das tatsächlich so ist, liefern die Meinungsforscher immer wieder gute Gründe. Das politische Gedächtnis der Mediengesellschaft ist kurz geworden, vorausgesetzt ein Nach-Wahl-Schwenk entspricht der medialen Stimmung – die wiederum in allen wirtschaftsrelevanten Sachfragen durchweg als wirtschaftsfreundlich zu bezeichnen ist. Hier findet sich dir Ursache dafür, dass speziell die SPD in ihren erfolgreichen Wahlkämpfen 1998 und 2002 durchweg das Gerechtigkeitsthema stärker akzentuiert hatte, als es hinterher in der Regierungspolitik zum Tragen kam. Sowohl die Wende hin zur Sparpolitik (1999) als auch die Agenda 2010 (2003) waren tief reichende Paradigmenwechsel cirka ein halbes Jahr nach Bundestagswahlen, vor denen noch ganz andere Akzente gesetzt worden waren.

Das Abkoppeln von Psychologie und Inhalt ist kein rein sozialdemokratisches Phänomen. Wie sonst konnte es kommen, dass es ein Jahr lang niemanden interessierte, worauf die von einem CDU-Parteitag unter großem Jubel beschlossenen und medial als Durchbruch Angela Merkels gefeierten radikalen Sozialreformen hinauslaufen würden – bis in Zeiten einer grundlegend veränderten öffentliche Wahrnehmung Ende 2004 plötzlich erkennbar wurde, dass die Einstimmigkeit des Parteitags der Überzeugung der Anwesenden nur rudimentär entsprach? Falls sie den eigenen Beschluss damals überhaupt gelesen hatten, was im Verneinungsfall wiederum auch keine Weltpremiere gewesen wäre: Die Akteure empfinden die wahren Prioritäten (hier: auf die Inthronisierung Merkels kam es an, die von ihr dazu gerade präsentierten Inhalte waren nur Beigabe ohne echten Aufmerksamkeitswert) und verhalten sich längst entsprechend, aller Inszenierung und formaldemokratischen Regeln zum Trotz.

3 Bürgergesellschaft in den Medien

Es gibt Medien, die leben geradezu von Bürgergesellschaft. Lokalzeitungen vor allem: Ihnen bliebe allein die Berichterstattung über unpolitisches Vereinsleben oder dröge kommunale Gremiensitzungen, wenn es nicht themenbezogen und dabei keineswegs auf Kommunales reduziert einen öffentlichen Diskurs (meist in Form von Veranstaltungen) oder lokalpolitische Einmischung von Bürgerseite gäbe, über die sich berichten ließe. Andererseits: Es gab, am ganz anderen Ende der politischen Hierarchie, im Bundestag, eine Enquetekommission „Bürgerschaftliches Engagement", deren Einrichtung ursächlich auf den Attraktivitätsverlust und Nachwuchsmangel dieser alten Bürgergesellschaft zurückzuführen war. Über die Enquetekommission ist in den Medien kaum berichtet worden. Die zuständigen Abgeordneten hatten ein ums andere Mal versucht, bei den bundespolitischen Berichterstattern Interesse an dem Thema zu wecken – vergeblich. Wie passt das beides zusammen, lokale Wichtigkeit und überregionale Resonanzlosigkeit? Die Antwort liegt bei der völlig unterschiedlichen Art von Machtbezug.

Lokalmedien suchen erzählbare Geschichten, lebensweltliche Themen – ergänzend zu den „harten", vermachteten Diskursen der höheren politischen Ebenen. In der regionalen und erst recht überregionalen Öffentlichkeit dominiert die Institutionenberichterstattung. Das ist überhaupt kein Gegensatz zum Trend hin zu personalisierter Politikwahrnehmung: Der Kanzler, die CDU-Vorsitzende, der Präsident, die Fraktionschefs: Alle sind sie gleichwohl Figuren, die nur als Ausdruck ihrer machtpolitisch-institutionellen Rolle interessant sind. Nachrichtenwert ergibt sich immer aus den beiden Kriterien Neuigkeitswert und Machtrelevanz. Nicht der Bürger Schröder ist interessant, sondern der Kanzler Schröder – und erst dann natürlich, speziell fürs Boulevard, auch wieder der Bürger Kanzler Schröder. Nicht die Kopfpauschale im Gesundheitswesen an sich ist interessant, sondern die Vermachtung des Themas durch seine Rolle in der Parteienkonkurrenz und die Verknüpfung mit der Frage, ob Angela Merkel Kanzlerin werden kann.

Nun haben längst auch die symbolbewussten Organisationen der neuen Bürgergesellschaft Figuren hervorgebracht, die als Repräsentanten ihrer jeweiligen Rolle Teil des Macht-Medien-Spiels wurden. Die Präsentation des Jahresberichts von Amnesty International ist genauso ein medialer Routinetermin geworden wie die Vorstellung des Berichts vom Bund der Steuerzahler oder dessen vom Deutschen Paritätischen Wohlfahrtsverband. Entscheidend für Resonanz ist der Nachrichtenwert. Wenn dann Amnesty den sozialdemokratischen Kanzler wegen seiner unkritischen Russlandpolitik attackiert – und insofern den Machtaspekt berührt – oder ein Wohlfahrtsverband den Verrat am Sozialstaat konstatiert, generiert das Nachrichten. Ein Pflichtprogramm für die Medien, wenn auch schon lange nicht mehr aufrüttelnd oder gar tabubrechend.

Das Mediensystem braucht immer wieder neue Gesichter – für vorhandene Rollen. Die des kritischen Experten ist so eine Rolle, wie sie für Wissenschaftler aus dem Bereich der neuen Bürgergesellschaft gut passt. Das westlich-marktwirtschaftliche und in aller Regel (noch) nicht von Oligarchen kontrollierte Mediensystem hat insofern einen inhärenten Trend zum Instrumentalisieren und Vereinnahmen auch fundamentalen Widerspruchs. Kaum ein Widerspruch kann so radikal genug sein, um nicht medial seine Rolle zu finden, wenn Publikum dafür da zu sein scheint. Zum Beispiel Oskar Lafontaine: Der frühere SPD-

Vorsitzende wurde auf dem Höhepunkt der Montagsdemonstrationen vorübergehend noch einmal medial wichtig – mit zwar unveränderten Inhalten im Vergleich zu den vorangegangenen Jahren, als er kaum mehr Talkshowrelevanz erreichte, aber nun plötzlich wieder mit einer potenziellen Funktion als Führungsfigur möglicher neuer Bürgergesellschaft, als potenzieller Linksparteigründer, mit Machtrelevanz also.

Das Prinzip funktioniert weit über dieses eine Beispiel hinaus. Die Bundesrepublik ist gerade hinsichtlich ihres Macht-Medien-Systems längst ausgesprochen amerikanisch, was bedeutet: Hier werden bürgergesellschaftliche Impulse mehr einbezogen, man kann auch sagen: vereinnahmt, als in vielen anderen Ländern der Welt, in denen die Medienwelt noch viel stärker staatsabhängig und -fixiert bleibt. Die Zivilität Deutschlands, das weitgehende Fehlen ausgrenzender Machtrituale, die alles in allem doch recht nahbare politische Klasse und das in den Jahrzehnten der Bundesrepublik (West) gewachsene Maß an Kommunikationsegalität in der Gesellschaft: All diese Positiv-Faktoren werden innerhalb des Landes kaum wahrgenommen, weil das Vorhandene als selbstverständlich gilt und besorgte Kritik darauf zielt, es weiter zu verbessern oder Rückschritte abzuwenden. Gleichwohl lehrt der vergleichende Blick auf noch immer autoritärere, wenn auch inzwischen demokratische Gesellschaften (Beispiel: Osteuropa), wie unterschiedlich weit das Verhältnis Bürgergesellschaft-Medien entwickelt sein kann – was natürlich immer auch mit dem Entwicklungsgrad von Bürgergesellschaft zu tun hat.

An dieser Stelle ist festzuhalten: Journalisten sind, von der notwendigen Individualität bei der Berufsausübung her, im Prinzip eher Bündnispartner als Gegner von Bürgergesellschaft. Sie **brauchen** den Diskurs zwischen Gegenpolen, um spannende Berichterstattung überhaupt möglich machen zu können. Die Organisationen aus der Bürgergesellschaft, selbst wenn sie sich insgesamt oft nicht genug wahrgenommen fühlen, rutschen hin und wieder doch in die Rolle als Archiv und zugleich als eine Art Meinungs-Steinbruch für viele der Berichterstatter – ohne dass man das den Berichten immer anmerken müsste. Bürgergesellschaft in den Medien bleibt damit andererseits aber immer zurückgeworfen auf die Relativität ihrer Rolle. Sie findet, außer wenn – etwa via Massendemonstration – wirklich direkt Machtfragen berührt sind, nicht wirklich Zugang zum machtnahen Politikjournalismus, bei dem die Funktionsträger von Parteien und Staaten im Mittelpunkt stehen. Sie hat in vorhandenen gesellschaftlichen Konflikten weniger eine Akteurs- als eine Art Ergänzungsrolle, bei der Genese neuer Themen häufig aber immerhin Initialfunktion.

Das führt bei den Vertretern der Nichtsregierungsorganisationen (neu wie alt) mitunter zu falschen Erwartungen und entsprechend großer Enttäuschung, trotz anfänglich großer Medienresonanz. Wessen Argumente nicht mehr neu sind und wer zudem die nötige Machtrelevanz nicht erreicht hat (bzw. sie nie wird erreichen können), verliert logischerweise an Medienbedeutung. Ein „Trost" bleibt: Mit dem nächsten Aufmerksamkeitszyklus wiederholt sich die Erfahrung.

4 Wie viel Quote bringt Beteiligung?

Als sich im Sommer 2004 der Chefredakteur der Bild-Zeitung beim grünen Außenminister meldete, um ihm mitzuteilen, dass das führende Boulevardblatt nun auf einen Kurs pro EU-Beitritt der Türkei umschwenken werde, war der so beglückte Politiker zunächst einmal recht verdattert. Dasselbe Blatt, das gerade mit einer Kampagne gegen die seit Jahren beschlossene Rechtschreibreform wenig Sinn für realpolitische Einflussnahme bewies und dessen auf seriös getrimmtes Schwesterblatt Welt aus dem gleichen Springer-Verlag weiter munter gegen die Aufnahme von Beitrittsgesprächen mit den Türken polemisierte: Konnte das ernst gemeint sein? Konnte es dauerhaft sein? Es konnte. Denn auch Medienmacht folgt Logiken – und mitunter anderen als die parteipolitische Welt.

Für die Bundesregierung war die Frage, wie die Springerpresse das Thema Türkei behandeln würde, zu diesem Zeitpunkt eine sehr zentrale, weil potenziell wahlentscheidende. Möglicherweise wäre es *gegen* massive Kampagnen von Bild zu der konsequenten deutschen Haltung pro Beitrittsgespräche am Ende gar nicht gekommen. Denn mehr als einmal hatte die Regierung Schröder/Fischer sich zu anderen Themen von populistischen, meist dabei eher rechtsgestrickten oder stark neoliberal profilierten Boulevardkampagnen treiben lassen. Aber warum war nun Bild auf türkeifreundlichen Kurs geschwenkt? Es gibt zwei mögliche Erklärungen, eine politische und eine ökonomische. Die politische allein reicht jedenfalls schwerlich aus. Sie lautet: Sowohl die USA als auch Israel drängen aus sicherheitspolitischen Gründen massiv auf einen europäischen Integrationskurs gegenüber der Türkei. Der ökonomische Grund kommt hinzu: Gerade in jener Unterschichtklientel, die auf Bild abonniert ist, könnte es ein schwerer marktstrategischer Fehler sein, die in Deutschland immerhin schon teilintegrierten Ausländermilieus, speziell das der Türken, auf ihre heimatsprachlichen Medien zurückzustoßen.

Übertragen auf die Frage, wie weit Bürgergesellschaft Chancen hat, in großen Medien vorzukommen, bedeutet das: Quote bzw. Auflage sind nicht per se politikfreie Kriterien. Sie sind von verlegerischen Strategien abhängig. Aber Medien, die erfolgreich bleiben wollen, müssen in der Berichterstattung schon noch ihre Zielgruppen repräsentieren. Der Normal-Medienkonsument will sich selbst, seine Gefühlswelten und Emotionen, aber auch seine Ängste und Erwartungen an Gesellschaft wiederfinden. Er sucht Identitätsbestätigung in seinem Medium – was mitunter auch nur dazu führt, dass er die je eigenen politischen Grundurteile bestätigt finden will.

Stereotype wie „die da oben machen, was sie wollen" zeugen davon und werden, etwa in Form teils überspitzter, teils berechtigter Kritik, zum Beispiel in Diätenfragen von vielen Medien zyklisch auch immer wieder aufgegriffen. Ganze TV-Sendungen leben davon, dass Durchschnittsmenschen – „wie du und ich" – plötzlich ins Rampenlicht rücken, große Preise gewinnen, ungewöhnliche Dinge tun. Insofern bleibt ganz klar, dass es natürlich Quote bringt und nicht kostet, wenn Medien gesellschaftliche Normalität spiegeln.

Die andere Frage bleibt, welcher Ausschnitt von Gesellschaft so die Chance bekommt, sich spiegeln zu können. Eine beginnende Protestbewegung macht sicherlich Quote. Es passiert etwas neu, es sind die machtpolitischen Wirkungen noch nicht genau überschaubar. Es ist, kurz gesagt spannend. Bürgergesellschaft als etwas Kontinuierliches, als eher lebensweltliche Form der Auseinandersetzung mit gesellschaftlichen Fragen und zudem häufig als Kulturform einer gebildeten Minderheit, ist im Vergleich dazu unspektakulär, für Werbung (von der ja die meisten Medien mehr leben als von Gebühren bzw. Kaufpreisen) vergleichsweise uninteressant und also unspannend. Womit auch hier wieder ein Punkt ganz zentral zu sein scheint: Medienmarktfähige politische Bewegung entsteht erst, wenn sich über sie auch ein neues Lebensgefühl transportiert.

Nun können einerseits klassische Systemfragen, soweit sie noch gestellt werden, vergleichsweise leicht zum Medienthema werden. Selbst die Kultusministerkonferenz ist nicht unbekannt und langweilig genug, als dass die Forderung, sie aufzulösen, nicht hin und wieder einem Politiker eine hohe Resonanz einbrächte. Nur sind dies dann eher Reiz-Reaktions-Spiele, Eintagsthemen häufig, die zunächst zwar einen gewissen Grundverdacht nähren, dass es hier auch um Machtrelevanz gehe. Bei denen dann aber meist sehr schnell klar wird, wie wenig aus dem konkreten Vorstoß werden wird.

Wie ist es mit Lebenswelt-Fragen? Spätestens hier wird klar, Politikbezug allein ist noch nicht das ganze Leben, in der Medienwelt schon gar nicht. Eher im Gegenteil: Man muss nicht einmal all die Lifestyle-Magazine zum Maßstab nehmen, um zu erkennen, dass es einen Aufmerksamkeitsmarkt jenseits des Tagespolitischen gibt. Einen Markt übrigens, wie man seit der Initialfunktion der Popmusik für ein weltweites neues Generationengefühl weiß, über den sich sehr häufig längerfristige gesellschaftlich-kulturelle Verwurzelung überhaupt erst herstellt.

Essensthemen und Ästhetik, Musik und Kleidung, allerlei Alltagsprobleme und die Frage, wer wem wo helfen könnte: Es kann hier übrigens auch die Abwesenheit oder auch nur Schwäche von Bürgergesellschaft zum Politikum werden. Viel spricht dafür, dass sich im Osten, ganz besonders stark in einigen Gegenden Sachsens, mangels Bürgergesellschaft inzwischen eine rechte Jugendkultur herausgebildet hat, die ihren eigenen Symbole und Lebensgefühle, sogar ihre eigenen Formen der Nachbarschaftshilfe hervor bringt. Die erst dadurch qualitativ anders (und zwar: als viel gefährlicher) zu beurteilen ist als mancher vorübergehende Wahlerfolg rechter Splittergruppen in früheren Jahren. Die Quotenfrage allein kann jedenfalls nicht zum Argument für die Behauptung genommen werden, dass Bürgergesellschaft in der Medienwelt keine kontinuierliche Darstellungschance hätte – es sei denn, man wollte auf Gegenquotierung setzen, wollte Organisationsvertretern bestimmte Proporze sichern wie in den Rundfunkräten der öffentlich-rechtlichen Sender. Dass dies nicht unbedingt zu mehr Gesellschaftlichkeit führt, ist inzwischen bekannt. Die viel spannendere Frage wäre, wie es möglich sein könnte, gesellschaftliches Engagement wieder etwas stärker von den Themenkonjunkturen der Medienwelt abzukoppeln. Denn dass inzwischen – besonders in Ostdeutschland – offenbar auch dieses Engagement schon stark medieninduziert ist, dass es ohne öffentliche Berichterstattung relativ schnell in sich zusammenbricht und die langen gesellschaftlichen Linien dann eher von ganz anderen, rückwärtsgewandten Kräften bestimmt werden könnten: Das ist in dieser Form eine neue Herausforderung.

5 Wer hat die Macht?

Am Ende regiert immer der Kanzler. Das soll sagen: Auch Straßenprotest und/oder Talkshowwirkung überwinden nicht die formale politische Hierarchie. Nun ist andererseits speziell Gerhard Schröder ein Kanzler, der die Einbeziehung von Interessensvertretern in die Erarbeitung politischer Konzepte zeitweise geradezu zum Prinzip gemacht hatte. Allerlei Kommissionen führten unter dem leicht irreführenden Logo Zivilgesellschaft zum Wiederaufleben von Stellvertreterdemokratie und Verbändestaat, weil Wirtschafts- und Gewerkschaftsspitzen, Professoren und Forschungspräsidenten, Fachspezialisten und Kirchenvertreter plötzlich wieder eine eigene Rolle bei der politischen Weichenstellung zu haben schienen. Dabei handelte es sich mindestens genauso um eine besonders clevere Variante der Einbindung gesellschaftlicher Gruppen wie um echte Beteiligung.

Auffällig freilich ist, ganz unabhängig von diesem Gegensatz Einbindung/Beteiligung: Es ist ein Regierungsstil, der den Einfluss der politischen Parteien zurückdrängt – und das sehr bewusst. Das Parteiensystem erweist sich als insgesamt immer noch stabil, aber doch gleichzeitig als zu schwerfällig, medienfremd und uninnovativ, als dass Tagespolitik allein hier ihre Legitimation suchen könnte. Eine Folge ist nicht zuletzt, dass die Parteien sowohl aus den Medien heraus als auch von engagierten Bürgern überheblich negiert und ignoriert werden – was sie letztlich unterschätzt, denn ihre zentrale Rolle im formalen Politikprozess, insbesondere etwas unterhalb der Ebene der großen politischen Medienstars, bleibt weitgehender erhalten als öffentlich oft wahrgenommen.

Das Mediensystem wiederum wirkt, gerade wegen seiner vom Markt her induzierten populistischen Tendenzen, einerseits stabilisierend auf das Parteiensystem, andererseits gleichzeitig destabilisierend. Ersteres, weil das Konkurrenzparteienprinzip über den üblichen Aufmerksamkeitsproporz natürlich nach wie vor funktioniert. Um dem Anspruch politischer Ausgewogenheit in einer formalen Weise einigermaßen gerecht zu werden, bekommen die Parteien ungefähr entsprechend ihrer parlamentarischen Stärke Raum in der Berichterstattung und bleiben damit recht inhaltsunabhängig immer medial präsent. Letzteres, weil gerade diese ritualisierte Form von Ausgewogenheit tiefer reichende Bürgerfrustration nicht mehr auffangen kann.

Bei so viel zeitlicher Verkürztheit, die in den meisten Medien inzwischen Standard ist, wirken differenziert-unterschiedliche parteipolitische Positionen selbst dann letztlich gleich, wenn die Parteien nicht noch obendrein notgedrungen durch Bundesratskompromisse in komplizierte Konsensabsprachen eingebunden sind. Auch deswegen verfestigt sich bei Regionalwahlen ein Frustrationspotenzial von mindestens zehn Prozent der Wählenden, das von populistischen (meist offen rechten) Gruppierungen problemlos aufgesogen werden kann.

Nach wie vor regieren Parteien**vertreter**, was etwas anderes ist als Parteien. Parteienvertreter mögen ihre jeweiligen Parteien heimlich zwar verachten, sie hängen in der Mehrheitsfähigkeit aber weiter von ihnen ab – und sie wissen das. Für erfolgreiches Regieren sind sie heute vor allem darauf angewiesen, mediale und gesellschaftliche Stimmungen nicht zu übergehen, sondern sie aufzugreifen. Und auch der Agenda-2010-Prozess, vom Kanzler hin und wieder ganz als mutiges Vorangehen gegen Widerstände von allen Seiten dargestellt, basierte letztlich ja auf einem Grundkonsens mindestens mit dem Unternehmerlager und dem wirtschaftsnahen Journalismus, dass genau diese neue politische Richtung nun unabwendbar nötig sei.

Manche (keineswegs alle) **Medien**menschen, speziell die an der Spitze besonders publikumsstarker Medien, scheinen mitunter zu glauben, in Wahrheit würden *sie* das Land regieren – in Stellvertretung für ihre Kundschaft. Nur so ist die Anmaßung verstehbar, die hinter manchen ihrer Kampagnen – etwa von **Bild** oder neuerdings auch **Spiegel** – deutlich wird. Diese Hybris ist im ständigen Kampf um Originalität und Aufmerksamkeit Teil des Systems geworden. Sie geriert nicht per se Macht. Aber sie geriert Einfluss auf Macht, solange die demokratischen Repräsentanten sich davon beeindrucken lassen – was sie tun, jedenfalls sobald wichtige Wahlkämpfe näher rücken. Insofern ist hier für ein recht unromantisches Bild vom Medieninteresse zu plädieren. Zwischen Marktprinzip und eigener politischer Intention ist mitunter ein gutes Stück Abstand. Und auch hier gibt es wieder nur ein mögliches Korrektiv: das Publikum, gegen das sich auf Dauer kein Medium verkaufen lässt. Gesellschaft also.

Die **Bürgergesellschaft**, egal ob neue oder alte, hat mit dem Vor- und zugleich Nachteil zu kämpfen, dass in ihr eine andere Geschwindigkeit vorherrscht als im hektischen, ständig Themen und Gesichter wechselnden Macht-Medien-System. Sie bildet eine letzte Nische, in der noch die langen Linien, die langsamen, aber nachhaltigen Debatten dominieren, in der Menschen (allerdings: kleine Minderheiten) sich monatelang mit einem und demselben Thema beschäftigen, für ein und dasselbe Ziel kämpfen. Sie erodiert gleichzeitig, weil die Erfolgschancen solch langfristigen Engagements zweifelhafter geworden sind. Aber sie gewinnt eher noch an Bedeutung für die demokratische Substanz der Gesellschaft, gerade weil im politischen Tagesgeschäft die Aufgeregtheiten derart zunehmen und sich selbst bei Wahlen schon relevante Teile der Bevölkerung nurmehr rein stimmungsabhängig entscheiden. Weil die Wertebasis der Gesellschaft durch die verbreitete Verunsicherung hinsichtlich der künftigen Entwicklung in den Hintergrund getreten ist, vielleicht auch schon ein Stück weit zu erodieren beginnt.

Es ist schwer zu entscheiden, wo in diesem Dreieck von Politik, Medien und Gesellschaft letztlich **Machtzentren** anzusiedeln sind. Je längerfristiger man dabei den politischen Prozess betrachtet, desto irrelevanter erscheinen die kleinen, kurzfristigen Ausschläge, die sich tagesaktuell aus dem Machtspiel zwischen Politik und Medien heraus ergeben. Die Macht liegt im formalen Sinn bei Parlament und Regierung. Wie dort agiert wird, entscheiden nach wie vor in hohem Maße die Parteien entsprechend ihren wahlbezogenen Maßstäben. Soweit sie noch als Parteien mit gesellschaftlichem Anspruch funktionieren, bleiben sie – wenn auch längst nicht mehr alleine – Transmissionsriemen zwischen Gesellschaft und Staat. Aber ihre Macht ist nicht denkbar und nie lange ausübbar ohne inhaltliche Akzeptanz in der Gesellschaft – und die gibt es jenseits von Obrigkeitsstaat nicht mehr ohne zivilgesellschaftliches Gegenüber. So ist es letztlich der **Legitimationszwang von Politik**, der in den hoch arbeitsteilig, aus unterschiedlichsten Milieus nebeneinander zusammengesetzten Gesellschaften des Westens immer wieder die Einflusschancen von Bürgergesellschaft ausmacht.

In diesem Zusammenhang und nicht allein im traditionellen politischen Machtspiel ist einer der zentralen Gründe dafür zu suchen, dass das Land oft wie geistig blockiert wirkt. Dass es sich in provinzielle Debatten verstrickt, die Herausforderungen der globalisierten Welt noch kaum verarbeitet hat, geschweige denn die Wirkungen der sich daraus ergebenden Anpassungsprozesse oder Widerstandsanforderungen. Bei all dem, was im internationalen Vergleich gewiss schon jetzt positiv zu Buche schlägt: Nur **noch mehr** Bürgergesellschaft kann die Demokratie stabilisieren helfen. Noch mehr kontinuierlicher Diskurs und noch mehr gesellschaftliche Einmischung.

Kapitel 2
Perspektive Bürgergesellschaft:
Wie viel Engagement braucht die Demokratie?

Politik als Beruf jenseits der Parteien

Christiane Frantz

„Politik als Beruf" – so überschrieb Max Weber (1921) Anfang des 20. Jahrhunderts seinen Vortrag, in dem er unter anderem die Professionalisierung der Berufspolitik und deren organisationssoziologische Bedingungen einer Analyse unterzog: Er sah die Parteien als Struktur gebende Garanten berufspolitischer Karrieren. Die in Parteien entwickelten professionellen Strukturen gaben nicht mehr länger ausschließlich Honoratioren die reale Chance, sich für die Politik zu engagieren. Auf der Ebene der Parteien wurden Strukturen etabliert, die es ermöglichten, nicht mehr länger nur für die Politik, sondern auch *von* der Politik zu leben. Durch die Parteien wurde die Politik des Staates in die Bürgergesellschaft transportiert. Das 20. Jahrhundert kann insofern auch als Jahrhundert der Parteien bezeichnet werden: Sie hatten ihren Ausgangspunkt in der Bürgergesellschaft und etablierten sich als intermediäre Gruppen entlang der Interessen in der Industriegesellschaft und gesellschaftlich strukturierender Weltanschauungen. Als Folge des ökonomischen und gesellschaftlichen Wandels differenzierten sich Parteiensysteme aus, spiegelten die Wandlungsprozesse und verfestigten ihre Rolle neben Verbänden als monopolisierte Interessenvertretungsgruppen.

Auf der Ebene der Berufspolitik hatte das zur Folge, dass diejenigen, die für die Politik und von der Politik leben wollten, sich vor allem auf die Parteien als Organisationsrahmen konzentrierten. Daneben entwickelte sich noch die Möglichkeit der politikbezogenen Tätigkeit in der politischen Bürokratie, in den Verbänden und seit den 1950er Jahren auch für Einzelne unter dem Organisationsdach internationaler Organisationen. Die Parteien bildeten dennoch annähernd ein Monopol bei der Verwirklichung berufspolitischer Karrieren. Diese Rekrutierungsfunktion politischen Personals wurde ihnen durch das Parteiengesetz ausdrücklich zugeschrieben.

Die parteipolitischen Karrieren sind in den 1970er Jahren von Dietrich Herzog (1975) untersucht und modellhaft dargestellt worden. Das von Herzog (1975: 47) herausgearbeitete Modell der Berufskarriere von Politikern erweist sich in seinen Grundzügen bis heute als tragfähig. In den späten 1980er Jahren stellte sich mit der Karriere der „Grünen" und einer neuen Generation von Politikern, die im deutschen Bundestag für Furore sorgten, in der Elitenforschung die Frage, ob das Modell der Berufspolitik in Parteien als zweite Karriere mehr und mehr ersetzt würde durch eine originäre berufspolitische Karriere im unmittelbaren Anschluss an die akademisch Ausbildung. Es stellte sich die auch Frage, ob die „grünen" Politiker aufgrund ihrer Verwurzelung in den Sozialen Bewegungen der 1970er und 1980er Jahre nicht als „Gegenelite" bezeichnet werden müssten (Roth 1991).

Es ist unbestritten, dass politische Berufskarrieren ohne vorherige Berufstätigkeit in einem Bereich jenseits der Parteien oder der politischen Bürokratie häufiger sind als früher. Eine Analyse der Zusammensetzung des Bundestages in der 15. Wahlperiode zeigt noch immer folgendes Bild:[1] 10 Prozent kommen aus dem Berufsfeld der verbeamteten Lehrenden in Schule und Hochschule, dieser Gruppe sind weitere 13 Prozent der Angestellten aus dem öffentlichen Dienst zuzurechnen. Der Gruppe der Selbständigen gehören 25 Prozent der Abgeordneten an, aus Arbeitsverhältnissen in der Wirtschaft kommen 17 Prozent der Abgeordneten, nur knapp 6 Prozent sind Hausfrauen bzw. –männer. Die Gruppe derjenigen, die aus gesellschaftlichen bzw. politischen Organisationen in den Bundestag wechseln, umfasst insgesamt nur 10 Prozent der Abgeordneten. Auf die enger gefasste Gruppe derjenigen, die aus den Parteien und Fraktionen in den Bundestag wechseln, entfällt nur ein Prozentsatz von 4,5. Von einer Restrukturierung des Parlamentes bezogen auf die Grundberufe und das Modell der Berufspolitik kann einstweilen keine Rede sein.

Die grundsätzlichen Parameter des Modells von Herzog (1975) lassen sich in aller Kürze wie folgt skizzieren: Der Prozess beginnt mit einer Grundsteinlegung im Rahmen der politischen Sozialisation in primären und sekundären Sozialisationsagenturen – also in Familie, Schule und Universität. In dieser Phase stellt Herzog auf das individuell-biographische Erlernen von Werten, Rollen und Normen ab. Es schließt sich die Phase der politischen Rekrutierung an, die den Beginn der politischen Karriere markiert. Während die Rekrutierung mit dem Eintritt in das politisch-administrative System und die gleichzeitige Aktivität in Organisationen des gesellschaftspolitischen Sektors zeitlich punktuell benannt werden können, entwickelt sich die Karriere sukzessive. Die politische Karriere ist idealtypisch ein Weg der Professionalisierung, an den sich optional die Elitenrekrutierung anschließt. Dieser Prozessabschnitt politischer Rekrutierung in die politische Elite trifft nur auf einen Teil der politischen Klasse zu, der in Führungspositionen politischer Parteien Fuß fassen kann.

Bringt man die Erkenntnisse über Politik in der Mediengesellschaft (Dürr/Walter 2002; Sarcinelli 1998) mit dem grundlegenden Prozessmodell der Elitenrekrutierung zusammen, so lässt sich fast lapidar einfügen, dass die Rekrutierung politischer Eliten sich heute nicht mehr allein an persönlicher Kompetenz und strategischer Hausmacht bemisst, sondern dass als weiterer Faktor unter den

---

[1] Die nachfolgenden Zahlen sind entnommen den Daten des Bundestages im Internet unter http://www.bundestag.de/mdb15/mdbinfo/berufe.pdf, abgerufen am 06.09.04

obwaltenden Bedingungen in der Mediengesellschaft das Kriterium hinzukommt, dass ein potentieller Spitzenpolitiker eine Medienkompetenz mitbringen muss – also im weitesten Sinne die Vermittlung politischer Inhalte über die Medien und die Spielregeln der Mediendemokratie beherrschen sollte –, dass aber letztlich nur derjenige zum Spitzenpolitiker taugt, der in den und über die Medien punkten kann.[2]

Noch vier weitere Kernstücke des Erklärungsmodells politischer Karrieren gilt es anzuführen, bevor ich auf darauf eingehe, wie sich Politik als Beruf als Folge veränderter Politikprozesse unter dem Einfluss Sozialer Bewegung, der Karriere von NGOs und der Globalisierung bzw. Transnationalisierung verändert hat.

Bezogen auf die Sozialisation der Berufspolitiker gilt, dass die Erwachsenensozialisation zwar eine größere Rolle spielt als die Herkunft, dass aber das politische Klima im Elternhaus die spätere parteipolitische Option prägt (Herzog 1975: 167f.)

Die Politikerkarriere wird meist im vierten Lebensjahrzehnt als zweite Karriere aufgenommen (Herzog 1975: 194) und ersetzt bei einer Rekrutierung für Mandate auf Landes- oder Bundesebene sukzessive die erste Berufskarriere.

Cross over – also der Wechsel der Karrieresektoren ohne Verlust der erreichten Aufstiegsposition – ist für die Berufspolitik bis auf Ausnahmen nicht in erwähnenswertem Umfang zu verzeichnen (Herzog 1975: 151).

Für eine Rekrutierung in die zweite Karriere der Berufspolitik ist eine Disposition durch die erste Karriere dann gegeben, wenn diese erste Berufskarriere in einem politiknahen Bereich stattfindet (Herzog 1982: 78).

Herzog (1975) hat sein Modell zu einem Zeitpunkt entwickelt, in dem die Parteien den Politikprozess nicht nur dominiert haben, sondern abgesehen von Verbänden eine Monopolstellung als gestaltende Interessenvertreter im politischen Prozess innehatten. Die Politikfeldanalyse hat beispielhaft zeigen können, dass der Politikprozess inzwischen mehr Mitspieler kennt und in diesem komplexen System der Interessenverhandlung auch die NGOs eine bedeutende Rolle spielen (Frantz 2002). In Übereinstimmung mit diesem Befund haben NGO-Hauptamtliche deutlich gemacht, dass sie auf die eine oder andere Art ihre Berufstätigkeit als politische Berufstätigkeit sogar als Äquivalent zur Berufspolitik betrachten (vgl. Frantz 2004).[3]

---

[2] Ohne dies an dieser Stelle vertiefen zu können, ließe sich dies positiv als „Schröder-Plus" auf der einen Seite, als „Stoiber-Minus" auf der anderen Seite im Medien-Wahlkampf und seiner medialen Kommentierung im Bundestagswahlkampf 2002 beobachten.

[3] Die nachfolgenden empirischen Ergebnisse sind die Grundlage der Studie über „Karriere in NGOs", die auf 74 Interviews mit Hauptamtlichen in NGOs basiert. Es wurden Karriereverläufe, Selbstverständnis, Motivation, berufliche Perspektiven und die Vernetzung mit der Parteipolitik neben zahlreichen anderen Faktoren untersucht.

Die Erkenntnisse über (partei)politische Berufskarrieren sind allerdings in Teilen transferfähig für NGO-Karrieren. Interessant ist der Versuch eines Transfers, weil man es sowohl bei der Parteikarriere als auch bei NGO-Karrieren mit Karrieren im politischen Raum zu tun hat, deren Überschneidungen und Differenzen auch Erkenntnisgewinne über organisationssoziologische Aspekte des Politikprozesses versprechen. Außerdem kommt man zu Aussagen über Dispositionen und sozialpsychologische Faktoren der politischen Elitenrekrutierung, die durch den Vergleich der Karriereräume in Parteien einerseits und in NGOs andererseits an Tiefe gewinnen.

Im Unterschied zu den Berufspolitikern ist für die NGO-Politiker die politische Tätigkeit in NGOs die erste Karriere. Es gibt allerdings auch NGO-Karrieren als bewusst gewählte Zweitkarrieren. In diesen Fällen handelt es sich um kritische Prozesse beruflicher Re-Orientierung, wenn beispielsweise die Frage nach dem nachhaltigen Sinn der eigenen Berufstätigkeit einen Wechsel aus dem Profit-Bereich in die NGOs bewirkt. Es ist interessant, dass ein Teil der politisch Tätigen in NGOs einen Wechsel in den parlamentarischen Bereich als dritte Karriere nach ihrer NGO-Hauptberuflichkeit für vorstellbar hält.

Die Untersuchungen zu NGO-Karrieren geben darüber hinaus signifikante Hinweise auf die Bedeutung der familiär-biographische Prägung für die spätere politische Tätigkeit in NGOs. Auffällig ist zweierlei: Erstens besteht überwiegend bereits in den Ursprungsfamilien der späteren NGO-Politiker eine enge Vernetzung mit Sozialen Bewegungen in den Bereichen Umwelt, Frieden, Eine Welt, Interkulturelle Verständigung, Menschenrechte. So ergeben sich ganz beiläufig für die späteren NGO-Politiker eigene Beteiligungsmöglichkeiten in einer biographisch stark prägenden Phase der primären Sozialisation des Kind- und Jugendalters (vgl. Fogt 1982). Hinzu kommt zweitens – zumindest für die Untersuchungsgruppe – das notwendige Kriterium, dass in dieser Zeit den späteren NGO-Hauptamtlichen zivilgesellschaftliche bzw. gesamtgesellschaftlich relevante Werte durch die Familie und andere Sozialisationsagenturen vermittelt werden. Auf der Basis dieser Grunddisposition stellt dann die Übergangsphase von der Jugend zum Erwachsenenalter für eine spätere NGO-Karriere eine markante Übergangsphase dar. In der Regel befinden sich die NGO-Hauptamtlichen in dieser Zeit im Studium. Sozialpsychologisch bedeutet dies, dass die Personen kritisch die ihnen vermittelten Werte der Kinder- und Jugendsozialisation an der Realität spiegeln und diese festigen, sie modifizieren oder in wichtigen Punkten auch über Bord werfen. Diese Phase ist für die spätere Berufskarriere auch deswegen bedeutsam, weil das Profil einer spezifischen Fachlichkeit oder einer durch (ehrenamtliche) Erfahrung in der Praxis angereicherten Generalkompetenz als zweite Disposition für die spätere NGO-Politik herausgebildet wird.

Die Analyse der Daten, die im Rahmen des Samples erhoben wurden, lässt den Schluss zu, vom NGO-Sektor – ebenso wie von der parteipolitischen Berufspolitik – als versäultem Berufsfeld zu sprechen. Es gibt Beispiele für cross over im Sample, doch sowohl die Berufsverläufe als auch die Wahrnehmungen der NGO-Hauptamtlichen stützen die Interpretation, dass das NGO-Netzwerk ein weitgehend abgeschlossenes Berufsfeld darstellt.

Die Ergebnisse zum Karrieremodell einer NGO-spezifischen berufspolitischen Tätigkeit können in der folgenden Abbildung skizziert werden (vgl. Abb. 1).

Abschließend möchte ich die Kernpunkte zusammenfassen, die die Etablierung des Phänomens „Politik als Beruf jenseits der Parteien *in* NGOs" maßgeblich beeinflussen und kennzeichnen.

Zunächst ist festzuhalten, dass Internationalisierung und Transnationalisierung (vgl. Zürn 1998) als Indikatoren der politischen Karriere, wie sie in NGOs verwirklicht werden können, der gesamtgesellschaftlichen und politischen Entwicklung entsprechen. Man kann feststellen, dass die politische Karriere in NGOs als Karriere in einem transnationalen politischen Raum einen gesellschaftspolitischen Trend des Politikprozesses widerspiegelt. Die NGO-Karriere ist in der (asymmetrisch) transnational vernetzten Bürgergesellschaft angesiedelt: Die Internationalität eröffnet einige berufliche Alternativen, sie öffnet im wahrsten Sinne des Wortes den Blick über den nationalen Arbeitsmarkt hinaus in einem Maße, wie es die Parteien als national verfasste Gruppen mit begrenztem europäischen Fokus nicht bieten können. NGOs bieten in der transnationalen Bürgergesellschaft:

- einen internationalen Handlungszusammenhang;
- die Möglichkeit, (auf Zeit) im Ausland operativ in Projekten tätig zu sein; innerhalb der eigenen internationalen NGO-Organisationsfamilie für eine längere Zeit im Ausland neue Erfahrungen zu sammeln und über diesen internationalen Zusammenhang auch einen Karriereschritt zu tun.

Der gesellschaftliche Wandel (Klages 2001), die Emanzipation des Dritten Sektors (Roth 2001) und die Karriere der NGOs als spezifische Interessenvertretungsorganisationen (Rucht 1993) ermöglichen eine Option, Politik zum Beruf zu machen und nicht in den „Fängen" der Parteiorganisationen zu landen. Die NGO-Politiker sehen sich weiterhin in der Bürgergesellschaft verwurzelt, auch wenn die politikwissenschaftliche Forschung die Legitimationsfrage der NGO-Politiker ohne Wahlmandat stellt (vgl. Edwards 2000, Freyhold 1998, Gebauer 2001, Hirsch 1999, Hudson 2000). Für ihr Selbstverständnis ist es den NGO-Politikern ausgesprochen wichtig, dass sie sich der Bürgergesellschaft und nicht der parteipolitischen Klasse zugehörig fühlen und sich auch so dargestellt wissen wollen. Die politische Einflussnahme, die es erlaubt, NGO-Hauptamtliche überhaupt als NGO-Politiker zu titulieren, ist ein Resultat des Professionalsierungsprozesses, durch den die NGOs sich immer stärker von der Basisbevölkerung und ihren Graswurzelbewegungen entfernt haben.

Abbildung 1: Prozessmodell von NGO-Karrieren

Prozess	Phase		Kennzeichen/Modifikation
Biographie und Sozialisation führen zu: Disposition / Rekrutierung	Kinderzeit	⇒	• Prägung durch zivilgesellschaftlich relevante Werte und Leistungswerte (Bildung) • Berührung mit Zivilgesellschaft bzw. Politik durch Ehrenamt und politische Aktivität im Elternhaus • u.U. religiöse Prägung
	Schulzeit / Jugend	⇒	• Kontakt mit (kirchlicher) Jugendarbeit; Netzwerkbildung • Lehrer u.a. Vorbilder geben Ideen, wecken Neugier auf fremde Kulturräume und das Internationale • i.d.R. hoher formaler Bildungsabschluss
	Studium / Ausbildung	⇒	• Kontakt mit Ideen und Ideologien aus der (Gesellschafts)Politik • peer groups entstehen mit gesellschaftspolitischem Fokus; Netzwerkbildung • Eigenes Engagement in Initiativen, NPOs, NGOs, NSB • Profilierung der Fachlichkeit • Erwerb einer „Generalkompetenz" und Netzwerkkontakte zu NGOs durch Praktika und Ehrenamt
Karriere	ggf. Tätigkeit außerhalb von NGOs	⇒	Sinnfrage und ggf. Re-Orientierung
	NGO-Berufseinstieg	⇒	• Auslandserfahrung • Projekttätigkeit per Zeitvertrag für NGOs • Einstieg in NGOs, ggf. unterhalb der formalen Qualifikation • Familienentscheidungen • Entscheidung GOs vs. NGOs • Wechsel in die Inlandstätigkeit • Berufliche Profilierung und Sozialisation in NGOs
	ggf. Tätigkeit außerhalb von NGOs	⇒	Sinnfrage und ggf. Re-Orientierung

	NGO-Berufsweg	⇒
		⇒
			a) Verbleib in NGOs, ggf. Positionsaufstieg und Elitenrekrutierung
			b) Ausstieg aus NGOs
			  ▸ Profit-Sektor ——→ Consulting
			  ▸ Selbständigkeit ——→ Politikberatung
			  ▸ Politik + NPOs

(eigene Darstellung)

Insofern ist die berufspolitische Karriere in NGOs zwar organisationell eine berufspolitische Karriere jenseits von Parteien, aber aufgrund der Professionalisierungsfolgen ist es nur bedingt eine politische Karriere innerhalb der basisorientierten Bürgergesellschaft.

Literatur

Dürr, Tobias, Walter, Franz (2000): Die Heimatlosigkeit der Macht. Wie Politik in Deutschland ihren Boden verlor. Berlin.

Edwards, Michael (2000): NGO Rights and Responsibilities. A new Deal for Global Governance. London.

Fogt, Helmut 1982: Politische Generationen. Empirische Bedeutung und theoretisches Modell. Opladen.

Frantz Christiane (2002): NGOs in der sozialwissenschaftlichen Debatte. In: Frantz, Chr., Zimmer, A. (Hrsg.): Zivilgesellschaft international. Opladen.

Frantz Christiane (2004): Karriere in NGOs. Habilitationsschrift am Fachbereich 06 der WWU Münster. Münster.

Freyhold, Michaela von (1998): Beziehungen zwischen Nicht-Regierungsorganisationen des Nordens und des Südens. Erkenntnisse und Annahmen. In: Peripherie, Nr. 71, Jg. 1998, 6-30.

Gebauer, Thomas (2001): "...von niemandem gewählt!" Über die demokratische Legitimation von NGO. In: Brand, U. et al. (Hrsg.): Nichtregierungsorganisationen in der Transformation des Staates. Münster, 95-119.

Herzog, Dietrich (1975): Politische Karrieren. Selektion und Professionalisierung politischer Führungsgruppen. Opladen.

Hirsch, Joachim (1999): Das demokratische Potential von "Nichtregierungsorganisationen". Wien.

Klages, Helmut (2001): Standorte und Strukturen des Engagementpotentials in Deutschland. In: Heinze, R.G., Olk, Th. (Hrsg.): Bürgerengagement in Deutschland. Opladen, 305-336.

Klein, Ansgar (1997): Die NGOs als Bestandteil der Zivilgesellschaft und Träger einer partizipativen und demokratischen gesellschaftlichen Entwicklung. In: Altvater, E. et al. (Hrsg.): Vernetzt und verstrickt. Münster, 315-339.

Roth, Roland (1991): Gegen Eliten oder Gegeneliten? Grüne und neue soziale Bewegungen in der politischen Kultur der Bundesrepublik. In: Klingemann, H.D., Stöss, R., Wessels, B. (Hrsg.): Politische Klasse und politische Institutionen. Opladen u. Wiesbaden, 434-465.

Roth, Roland (2001): NGO und transnationale soziale Bewegungen: Akteure einer "Weltzivilgesellschaft"? In: Brand U. et al. (Hrsg.): Nichtregierungsorganisationen in der Transformation des Staates. Münster, 43-63.

Rucht, Dieter (1993): Parteien, Verbände und Bewegungen als Systeme politischer Interessenvermittlung. In: Niedermayer, O., Stöss, R. (Hrsg.): Stand und Perspektiven der Parteienforschung. Opladen, 251-277.

Wahl, Peter (1998): NGO-Multis, McGreenpeace und die Netzwerk-Guerilla. Zu einigen Trends in der internationalen Zivilgesellschaft. In: Peripherie, Nr. 71, 55-68.

Zürn, Michael (1998): Regieren jenseits des Nationalstaates. Frankfurt/M.

2.2. Weiches Thema – Weiche Politik?
Warum die Engagement-Politik in Deutschland im Schatten steht

Thomas Leif

Die Politiker sind Schuld. Der schwach entwickelte Gemeinsinn und der Trend zum Eigennutz gehen auf ihr Konto. Dies sagen zumindest die 1006 von Emnid Befragten. Die Meinungsumfrage im Auftrag der Zeitschrift „Lenz" brachte Anfang 2004 Daten hervor, die die politische Klasse in Deutschland interessieren werden. Die Mehrheit der Bürger beklagt den schwachen Gemeinsinn in Deutschland. 83 Prozent kritisieren, nur der persönliche Profit stehe im Mittelpunkt. 75 Prozent gaben an, dass der moralische Anstand schwinde. Fast zwei Drittel der Befragten wollen trotzdem auf nichts verzichten, um dem Land zu helfen.

Nüchterne Daten, die im direkten Kontrast zu den euphorischen Zahlen des von der Bundesregierung finanzierten „Freiwilligen-Surveys" stehen. Die genauere Betrachtung dieses Kontrastes zwischen Anspruch und Wirklichkeit staatlich geprägter „Engagement-Politik" ist aber von großer Bedeutung. Denn wichtige Politikfelder werden sich in den kommenden Jahren fundamental verändern; gleichzeitig ist nicht zu erwarten, dass für die Ausstattung der Ganztagsschulen, den Ersatz für hunderttausende von Zivildienstleistenden oder die Pflege alter Menschen nennenswerte Etats zur Verfügung stehen werden.

Der Fiskus hat seinen Schulden-Zenit erreicht und längst einen Offenbarungseid präsentiert; Trotzdem gibt es keine Antworten auf einen generellen Trend: der soziale Problemdruck nimmt zu, gleichzeitig sinken die Finanzierungs-Ressourcen. Eine kluge, konzeptionell angelegte „Engagement-Politik" ist trotzdem nicht einmal in Umrissen zu erkennen.[1]

Symbolische Entscheidungen mit hoher Erklärungskraft

Gelegentlich kann eine Entscheidung der Ministerialbürokratie beträchtlichen Schaden in der Öffentlichkeit anrichten. Ein Musterbeispiel für politische Ins-

---

[1] Ich danke Dr. Ansgar Klein für die wertvollen Anregungen zu diesem Beitrag.

tinktlosigkeit war die von der Bundesregierung nach der Bundestagswahl geplante Abschaffung des Spendenabzugs für Unternehmen. Der Beschluss, im Kleingedruckten des Koalitionsvertrages versteckt, löste einen Sturm der Empörung aus. Sogar der Bundespräsident intervenierte. Nach Angaben des Maecenata Instituts haben Unternehmen im Jahr 2001 rund 600 Millionen Euro für gemeinnützige Zwecke gespendet und diese Ausgaben steuermindernd geltend gemacht. Eine halbe Million Vereine und Organisationen soll von diesen Spenden profitiert haben. Schon bald wurde dieser Beschluss zurückgenommen, doch es bleibt ein Vertrauensbruch und der Nachweis, dass das Feld der „Engagement-Politik" von wichtigen Akteuren kompetenzfrei aber technokratisch ausgeführt wird. Denn alle wohlfeilen Fensterreden der vergangenen Jahre zu Corporate Citizenship, zur großen Bedeutung des Ehrenamtes und des lebenswichtigen persönlichen Einsatzes für das Gemeinwohl erschienen als Makulatur. Nichts gelernt nach all den Kongressen, Konferenzen und Reden? Keine Zeile des Berichtes der Enquete-Kommission gelesen? Für die Politik wird es nach solch wechselhaften Schnellschüssen künftig schwieriger werden, die Leistungsbereitschaft der Ehrenamtlichen für Alte, Arme und Ausgegrenzte zu stimulieren.

Mit bemerkenswerter Offenheit hat der hessische Innenminister Volker Bouffier zwei weitere Lebenslügen im Feld der „Ehrenamtspolitik" (un-)freiwillig präsentiert. Auf einer CDU-Veranstaltung in Großenlüder beklagte er die gravierenden Nachwuchsprobleme der freiwilligen Feuerwehr. Wörtlich sagte er: „Zentrales Problem ist es, dass wir in Zukunft noch genügend Leute haben." Die im Laufe der Jahre ausgezehrte ehrenamtliche Basis müsse wieder gestärkt werden. „Die Alternative Berufsfeuerwehr sei für die Kommunen nicht zu bezahlen." (FAZ, 10.10.2002) Damit machte der CDU-Politiker zwei Dinge klar, die von politischer Seite stets bestritten wurden. Erstens: es gibt Nachwuchsprobleme, obgleich der von der Bundesregierung bestellte „Freiwilligen-Survey" das krasse Gegenteil ermittelt hat und gebetsmühlenartig wiederholt, dass 34 Prozent der Bevölkerung ehrenamtlich aktiv seien. Zweitens: Bouffier räumte ein, dass die Ehrenamtlichen faktisch „Ausfallbürgen" für Leistungen sind, die der Staat nicht mehr übernehmen kann. Nicht nur im Feld der Feuerwehren sind die Kommunen künftig überfordert. Der „teure" Staat, der sich auf eine unkontrollierte, wuchernde Bürokratie stützt, braucht „billige" Helfer. Bislang war es ein Tabu, den Bürger für Aufgaben der Gemeinschaft zu verpflichten. Von diesem Tabu muss sich die Politik angesichts gravierender Strukturänderungen –etwa im Zivildienst – und der extremen demographischen Herausforderungen nun verabschieden. Alle Akteure wissen dies, aber sie weichen der Wahrheit aus.

Der dritte Komplex der großen öffentlichen Täuschung bezieht sich auf das Engagement der Unternehmen für das Gemeinwohl. Der Vorsitzende des Bundesverbandes der deutschen Industrie hat wiederholt unmissverständlich klar gemacht, dass allein der Staat die Aufgabe habe, das Ehrenamt und seine Strukturen zu fördern. Schließlich zahlten die Unternehmen im „Hochsteuerland Deutschland" eh schon viel zu hohe Steuern.

Die drei Problemkreise – weitgehende Abstinenz der Unternehmen im Feld der Engagementförderung, Ausnutzen der Ehrenamtlichen für Lücken im Sozialsystem und die halbherzige Ausgestaltung einer Politik für das bürgerschaftliche Engagement – greifen ineinander. Sie bilden die Kulisse für eine moderne Politik nach dem umgekehrten PR-Prinzip: „Tue nichts und rede trotzdem darüber."

Der Bericht der Enquete-Kommission: Ein Buch mit sieben Siegeln und ein Dokument des Politikversagens und der Implementierungsschwäche

Eine Enquete-Kommission habe die Aufgabe das Parlament zu beraten und Handlungsvorschläge zu machen, erläuterte kürzlich ein Lobby-erfahrener Akteur der Berliner Bühne, der sich gleichzeitig der durchaus arbeits- und zeitaufwändigen Enquete-Arbeit unterzogen hatte. Aus Sicht der Akteure, die sich als Teile des langwierigen parlamentarischen Prozesses verstehen, fiel die Bilanz nach tausenden Berichtsseiten überschwänglich aus. Aus Sicht anspruchsvoller zivilgesellschaftlicher Akteure, die mit ihrem bürgerschaftlichen Engagement „mehr Demokratie wagen" wollen, muss die Bilanz bescheiden ausfallen. Das eng bedruckte, dünne Papier wirkt wie ein Otto-Katalog von meist unverbindlichen Absichtserklärungen und naiven Appellen. Das meiste ist gut gemeint, ist sorgfältig und ausgewogen dokumentiert. Die Autoren gehen aber von einem fundamentalen Denkfehler aus, indem sie das Politikfeld als weitgehend konfliktfrei definieren. Hier liegt der Kardinalfehler, weil etwa Spannungen und Auseinandersetzungen um Förderleistungen des Staates, althergebrachte Privilegien und Besitzstände nicht angetastet werden. Viel zu schwach entwickelt ist außerdem die Analyse gut durchdachter Umsetzungsschritte, die kontrolliert vollzogen werden müssten.

Mit der Distanz von fast zwei Jahren kann die Arbeit der Enquete-Kommission wohl nur noch mit „therapeutischen Kategorien" bewertet werden. „Die Mitglieder der Kommission haben sich selbst fit gemacht, mehr nicht", so die nüchterne Bilanz einer führenden Protagonistin in diesem papierverschlingenden Gremium. Auch die fehlende personelle Kontinuität nach der intensiven parlamentarischen Beschäftigung mit dem Engagement der Bürger, illustriert die Vernachlässigung. Die Zuständige etwa in der SPD-Fraktion „besetzt" das Thema, ohne etwas zu bewegen. Die bittere Bilanz auch von Mitgliedern dieser Enquete lautet: „Die Politik hat keinen Plan – also kann sie auch keine Ziele erreichen."

Dilemmata der Engagementförderung – eine kritische Bestandsaufnahme in zehn Thesen

Wohin diese weiche Form der politischen Bearbeitung eines wichtigen Zukunfts-Themas führen kann, illustrieren die folgenden Thesen. Die generelle

Tendenz der wichtigsten Akteure fördert einen Stillstand: Die SPD ist zu stark mit den etablierten Wohlfahrtsverbänden und der Sozialbürokratie verwachsen, um Neues zu wagen. Dies gilt zum Teil auch für die CDU, die dem Thema aber keine große Aufmerksamkeit widmet. Wie die FDP vertraut sie zudem auf die Regulationsfähigkeit des Marktes und die Dienstleistungen der Privaten. Die Grünen fallen – ausgerechnet im Feld der Engagementpolitik weitgehend aus. Gründe dafür sind möglicherweise in der allgemeinen konzeptionellen Schwäche der „Bürgerrechtspartei" zu finden. Die Dilemmata lassen sich so zusammenfassen:

1. Die Aktivitäten zum Jahr der Freiwilligen und die damit assoziierten Projekte – etwa der Enquete – folgten weitgehend dem Politikmodell der abgeschotteten Gremienarbeit. Die (versteckten) Konflikte, die mit dem Ausbau der Zivilgesellschaft verbunden sind, wurden nicht offensiv ausgetragen, sondern in vielen Megabite Text eingehegt. Ein Konflikt-Thema wurde als Harmonie-Thema verhandelt. Dieser Prozess verhinderte den öffentlichen Diskurs, reduzierte die Spannung und überlagerte die Konflikt-Konstellationen mit Konsensformulierungen, Formelkompromissen und falscher Schwerpunktsetzung, etwa im Feld der Versicherung der Engagierten. „Soll-kann-müsste-Papiere" mit dem Charme einer Steuererklärung entfalten, aber keine Begeisterung und fördern keine Mobilisierung. Es ist schon ernüchternd, wie gering die publizistische Resonanz auf den Enquete-Bericht ausfiel.
2. Die Kampagne für das „Jahr der Freiwilligen" lief stets auf kleinster Flamme; selbst für die Werbung der Riester-Rente – einem Flop – wurde mehr investiert. Die Unsicherheiten, die mit dem Thema verbunden sind, spiegelten sich in halbherzigen Reden, unvollendeten Internet-Auftritten, Pflichtveranstaltungen und kleinmütigen Handlungskatalogen wider. Der marginale Umfang einer Kampagne (mit einem guten Slogan) spiegelt immer auch das Anspruchsniveau des Politikentwurfs. Auch im Wahlkampf 2002 und danach spielte das Thema für „Rot-Grün" fast keine Rolle. Der Grund für diese Irritation ist ganz einfach. Aus dem „weichen" Thema wurde keine konkrete, griffige Policy-Orientierung abgeleitet. Das vorhandene Politikprodukt mit Ideen und realistischen Versprechungen war schlicht zu dünn. Es hätte nicht einmal gereicht, um eine ahnungslose Werbeagentur zu *briefen*. Geld war vorhanden, wenn man die Budgets für die stümperhaften Kampagnen aus dem Arbeits-, Bildungs- und Gesundheitsressort vergleicht.
3. Die CDU kritisiert in ihrem wenig inspirierten Sondervotum zum Enquete Bericht die Staatsfixiertheit der SPD. Ihre Alternative besteht allerdings allein in der Förderung und Absicherung ihrer Milieus und Wählertruppen. Zu diesem Zweck hat sich eine „stille" große Koalition gebildet, die ver-

meintlich andere Gestaltungskonzepte vorgibt. Deutschland ist ein vitaler Verbändestaat mit funktionierenden Lobbystrukturen. Die Sportverbände, die Feuerwehr und die Traditions-Organisationen sind das Epizentrum der Freiwilligen-Politiker. Nicht nur die „Übungsleiter-Pauschale" ist sichtbares Zeichen der Sonderrolle der Sportverbände. Gegen diesen Lobby-Block, auf den sich Funktionäre stützen und ohne den zahlreiche Bundestagsabgeordnete nicht überleben könnten, ist kein Kraut gewachsen. Die „Schmuddelkind-Behandlung" der Freiwilligen-Initiativen zeigt nachdrücklich, dass öffentliche Förderung in Deutschland ein Produkt der harten Lobbyarbeit ist. Dieser Satz gilt offenbar unabhängig von der gerade amtierenden Bundesregierung.

4. Alle soziologischen Studien gehen übereinstimmend von zwei zentralen Befunden zu grundsätzlichen gesellschaftlichen Trends aus:
   - die zunehmende Individualisierung und Vereinzelung sowie
   - die Reduktion dauerhafter Organisationsbindungen bei gleichzeitiger Bereitschaft, sich auf sinnvolle Projekte einzulassen, die auch individuelle Vorteile und persönlichen Nutzen bringen (Kontakte, Weiterbildung, Anerkennung, Selbstverwirklichung, Erkenntnisgewinn ...)

Ausgehend von dieser Situationsanalyse müsste eigentlich die intensive Förderung neuer Strukturen – etwa von Freiwilligen-Agenturen – erfolgen. Sinnvoll erscheinen auch kommunal abgestimmte Projekte, die moderne Seniorenzentren und Selbsthilfe-Kontaktstellen integrieren. Dieses wirkungsvolle Triumvirat liegt aber nicht im Interesse der handelnden Akteure, die den Wohlfahrtskuchen schon längst untereinander verteilt haben. Zu neuen Modellen dieser Art hätten die 39 Gutachten der Enquete angefertigt werden sollen; stets mit operativem Zuschnitt, mit Praxisrelevanz, mit der Klärung der Blockaden. Man hätte auf bereits vorliegenden Konzepten aufbauen können. Aber all das ist „Politik im Konjunktiv". Die mächtigen Lobby-Organisationen wussten dies zu verhindern. Die gleichen Mechanismen sind übrigens bei der Konstitution neuer Netzwerk-Strukturen festzustellen. Die etablierten Organisationen wollen die neuen Akteure im Bundesnetzwerk Bürgerschaftliches Engagement (BBE) in eine Randstellung drängen. Wie es aussieht, wird ihnen dies auch gelingen. Das BBE wird öffentlich kaum wahrgenommen und hat für Oktober 2004 eine „Woche des Engagements" angekündigt. Die politische Agenda der 140 Mitglieder klingt wie das Selbstverständnispapier des Deutschen Hausfrauenverbandes: 15 gute Absichten, die niemanden wehtun und nirgendwo anecken. Der Konsens der Akteure erstickt die Kreativität und Handlungsfähigkeit. Für die gediegene Anpassung an die Geldgeber werden die extrem heterogenen BBE-Akteure, mittelfristig aber einen hohen Preis zahlen, den Preis der selbst verschuldeten Einflusslosigkeit. Das Interessen-Spektrum von müden

Beamten, interessierten Selbsthilfegruppen, cleveren PR-Agenturen, abgebrühten Firmenvertretern und gutwilligen Theoretikern ist einfach zu weit aufgefächert. Ein zweiter Bundesjugendring, als „Geldverteilzentrale" und Produzent von Presseinformationen, die niemand druckt, ist für den wichtigen Bereich des bürgerschaftlichen Engagements nicht nötig.

5. In den vergangenen Jahren wurden die wesentlichen Konfliktzonen im Feld der Engagement-Politik auch vom BEE nicht klar identifiziert und analytisch ausgeleuchtet. Stellvertretend seien hier nun einige wesentliche Bereiche genannt. Ihr Einfluss in der täglichen Arbeit der Ehrenamtlichen darf aber nicht unterschätzt werden:

a. der Konflikt zwischen Haupt- und Ehrenamtlichen. In einer Studie hat die Hans-Böckler-Stiftung in NRW den gleichen Anteil von Haupt- und Ehrenamtlichen etwa im Bereich der Arbeiterwohlfahrt ermittelt. Viele Hauptamtliche empfinden selbstbewusste Engagierte als Konkurrenten, die leise „entsorgt" werden.

b. die Unbeweglichkeit von Wohlfahrtsverbänden und Kommunen, die neuen Akteure des bürgerschaftlichen Engagements als Gegner im Förder-Dschungel behandeln. Der Krieg um die Fördertöpfe lähmt seit Jahren die Innovation.

c. die Tatsache, dass viele Städte nichts unternehmen, um das Engagement der Freiwilligen zu fördern. Zahlreiche Studien haben ein einhelliges Ergebnis zu Tage befördert. Die Städte, die etwas tun, sind auch erfolgreich: D.h. Förderstrukturen haben mit Nachhaltigkeit und Management zu tun. Die Stadt München hat bewiesen, dass allein durch die Verbesserung der Informationsangebote und die Vermittlung von Interessierten viel bewegt werden kann. Baden-Württemberg wird zu Recht als vorbildlich hervorgehoben. Alle Bundesländer hinken weit hinter diesem Bundesland hinterher. Auch das Land Hessen bemüht sich um eine nachhaltige Förderung. Niedersachsen verfügt wenigstens über einen Business-Plan in diesem Politikfeld. Damit ist wenigstens im Ansatz ein nachvollziehbares Leistungsversprechen der Politik im Raum. Dies müsste der Mindeststandard aller Bundesländer sein. Wo ein Wille ist, wäre ein Weg. Aber meist gibt es keinen Willen.

d. die unausgesprochene Wahrheit, dass die Akteure der Zivilgesellschaft einer anderen Handlungslogik folgen als die Akteure der Parteiendemokratie. Nüchtern und ehrlich hat dies der frühere Bundesgeschäftsführer der SPD und heutige Werbemanager Matthias Machnig einmal öffentlich erklärt; bei den meisten anderen Akteuren auf der politischen Bühne wird dieses Faktum zwar genauso gesehen, aber nicht ausgesprochen;

e. die Skepsis gegen die Zivilgesellschaft und damit verbundenen Ansprüche nach mehr direkter Demokratie. Dies wird allgemein im etablierten Politikbetrieb mit großer Zurückhaltung aufgenommen. Es wird zwar viel von e-democracy geredet und geschrieben. Aber dieser Zug der Verwaltungsmodernisierung wird nie in Verbindung mit demokratischer Ausweitung von Bürgerrechten diskutiert. Auch die Verwaltung ist der natürliche Feind von unbürokratisch gestalteten, offenen Bürgerstrukturen. Allen Insidern ist dieser Konflikt bekannt. In offiziellen Reden wird dieses Konfliktthema gezielt verschwiegen. (vgl. Newsletter der Bertelsmann-Stiftung zu e-democracy); Glaubwürdige Engagement-Politik hat immer ein Spiel- und ein Standbein. Die Ausweitung demokratischer Mitwirkung jenseits der etablierten Strukturen gehört dazu.

f. Die Konfrontation der meist passiven Wirtschaft mit der nahe liegenden Forderung, mehr für das Gemeinwohl zu tun, unterbleibt aus Angst vor der offensiven Auseinandersetzung. Die Wirtschaft nutzt das Thema Engagement zu Werbezwecken und als Animationsfeld für eine moderne Personalentwicklung. Alle Studien belegen den Handlungsbedarf – seit Jahren.

6. Alle reden vom Mythos Corporate Citizenship (CC) und schwärmen vom Engagement der Unternehmer für die Gesellschaft. Jahrelang wurde Politik der devoten Träume betrieben – nach dem Motto: Nichts fordern, (vielleicht) etwas bekommen. Die Zeitschrift **Wirtschaftswoche** hat es vorzüglich verstanden, dieses Thema zusammen mit den Arbeitgeberverbänden als PR-Plattform für eine neo-liberale Wirtschaftspolitik zu nutzen. Festredner vom Schlage Guido Westerwelle – die Priester der Ego-Gesellschaft – halten hier die Festreden; auch das BBE schweigt dazu. Viele Unternehmer sehen in CC nur ein Konzept moderner PR im Zeitalter von **shareholder value**. Auf einem Forum von Wirtschafts-Ethikern wurde dieser Sachverhalt von vielen Praktikern bestätigt. Soziales Engagement wird nur demonstriert, wenn es in ein PR-Anliegen passt. 46 Prozent der Unternehmen antworteten auf die Frage „Warum betreiben Sie Schulsponsoring?", dass die damit ihr Image verbessern wollen. 74 Prozent wollen die „Ansprache jungen Zielgruppen" fördern. (vgl. Wirtschaftswoche, 30.5.2002) Politik geht also auch hier von falschen Rahmendaten aus. Die Realitäten sind klar benannt: Solange die Unternehmen soviel Steuern zahlen, kann man kein weiteres Engagement fordern, wie der BDI-Präsident immer wieder betont.

7. Allen Papieren und Dokumenten zur Engagementpolitik fehlen konkrete Handlungsanweisungen. Die Kluft zwischen Reden und Handeln ist groß. Die Chance etwa – die gesellschaftlichen Organisationen „freiwilligentauglich" zu machen, werden nicht detailliert durchgearbeitet. Es mangelt also an guten Regieanweisungen für den Handlungsvollzug. Auch die 15 Punkte des BBE zu Programm und Zielen erschöpfen sich in Appellen und Selbstverständlichkeiten. (vgl. Forschungsjournal Neue Soziale Bewegungen, 1/03, 95ff.)

Ein Fallbeispiel: Alle Organisationen und Verbände in Deutschland haben bei der Integration von Migranten über Jahre auf ganzer Linie versagt; gleichwohl bestimmt dieses Politikfeld die innenpolitische Lage. Das gleiche gilt für das Anwachsen der rechtsextremen Szene nicht nur in Ostdeutschland. Vielerorts sind die Neonazis die prägende Jugendkultur. Warum wurden hier nicht konkrete Politik-Modelle präsentiert, die aufzeigen, wie in großem Stil Kooperationsbeziehungen hergestellt und neue Förderstrukturen angelegt werden können, um damit tatsächlich innovativ zu wirken? Der vorhandene Förderdschungel nach Gießkannenprinzip entspricht jedenfalls nicht sinnvollen, nachvollziehbaren Kriterien. Der Magdeburger Sozialwissenschaftler Roland Roth hat mit seiner kritischen Analyse der „Projekte gegen Rechts" im Auftrag der Friedrich-Ebert-Stiftung bewiesen, dass nüchterne Analyse ein Umdenken bewirken kann. Seine Defizitanalyse in e i n e m Feld könnte als Folie für alle genannten Engagement-Felder dienen. Die Bilanz seiner schonungslosen Analyse hat er im Forschungsjournal Neue Soziale Bewegungen (4/2003) veröffentlicht. Aber bürokratische Apparate lernen nur langsam. Trotz detailliert dokumentierter Kritik wird 2004 der „Freiwilligen Survey" im alten Design wiederholt. Die Bundesregierung wird „ihre" Zahlen bekommen; die Verbände werden sich die Hände reiben. Aber – die Ergebnisse sind hohl und werden – angesichts vorliegender Analysen – kaum mehr zu legitimieren sein.

8. Besonders konkret sind die Handlungsempfehlungen der Politik stets, wenn es um Steuererleichterungen und Versicherungen geht. Hier werden allerdings – wie die Jahre zuvor – einige mächtige Organisationen bevorzugt und andere (schwache) Gruppen benachteiligt. Gerecht ist dies nicht, für Freiwillige deshalb auch nicht überzeugend. Möglicherweise gibt es jetzt im Zuge des staatlichen Konkursklimas auch wieder Korrekturen an dem Weg, Engagementpolitik nur in den Kategorien der Versicherungs-Wirtschaft zu definieren.

9. Die bisherigen Facetten der Engagementpolitik unter anderem der Enquete-Kommission wurden im wesentlichen akademisiert behandelt. Die wahre Chance bestünde aber in einer positiven Emotionalisierung, einer Begeisterung für die Sache. Die wenigen sinnvollen Ansätze mit der bescheidenen Förderung der Freiwilligen-Dienste, der Stiftungskultur oder der avisierten Volksentscheide sollen nicht unterschlagen werden. Aber sie sind zu zaghaft, zu verhalten, zu halbherzig. Diese Halbherzigkeiten, wie beim, von allen Parteien gezielt blockierten Informationsfreiheitsgesetz in der, folgen durchaus einem rationalen Kalkül und einem stillen Angstmuster: Nämlich der Angst, die Abgabe von Macht an die Zivilgesellschaft führe zur Schwächung der etablierten Politik. Um diese drohende „Umverteilung von Macht" in Grenzen zu halten, entscheiden sich die meisten Akteure noch für

das skizzierte Modell der „weichen Politik". Angesichts der bedrohlichen Entfremdung zwischen Bürgern und etablierte Politik und dem ständig steigenden Anteil von Nichtwählern ist die Zeit reif, sich von überholten Betrachtungsmustern zu verabschieden.

10. Das natürliche Konfliktmuster zwischen parlamentarischer Demokratie, die vor vielfältigen Herausforderungen steht, und der (wachsenden) Zivilgesellschaft ist, anders als von der Enquete-Kommission und dem BBE offen und versteckt formuliert, nicht konfliktfrei. Um eine vernünftige Basis der Weiterentwicklung von Demokratie und der Stärkung der Bürgergesellschaft zu finden, benötigen wir eine schonungslose Kritik der bekannten Versäumnisse: angefangen bei der schrumpfenden innerparteilichen Demokratie, den Defiziten der politischen Klasse und den Effizienzproblemen des parlamentarischen Betriebs. Auf diese Inventur – als Basis und Geschäftsgrundlage – verzichten die Akteure in der Engagementpolitik aber. Hätten sie ihre Aufgabe offensiv verstanden, wäre das politische Umfeld, das Engagement behindert oder auch ermöglicht, besser ausgeleuchtet worden. Aber selbst das zuständige Ministerium unter Renate Schmidt betont immer wieder, dass man sich allein auf den Familienbereich konzentrieren will. Die übrigen Themen des Ministeriums würden nachgeordnet bearbeitet. Bei der überfälligen (Selbst-) Kritik sind die Engagement-Politiker aber blind. Da liegt der Verdacht nahe, dass der Ruf nach der Bürgergesellschaft allzu oft ein Ruf nach dem Ausfallbürgen ist, der Aufgaben übernehmen soll, die der Staat nicht mehr finanzieren kann, weil er über seinen Verhältnissen gelebt hat. Dieser vermutete Trend hat sich durch die Verschuldungssituation nach der jüngsten Bundestagswahl noch einmal erheblich verstärkt.

Offenheit, Kritik und neu gewonnene Perspektiven sind also unerlässlich, wenn eine aktive Bürgergesellschaft florieren soll. Bürgerschaftliches Engagement wird in Deutschland seit Jahren aber nur in bürokratischen Grenzen gedacht und auf Kongressen wortreich zelebriert. Die Reden des Kanzlers zu diesem Thema waren gut. Aber sie waren auch folgenlos. Die Analyse dieser Redezyklen macht eines ganz deutlich: es gibt kein stringentes Konzept für die Engagementpolitik in Deutschland. Es gibt keine klaren Konturen für die Akteure. Und es gibt keine Kontinuität in der Förderung bürgerschaftliches Engagement.

2.3. Eine Partei ist eine Partei.
Über den Sinn von Unterscheidungen.

Holger Backhaus-Maul

In guter Gesellschaft

Parteien in der Bürgergesellschaft?[2] Früher, als auch die Zukunft bzw. die Annahmen darüber noch besser waren, ging man davon aus, dass sich Bürger in Parteien und Verbänden zusammenschließen, um ihre Interessen durchzusetzen (vgl. die Klassiker von von Alemann 1987 und von Beyme 1970). Heute könnte man bisweilen den Eindruck haben, dass sich Parteien und Bürger gegenüberstehen; die einen nackt und allein mit ihresgleichen und die anderen zumindest in guter Gesellschaft. Aber, aber ... die deutsche Gesellschaft liebt es versöhnlich und gemütlich. In diesem Sinne werden selbst heimatlose Parteien in der Bürgergesellschaft verortet und abtrünnigen Bürgern wird mit der Abseitsfalle der Politikverdrossenheit gedroht. Runde Tische, Bündnisse, Allianzen ...sind das Mobiliar dieser blühenden Landschaften und der Konsens wird zum höchsten deutschen Kulturgut stilisiert (instruktiv Nolte 2004).

Es gibt aber gute Gründe, jenseits derartiger Mythen und Rituale zwanghafter Vergemeinschaftungen zunächst die Unterschiede und Besonderheiten von Parteien und Bürgergesellschaft eingehender zu betrachten. Differenzbetrachtungen schärfen den Blick für den Eigensinn und die Eigenlogik von Organisationen und Systemen; anschließend kann man dann – mit dem zweiten Auge – klarer sehen, ob hier zusammen passt, was in Deutschland gern zusammen gesehen wird.

Parteien behaupten von sich selbst – wohlgemerkt frei von Selbstironie – allzuständig und allkompetent zu sein: Sie nehmen – so ihre latente Selbstbehauptung – Probleme wahr, definieren und bearbeiten sie und würden sie zu

---

[2] Beim vorliegenden Beitrag handelt es sich um die überarbeitete Fassung meines Statements im Rahmen der Tagung „Parteien in der Bürgergesellschaft – Konkurrenz oder Kooperation?", die der Think Tank BerlinPolis in Kooperation mit dem Wissenschaftszentrum Berlin und der Robert Bosch Stiftung Stuttgart vom 7.-8. Juli 2004 in Berlin durchgeführt hat.

guter Letzt auch noch lösen, ohne dadurch aber den Problemvorrat – gerne mit einer Prise Zwanghaftigkeit auch als Problemdruck beschrieben – zu verkleinern. Derweil schwankt das Publikum zwischen Hochachtung, Mitleid oder Spott. Gleichzeitig nimmt der Bürger als Zuschauer teil am Prozess der medienvermittelten Aufklärung: Medien schaffen eine – selektive, ihrer Eigenlogik folgende – punktuelle Transparenz des Handels einzelner Politiker, manchmal auch von Parteien und eher selten des politischen Systems. Viel Talk, etwas Show und wenig Entscheiden und Handeln – so das oft vernommene Urteil kompetenter und selbstbewusster Bürger über das Gesehene.

Experten für Alles

Hinter den Kulissen der so inszenierten Politik vollzieht sich seit Jahrzehnten ein grundlegender gesellschaftlicher Wandel. Medien, Politik und Bürgergesellschaft differenzieren ihre je spezifischen Funktionen aus. An die Stelle der vielfach beschworenen Allzuständigkeit treten Fachaufgaben und -kompetenzen. Dieser Trend geht einher mit einem relativen Bedeutungsverlust von Politik und Staat sowie einer Aufwertung von Medien und vor allem der gesellschaftspolitischen Idee einer Bürgergesellschaft (anschaulich Dettling 1998). Angesichts dieser Entwicklung erinnert die dennoch von einigen Parteivertretern immer wieder zum Vortrage gebrachte Behauptung, Experten für Alles zu sein, bisweilen an Reparationshoffnungen von Heimatvertriebenen in der dritten Generation.

Was aber ist die Kernkompetenz von Parteien? Sie sind – entsprechend dem Wählervotum demokratisch legitimierte und mit politischer Macht ausgestattete Organisationen, die der Mehrheitsregel folgend politische Entscheidungen treffen. Diese Kernkompetenz politischer Parteien ist anspruchsvoll und erfordert professionelle Berufspolitiker/innen. Die Berufspolitikerpartei repräsentiert in erster Linie sich selbst und ist unter Rückgriff auf die sie jeweils konstituierenden historischen Konfliktlinien, wie etwa Arbeit und Kapital, bestrebt, personelle Bezüge zu den entsprechenden sozialen Milieus zu pflegen. Die Professionalisierung von Politik und die Erosion traditioneller sozialer Milieus erzeugen spätestens seit den 1970er Jahren auf Seiten von Parteien gravierende Repräsentations- und Legitimationslücken (grundlegend Offe 2003). Volksparteien ohne Volk und Bewegungsparteien ohne Bewegung sind die sichtbaren Folgen.

Derartige Lücken schaffen erhebliche Spielräume für die Deutungen, Vermittlungsleistungen und Erfindungen von Medien. Politik wird zum privilegierten Hoflieferanten von Medien, die letztlich eigenständig Probleme auswählen, aufbereiten und präsentieren. Die Art und Weise der Themenselektion und die Dramaturgie der Berichterstattung lassen Medien wiederum selbst zum Problem werden. Informationspartikel mit geringer Speicherkapazität und minimaler

Halbwertzeit wetteifern um die Aufmerksamkeit des Publikums. Das Leben als ein langer ruhiger Fluss, in dem die Informationen am Betrachter vorbeifließen und sich gelegentlich zu Fluten verdichten, d.h. zu kollektiven Gesprächsthemen werden. Kollektiverfahrungen, die die Beteiligten in der trügerischen Selbstsicherheit wiegen, dass es zumindest gut gewesen sei, darüber geredet zu haben. Aus dem schlichten Publikum der Medien wird die von Jürgen Habermas (1962) seit den 1960er Jahren untersuchte kritische Öffentlichkeit aber erst dann, wenn es auch entsprechende assoziative Strukturen – eine Zivil- oder Bürgergesellschaft eben – gibt.

Und die deutsche Bürgergesellschaft? Es gibt sie – angesichts der Vielzahl verschiedenster Bürgergruppen, die bestrebt sind relativ eigenständig gegenüber Staat und Kommunen sowie Parteien und Verbänden zur Selbststeuerung im Gemeinwesen beizutragen (qualifiziert beobachtet seit 1988 unter Supervision von Ansgar Klein, Jupp Legrand und Thomas Leif). Diese Formen organisierten Engagements von Bürgern neigen bisweilen zu Partikularismus, Dilettantismus, Ineffektivität und Borniertheit (grundlegend Salamon 1987). Das geradezu verschwenderische Zeitbudget manch einer Bürgergruppe sowie die sachlich und räumliche Begrenztheit ihres Handlungshorizontes können im vielen Einzelfällen Zweifel an der Angemessenheit eines so anspruchsvollen Begriffes wie den der Bürgergesellschaft nähren.

Die Stärke von Parteien ...

Die in den deutschen Parlamenten vertretenen Parteien haben als Mitgliederparteien – sei es als Volkspartei oder auch als Bewegungspartei – in den letzten Jahrzehnten sukzessiv an gesellschaftlicher Bedeutung verloren. Ihre dennoch prioritäre politische Stellung begründet sich darin, dass sie als privilegierte Akteure in staatlichen Entscheidungsprozessen nach wie vor über erhebliche Machtressourcen verfügen. Im politischen System geht es um den Erwerb, die Mehrung und den Erhalt von Macht und nicht um das „gute Leben" oder das Gemeinwohl. Ein derartiges systemimmanentes Machtstreben bildet oft einen willkommenen Anlass für kritisch-moralische Kommentierungen von außen. Abgesehen von Fällen des Machtmissbrauchs handelt es sich in derartigen Fällen aber um das fundamentale Missverständnis, Macht im politischen System kritisieren zu wollen. Hier liegen in der Regel Verwechselungen des politischen Systems mit anderen Systemen vor. Geht man also davon aus, dass Macht die Grundlage des politischen Systems ist, so sind die Interessen von Bürgergruppen nicht mehr und nicht weniger als Vehikel im Wettbewerb um Macht. Parteien sind eben keine organisierten „Bürgerversteher", die die Leidenschaften und Interessenlagen von Bürgern verstehen wollen können. Bürgergruppen sind als Inhaber von

Machtressourcen und nicht als Vertreter eines guten Arguments, eines begründeten Interesses oder eines aufrichtigen Gefühls für Parteien von Relevanz.

Die Bürgergesellschaft als Machtfaktor ?....

Die gesellschaftspolitisch begründete Idee der Bürgergesellschaft fand in den Bundestagsparteien in den letzten Jahren keine besondere Resonanz. Aber, aber – wird der kleine Kreis engagierter Engagementpolitiker/innen einwenden –, in der vergangenen Legislaturperiode wurde eine Enquete-Kommission des Deutschen Bundestages zum bürgerschaftlichen Engagement eingerichtet, der Freiwilligensurvey – eine empirische Erhebung zum Engagement – befindet sich bereits in der zweiten Runde und der Bundestag hat dem Thema einen eigens eingerichteten Unterausschuss gewidmet (Vgl. Enquete-Kommission 2003). Die politische Botschaft dieser Institutionen lautet kurzgefasst: Bürgern sollen in den sie betreffenden Angelegenheiten weitreichende Mitentscheidungs- und Mitgestaltungsmöglichkeiten eingeräumt werden, – in erster Linie zu Lasten staatlicher Entscheidungs- und Gestaltungsmacht. Es geht – sagen wir es unumwunden – um ein Stück staatlicher (Selbst-) Entmachtung. Der Kreis der Mitwirkenden aus den Reihen des politischen Systems fällt allein schon aus individuellstrategischen Überlegungen heraus klein aus, zumal die Perspektive der Bürgergesellschaft mit unscharfen Konturen und unübersehbaren Risiken nicht gerade verlockend wird. Folglich überrascht es auch nicht, dass Engagementpolitik von einzelnen Abgeordneten und Kleingruppen betrieben wird, die von den jeweiligen Machtzentren in der Regel eher den Randbereichen der jeweiligen Bundestagsfraktionen zugeordnet werden.

Und der Staat? Revolutionen sind in Deutschland selten. Hier lernt man stattdessen langsam und folgt dabei den als bewährt erachteten institutionellen Pfaden. Vor diesem Hintergrund liegt es nahe, wenn politische Akteure besonders geneigt sind, die gesellschaftspolitischen Herausforderungen der Bürgergesellschaft in erster Linie einer Entbürokratisierungskommission des Bundesinnenministeriums zu überantworten.

Das relative Desinteresse und die latente Ressourcenschwäche des Staates bedeuten für die Engagementpolitik, dass staatlicherseits keine nennenswerten Sach- und Personalmittel offeriert werden. Unter dem neuen Marketingbegriff des aktivierenden Staates wird aus dieser Not aber eine Tugend: Staatlicherseits wird nicht mehr finanziert, sondern moderiert. So werden der Bürgergesellschaft nicht Fördermittel, sondern der kostenlose Einsatz erfahrenen politischen Personals zur freien Verwendung, etwa als Moderatoren oder Schirmherrn, angeboten. Trotz dieser misslichen Lage strotzt der mittlerweile fast „unbekleidete Kaiser" vor Omnipotenz: Nach ersten Irritationen kultiviert er fast umstandslos wieder seine gewohnten Attitüden, in dem er weitreichende Definitions- und Regelungsansprüche gegenüber der Gesellschaft geltend macht.

Insgesamt betrachtet werden in Deutschland die funktionelle Bedeutung von Staat und Parteien und damit auch deren Leistungs- und Ressourcenpotential in der für das „Projekt Bürgergesellschaft" völlig überschätzt. Wobei aber vor allem die relative politische Schwäche der Bürgergesellschaft – ihrer Organisationen und Gruppen – nachhaltig dazu beiträgt, dass dieses fundamentale Missverständnis fröhliche Urstände in Deutschland feiert.

Auswege aus dem Dilemma staatlicher Allmachtsvorstellungen und bürgergesellschaftlicher Bescheidenheit

Vor diesem Hintergrund verdienen – jenseits von Staat und Parteien – bürgergesellschaftliche Akteure und deren Kooperationen mit nicht-staatlichen Akteuren besondere Aufmerksamkeit. Als innovative Beispiele hierfür sind etwa die mittlerweile zahlreichen Gründungen von Bürgerstiftungen, die sich erst langsam entwickelnden Kooperationen zwischen Unternehmen und Nonprofit-Organisationen und die Formierung gesellschaftspolitischer Think Tanks in Deutschland zu nennen. Allesamt noch „zarte Pflanzen" in einer traditionell staatsgeprägten Gesellschaft:

1. Gemessen an den Anforderungen und Aufgaben erfolgten die Gründungen von Bürgerstiftungen – im internationalen Vergleich betrachtet – in Deutschland erst relativ spät und ihr Gründungskapital ist in der Regel eher bescheiden.
2. In der globalen Debatte über eine moderne engagementpolitische Rolle von Unternehmen als Corporate Citizen dominiert in Deutschland nach wie vor engagementpolitische Zurückhaltung das Geschehen.
3. In den vergangenen Jahren und Jahrzehnten haben sich in relativer Autonomie gegenüber Staat, Parteien und Verbänden bürgergesellschaftliche Foren zum Gedankenaustausch und zur gemeinsamen Wissensgenerierung herausgebildet. Die Eigenständigkeit dieser Think Tanks ist nicht immer gegeben und die Profilbildung vielfach noch rudimentär.

Bürgerstiftungen

Nach der Reform des Stiftungsrechts gehen auch in Deutschland vermehrt „Bürger stiften", so dass mittlerweile fast flächendeckend Bürgerstiftungen entstanden bzw. in Gründung sind. Die erste Generation der Gründer/innen muss sich zumeist mit einem sehr übersichtlichen Kapitalsockel bescheiden, aber zumindest wurden Organisationsstrukturen geschaffen, erste Handlungsroutinen entwickelt und Projekte initiiert. Das „Tal ist durchschritten" könnte die Zwischenbilanz lauten. Betrachtet man die thematischen Schwerpunktsetzungen und die zur Verfügung stehenden Ressourcen, so drängt sich aber unweigerlich die Frage auf, ob Bürgerstiftungen in den nächsten Jahren tatsächlich in der Lage sein werden, wesentliche Beiträge zur Bürgergesellschaft zu leisten (vgl. Aktive Bürgerschaft 2004, Bertelsmann Stiftung 2004).

Unternehmen als Corporate Citizen

Die Spannbreite der Antworten von Unternehmen auf die Frage nach ihrem Engagement in Deutschland ist denkbar groß: Sie reicht von "kennen wir nicht und brauchen wir auch nicht" bis zu "machen wir doch schon immer." Eine Vielzahl der in Deutschland tätigen Unternehmen – Genaueres ist mangels hinreichender empirischen Forschungen nicht zu sagen – scheint dem Leitsatz von Milton Friedman aus dem Jahre 1975, „The business of business is business", zu folgen. In diesem Sinne gelten ein erfolgreiches Wirtschaften und ein entsprechender Beitrag zum Bruttosozialprodukt als geradezu wahrhafter Ausdruck des Gemeinwohlengagements eines Unternehmens. Eine zweite Gruppe von Unternehmen kultiviert stillschweigend Formen des uneigennützigen Engagements. Als Prototyp gilt der protestantische Unternehmer, der im Sinne Max Webers (1920) still auf einen angemessenen Gotteslohn in seinem zweiten Leben hofft. Eine dritte, global an Bedeutung gewinnende Gruppe von Unternehmen verknüpft ihr Engagement explizit mit Unternehmenszielen. Dieses unternehmensstrategisch begründete Engagement entwickelt sich in Deutschland bemerkenswert zögerlich. Dabei ist aber zu bedenken, dass sich das Engagement von Unternehmen unter national spezifischen sozial-kulturellen Bedingungen entwickelt. Insofern überrascht es nicht, wenn global engagierte Unternehmen ihre engagementpolitische Zurückhaltung in Deutschland damit begründen, dass die deutsche Gesellschaft von ihnen kein Engagement als Corporate Citizen erwarten würde.

Bilanziert man den aktuellen Stand der Debatte, so ist zumindest geklärt, dass es eine unübersichtliche Vielfalt unternehmerischen Engagements gibt, das für die beteiligten Unternehmen sinn- oder/und nutzenstiftend ist. Aber was war eigentlich der Anlass der Diskussion über die gesellschaftspolitische Rolle von Unternehmen, könnte man jetzt fragen? Die Ausgangsfrage nach der gesellschaftlichen Bedeutung des unternehmerischen Engagements ist nach wie vor offen: Welche Vorstellungen von Gesellschaft vertreten Unternehmen, welche Effekte hat dieses Engagement für die beteiligten Nonprofit-Organisationen und welchen „Nutzen" hat es für Gesellschaft (vgl. Backhaus-Maul 2004)?

Think Tanks

Auf ihren latenten Bedeutungsverlust reagieren vor allem Parteien und Verbände durch den Zeitgeist der 1990er Jahre wirtschaftlich inspiriert – verstärkt mit Ausgründungen. So kam es etwa zur Gründung eines „Bürgerkonvents", der parteipolitisch präformiert ist und von aufmerksamen Beobachtern wie dem Berliner Politologen Rudolf Spaeth als konventionelle Vorfeldorganisation christdemokratischer Provenienz eingestuft wird. Eigenständiger hingegen zeigt sich die Initiative Neue soziale Marktwirtschaft, die von einem Unternehmensverband, Teilen der Wirtschaft und einigen sich selbst als innovativ verstehenden Parteipolitikern getragen wird. Was von außen betrachtet bisweilen als Club erscheint, wirkt der Rezeption der politischen Strategien neuer sozialer Bewegungen, der Pflege personeller Netzwerke und nicht zuletzt eines erfrischend klugen Marketings aus dem Hause „Scholz and Friends" bis in die Bürgergesellschaft hinein. Als ein in diesem Sinne weiter reichendes Beispiel kann das Engagement des Bundesverbandes der Volksbanken und Raiffeisenbanken angeführt werden, der mit der Aktiven Bürgerschaft ein eigenes Kompetenzzentrum zur Förderung bürgerschaftlichen Engagements unterhält, das innerhalb der Bürgergesellschaft wirkt und anerkannt ist. Das Unternehmen Bertelsmann wiederum initiiert und beeinflusst seit über einem Jahrzehnt mit seiner eigenen Stiftung maßgeblich die bürgergesellschaftlichen Diskurse in Deutschland, sei es über die Bürgerbeteiligung in Kommunen, die Reform des Stiftungsrechts oder die gesellschaftspolitische Rolle von Unternehmen im Allgemeinen. In ihren Beiträgen zur Förderung der Bürgergesellschaft greift die Bertelsmann Stiftung gezielt auf zivilgesellschaftliche Debatten und Akteure aus dem „Homeland" zivilgesellschaftlicher Think Tanks – den USA – zurück (exemplarisch Putnam 2001). Als Prototyp eines staatsunabhängigen und überparteilichen Think Tanks in Deutschland ist berlinpolis einzustufen, der es trefflich versteht, nicht zuletzt das Alter seiner jungen und mittelalten Expertinnen und Experten als einen strategischen Vorteil zu präsentieren.

Als Newcomer im Kreis der Think Tanks arbeitet das Bundesnetzwerk Bürgerschaftliches Engagement (BBE) noch an seinem Profil: Das Bundesnetzwerk wurde insbesondere von Sozialverbänden unter maßgeblicher Beteiligung staatlicher Akteure und primär mit öffentlichen Mitteln gegründet. Es widmet sich in aller Bescheidenheit der gesellschaftspolitischen Grundsatzfrage, welche Zukunft bürgerschaftliches Engagement in der deutschen Gesellschaft haben kann und soll. Organisationssoziologisch betrachtet konstituiert sich das Bundesnetzwerk im Spannungsfeld zwischen staatlichem Korporatismus und den zaghaften Autonomiebestrebungen der Bürgergesellschaft. So überrascht es auch nicht, dass Politik und Strategie des BBE einerseits von der deutschen Sozialstaatstradition und dem Geist der Konsensdemokratie geprägt sind, andererseits sich aber auch an zivilgesellschaftlichen Debatten und Konfliktpotialen orientieren. Entscheidend für den Erfolg des Bundesnetzwerkes wird es sein, ob ihm in absehbarer Zeit die Transformation zu einer selbstständigen, selbstbewussten und konfliktfähigen Institution der Bürgergesellschaft gelingen wird.

Und der Staat?

Was bleibt angesichts der skizzierten – wenn auch noch relativ schwachen - Institutionalisierung der Bürgergesellschaft für den Staat übrig? Die klassische verwaltungswissenschaftliche Fragestellung, was eine staatliche Aufgabe sei, gewinnt dramatisch an Aktualität. Das zugegeben schwierige staatliche Unterfangen, sich eigenverantwortlich und selbstdiszipliniert auf die Kernaufgaben eines Gewährleistungsstaates, d.h. die rechtlich-institutionelle Rahmensetzung sowie die entsprechenden Entscheidungen und deren Durchsetzung, zu beschränken, ist ein bürgergesellschaftliches Anliegen ersten Ranges, dass übrigens durch die „Hausbesuche" von Unternehmensberatern bei weitem nicht abgedeckt ist. Die Frage, was eine staatliche Aufgabe sei, wäre vielmehr in erster Linie öffentlich zu diskutieren, statt sie weiter im Modus korporatistischen Entscheidens unter Einbezug von Talk Shows zu belassen.

Letztlich ist aber die Kritik am Staat und die Forderung nach staatlichen Reformen kein originärer Beitrag zur Förderung der Bürgergesellschaft. Die Deutungsmacht von Staat, Parteien und Verbänden in Fragen der Bürgergesellschaft ist nicht in deren faktischer Bedeutung, sondern in der Schwäche der deutschen Bürgergesellschaft begründet. Die Verantwortungszuweisung von Bürgern in bürgergesellschaftlichen Angelegenheiten an Staat, Parteien und Verbände ist nicht die Lösung, sondern Teil des Problems. Derart selbst entmündigt bleibt den Bürgern nur ein Lamentieren, Kritteln und Nörgeln an der staatlicher Engagementpolitik und die Kultivierung der selbst verschuldeten Enttäuschung als kollektiv geteilter Erregungszustand. Das Gegenbild zu dieser selbsterzeugten „German Desease", wären bürgergesellschaftliches Selbstbewusstsein und eine reichlich bemessene Portion mitmenschlicher Lebensfreude, – eine Tradition übrigens, die zuletzt, insofern die historischen Überlieferungen zutreffend sind, ein Teil der neuen sozialen Bewegungen in Deutschland verkörpert haben soll.

Literatur

Aktive Bürgerschaft (Hrsg.) (2004): Alle reden über die Bürgergesellschaft – wir machen sie. Ergebnisse der Wettbewerbe 2002 und 2003, Berlin.
Alemann, Ulrich von (1987): Organisierte Interessen in der Bundesrepublik, Opladen.

Backhaus-Maul, Holger (2004): Corporate Citizenship im deutschen Sozialstaat, in: Aus Politik und Zeitgeschichte, Heft 14, 20-23.
Bertelsmann-Stiftung (Hrsg.) (2004): Handbuch Bürgerstiftungen. Ziele, Gründung, Aufbau, Initiativen, Gütersloh.
Beyme, Klaus von (1970): Interessengruppen in der Demokratie, München.
Dettling, Warnfried (1998): Wirtschaftskummerland? Wege aus der Globalisierungsfalle, München.
Enquete-Kommission „Zukunft des Bürgerschaftlichen Engagements" des Deutschen Bundestages (Hrsg.) (2003): Bürgerschaftliches Engagement: auf dem Weg in eine zukunftsfähige Gesellschaft. Bericht, Opladen.
Habermas, Jürgen (1962): Strukturwandel der Öffentlichkeit, Darmstadt/Neuwied.
Klein, Ansgar; Legrand, Jupp; Leif, Thomas (Hrsg.) (1988ff.): Forschungsjournal Neue soziale Bewegungen, Stuttgart.
Nolte, Paul (2004): Generation Reform. Jenseits der blockierten Republik, München.
Offe, Claus (2003): Herausforderungen der Demokratie, Frankfurt/New York.
Putnam, Robert D. (Hrsg.) (2001): Gesellschaft und Gemeinsinn. Sozialkapital im internationalen Vergleich, Gütersloh.
Salamon, Lester (1987): Of Market Failure, Voluntary Failure, and Third-Party Government: Toward a Theory of Government – Nonprofit Relations, Journal of Voluntary Action Research 16, 1, 29-49.
Weber, Max (1920): Protestantische Ethik, Tübingen.

2.4. Zwischen Organisation und Bewegung: Wie viel Gesellschaft braucht Partei?

Bernhard Weßels

1 Einleitung

Das Thema Parteien und Gesellschaft ist seit Jahrzehnten auf der Tagesordnung und wird zumeist unter der Perspektive der Krise der Parteien oder der Parteien in der Krise aufgenommen. 1982 schrieb Joachim Raschke einleitend zu dem Band „Bürger und Parteien – Ansichten und Analyse einer schwierigen Beziehung": „Parteien sind Erfindungen des Bürgers. Sie waren sein politisches Handwerkszeug. Heute fragen sich viele Bürger, ob sie das Werkzeug von Parteien und ob Parteien überhaupt ein Selbstzweck geworden seien." Diese Frage dürfte sich heute den Bürgern nicht weniger stellen als vor zwanzig Jahren. Eine gewisse Paradoxie ist es allerdings, dass auf Seiten der Parteien – bzw. ihrer höheren Funktionäre, zwar nicht die Instrumentalisierung der Parteien durch die Bürger, aber die Hemmung der Parteien durch die Bürger konstatiert wird. So argumentierte Peter Radunski, ehemaliger Bundesgeschäftsführer und Wahlkampfleiter der CDU, dass moderne Dienstleistungsparteien und damit der Abschied von der Mitglieder- und Massenorganisation nötig seien, weil letztere die Effizienz der Wahlkampforganisation behindern würden (Radunski 1991, 1996).

Für dieses Paradox verantwortlich sind die Schwierigkeiten, die die Bürger mit den Parteien und die die Parteien mit den Bürgern haben. Politik- und Parteienverdrossenheit, zyklisch immer wieder ein Thema, hat nicht nur eine bewertende, moralische Dimension, sondern Auswirkungen auf die Ressourcen und die Handlungsfähigkeit von Parteien. Die aus dem schwierigen Verhältnis von Bürgern und Parteien resultierenden Spannungen machen die „Krise der Parteien" zu einem wiederkehrenden Topos, wie an den entsprechenden Buchtiteln „Parteiensystem in der Legitimationskrise" (Dittberner/Ebbighausen 1973), „Parteien in der Krise" (von Krockow/Lösche 1986), „Parteien in der Krise?" (Haungs/Jesse 1987) und einer unüberschaubaren Zahl von Aufsätzen mit Titeln zur Krise der Parteien oder der Krise einzelner Parteien ablesbar.

Ob und inwieweit tatsächlich eine Krise der Parteien vorliegt, ist zweifellos abhängig von der Definition und des Maßstabs und eine Frage, der hier nicht nachgegangen werden soll. Es gibt die politischen Parteien trotz aller Krisenbefunde und weder sind ein faktischer Bedeutungsverlust für die Herbeiführung demokratisch legitimierter allgemeinverbindlicher Entscheidungen noch ihr Verschwinden absehbar. Dieser Befund reicht, um der Frage nachzugehen, in welchem Verhältnis Gesellschaft und Parteien stehen und welche Konsequenzen sich aus diesem Verhältnis ergeben.

Es geht um die Frage, wie viel Gesellschaft Partei braucht. Manche Diskussionen über Parteireform erwecken den Eindruck, als ob es Gesellschaft für Parteien gar nicht mehr gebe, sondern nur noch Bürger oder allenfalls Netzwerke. Hierin verbirgt sich der Reflex, auf soziale Wandlungsprozesse, die Modernisierung der Sozialstrukturen und die Folgen für die Parteien zu reagieren. Dieser Reflex lässt sich nicht diskutieren, ohne auch die Frage zu stellen, wie viel Partei Gesellschaft braucht. Es soll im Folgenden also darum gehen, Beobachtungen zur Veränderung von Gesellschaft und deren Auswirkungen auf die politischen Parteien zusammenzutragen und vor diesem Hintergrund die Frage zu beleuchten, wie viel Gesellschaft Partei braucht.

2 Braucht Gesellschaft (noch) Partei – gibt es noch Gesellschaft für Partei?

Was Gesellschaft für Partei bedeutet und umgekehrt, hängt davon ab, wie Gesellschaft definiert wird. Dass Gesellschaft etwas mit Interessen zu tun hat – ob in Allgemeinheit oder differenziert, findet sich in allen Theorien, Konzepten und Definitionen von Gesellschaft. Mit Blick auf Parteien erscheint es sinnvoll, den Differenzierungsaspekt hervorzuheben. Danach bezeichnet Gesellschaft die aus Interessen und Zwecksetzungen resultierende Form und Struktur von Sozialbeziehungen in einem normalerweise geographisch-politisch abgrenzbaren Raum (Staat, Nation). Entlang unterschiedlicher Interessen und Zwecksetzungen bilden sich Strukturen der Differenzierung von sozialen (Groß-) Gruppen wie sozialen Klassen oder Schichten. Parteien verdanken ihre Existenz der Differenzierung von Interessen in der Gesellschaft entlang sozialer Spannungslinien, die durch Politisierung zu Konfliktlinien, den so genannten Cleavages, verdichtet wurden und die Struktur der Parteiensysteme in Europa maßgeblich geprägt haben. Noch Ende der 1960er Jahre konnten Seymor Martin Lipset und Stein Rokkan davon ausgehen, dass die Struktur der Parteiensysteme „eingefroren" war und die gesellschaftlichen Auseinandersetzungen zwischen Staat und Kirche, Arbeit und Kapital, Stadt und Land usw. repräsentierten (Lipset/Rokkan 1967). Bis mindestens in die 1970er Jahre hinein konnten sich die Parteien in der Bundesrepublik dieser „eingefrorenen" Strukturen und damit entsprechender mit hoher Loyalität ausgestatteter sozialer Allianzen von sozialen Großgruppen in der Gesellschaft mit den Parteien sicher sein. Sowohl der konfessionellen Spannungslinie als auch der Klassendimension – zumindest bezogen auf den Gegensatz oder Unterschied zwischen Arbeitern und Selbständigen – konnte Franz U. Pappi außerordentlich hohe Stabilität bescheinigen, erstere hatte im Zeitverlauf für das Wahlverhalten sogar an Bedeutung gewonnen (Pappi 1979). Seit den achtziger Jahren hingegen nimmt der Einfluss sozialer Gruppenzugehörigkeit für das Wahlverhalten ab (Pappi 1986). Langfristige Trends verweisen, von den 1970er Jahren ausgehend, auf langsam abnehmende Gruppenbindungen. Das gilt, wenn das Wahlverhalten sozialer Gruppen einzeln betrachtet wird (Gluchowski/Graf/Wilamowitz-Möllendorf 2001), abgeschwächt auch im Kontrast von Sozialgruppen (Weßels 2000).

Diese Entwicklung allein ist aber nicht Ursache für die Probleme der Parteien mit der Gesellschaft und auch keinesfalls die wichtigste. Die wichtigste Entwicklung dürfte die Veränderung der Sozialstrukturen sein. Der soziodemographische Wandel hat vor allem die Größen der Sozialgruppen verändert, auf die sich die Parteien als soziale Kerngruppen ihrer Wählerschaft stützen konnten: ihr Anteil an den Wählern der Parteien ist von 35-40 Prozent in den 1950er Jahren auf etwa 15 Prozent Ende der 1990er Jahren gesunken – eine Folge der Veränderung der Berufsstrukturen (Arbeiteranteile) und der Säkularisierung (insbes. Kirchgang) (Weßels 2000).

Die zunehmende Differenzierung der Gesellschaft, die Auflösung homogener sozialer Großaggregate und darüber hinaus die abnehmende Bindungswirkung der Parteien in ihrer immer kleiner werdenden Kernklientel kennzeichnen die Prozesse, die allgemein als Individualisierung bezeichnet worden sind (Beck 1986). Dem entspricht auch die von den Parteien als problematisch angesehene Entwicklung abnehmender Parteiidentifikation in der Bevölkerung, die zunächst in Wellen, aber ab 1990 im Trend verläuft. Zu Spitzenzeiten (1980, 1990) neigten etwa drei Viertel der wahlberechtigten Bevölkerung ganz allgemein einer bestimmten Partei zu, 1999 waren es in den alten Bundesländern nur noch etwa 60 Prozent. In den neuen Bundesländern liegt der Anteil ohnehin 15-20 Prozentpunkte niedriger (Falter/Rattinger 2001).

Wird Individualisierung als das Gegenteil von Vergesellschaftung im soziologischen Sinne, wenn schon nicht als das Gegenteil von Gesellschaft betrachtet, stellt sich extrem interpretiert die Frage, ob die Bürger die Parteien nicht mehr brauchen, oder anders formuliert, ob es nicht mehr „genug" Gesellschaft gibt, um Parteien zu tragen. Braucht eine hoch differenzierte Gesellschaft Parteien also nicht mehr?

Die den für die Parteien säkularen Trends zugrunde liegenden Entwicklungen haben ihre Grundlage in den seit den 1960er Jahren deutlich zunehmenden Ressourcen, die dem Einzelnen für politische Beteiligung zur Verfügung stehen. Besonders bedeutsam ist hierbei die Bildungsexpansion (Anteil der Schulabgänger mit Hochschul- oder Fachhochschulreife 1970: 11 Prozent; 1990: 34 Prozent) und der höhere Anteil frei zur Verfügung stehender Zeit. Erik Allardt

(1968) und Talcott Parsons (1977) haben auf die grundlegende Bedeutung dieser Entwicklung für die Zukunft der Gesellschaft und Politik verwiesen. Parsons stellt sie als Bildungsrevolution sogar auf eine Stufe mit der industriellen und der demokratischen Revolution und sieht als Ergebnis eine Zunahme von Partizipationsansprüchen. In der Tat lässt sich in den 1970er und 1980er Jahren von einer „partizipativen Revolution" (Kaase) sprechen. Der Anteil der Bürger, der sich so genannter unkonventioneller politischer Beteiligungsformen bedient, ist von etwa 15 Prozent Ende der 1950er auf etwa 60 Prozent im Jahre 1990 gestiegen. Eine ähnliche Entwicklung lässt sich für das Interesse der Bürger an der Politik bis 1990 beobachten.

Diese höhere individuelle Ressourcenstärke und der verstärkte Ausdruck des Selbst- und Mitbestimmungswillens der Bürger beinhaltet im Grundsatz nichts anderes als eine Emanzipation der Individuen von traditionellen Sozialbezügen, die Raum gibt für die (nunmehr auch sozial und kulturell) freie Entscheidung zur politischen Betätigung und für die Ausbildung von tatsächlich freier Assoziation und Loyalität. Aus dieser Perspektive ist die Entwicklung normativ gesehen ein enormer Gewinn für die Demokratie und die politischen Akteure.

Die beschriebenen sozialen Wandlungsprozesse haben zur Folge, dass es in Handlungssystemen, die nach Talcott Parsons auf Intelligenz, Leistungsfähigkeit und Affekt aufbauen, zu einer Veränderung der Bedeutung individueller Ressourcen kommt. Sozialkapital, das auf Integrität und Solidarität als Wertprinzip aufbaut und für das Vertrauen die zentrale Kategorie im Austausch zwischen Ego und Gemeinschaftssystem darstellt, verliert gegenüber Humankapital (Wissen, alles was durch Lernen und Aneignung erworben wurde) an Bedeutung. Der individuelle Zugang zur Politik verändert sich im Zuge des sozialen Modernisierungsprozesses von einer dominant an Affekten auf eine dominant an Kognitionen orientierten Perspektive. Damit gewinnt die Dimension der Leistungsfähigkeit als evaluativer Maßstab für die Bürger an Bedeutung. Die Folge ist eine zunehmende Performanzabhängigkeit der Politik. Entscheidungen über das Eingehen von Mitgliedschaftsverhältnissen oder Loyalitäten werden so zunehmend (auch) unter einer instrumentellen Perspektive gefällt – dabei reduziert sich Instrumentalität nicht auf Egoismus, sondern bezieht sich darauf, dass das Eingehen von moralischen oder sachlichen Verpflichtungen zunehmend „kritischer" und zunehmend mit Bezug auf die für die eigenen Präferenzen relevante Leistungsfähigkeit hinterfragt wird.

Damit sind für die Parteien „alte Gewissheiten" nicht mehr gegeben. Traditionell bestimmten Parteien zuneigende soziale Gruppen werden kleiner, Gruppengrenzen verschwimmen, Gruppen und ihre Interessen vervielfältigen sich und Bindungen konstituieren sich kaum noch über geschlossene Sozialmilieus, sondern werden zu Wahlentscheidungen einer immer stärker differenzierten, kompetenten und sozialautonomen Bürgerschaft. Diese Entwicklung ist insbesondere in den jüngeren Alterskohorten zu beobachten. Darin liegt einer der Gründe der zunehmenden Veralterung der Parteimitgliedschaften und des Mitgliederschwunds bei den Parteien. Der Anteil der über 60-jährigen hat sich zwischen 1990 und 2000 stark erhöht. Am stärksten bei der CDU (von 29 auf 42 Prozent) und der CSU (von 26 auf 38 Prozent), gefolgt von der SPD (von 25 auf 35 Prozent), und der FDP (1996: 25; 2000: 32 Prozent). Die jungen bleiben den Parteien zunehmend fern, ein Trend, der schon lange feststellbar ist (Wiesendahl 1990) und Wolfgang Streeck im Zusammenhang mit den Individualisierungstendenzen in der Gesellschaft zur These vom „Aussterben der Stammkunden" veranlasst hat (Streeck 1987).

Damit ist aber weder gesagt, dass es repräsentierbaren Interessendifferenzierungen in der Gesellschaft nicht mehr gibt, noch dass die Basis für soziale Allianzen und Bindungen nicht mehr existiert. Erstens lassen sich nach wie vor, wenn auch in Teilen abgeschwächt, deutliche soziale Muster des Wahlverhaltens ausmachen, wenn auf die Unterschiede zwischen sozialen Gruppen und nicht nur auf den jeweiligen Erfolg einer Partei in einer sozialen Gruppe geblickt wird. Der jeweilige Erfolg in den Sozialgruppen ist sehr viel volatiler geworden und damit aus der Perspektive der Parteien das Wahlverhalten sozialer Gruppen unzuverlässiger. Dahinter verbergen sich aber häufig performanzabhängige gruppenübergreifende Bewegungen, die die relativen Abstände zwischen den Gruppen relativ unverändert lassen. Zweitens gibt es immer noch klare Muster sozialer Allianzen mit einer Verzahnung von Interessen über die Parteien hinaus. Das drückt sich unter anderem darin aus, dass es typische Muster der Interessen- und Repräsentationswahrnehmung gibt. Bürger, die sich von den Gewerkschaften vertreten fühlen, fühlen sich auch überproportional von der SPD vertreten; Bürger, die die Kirchen oder Selbstständigenverbände als ihre Interessenvertretungen ansehen, fühlen sich überproportional von der CDU/CSU vertreten; nämliches gilt für das Paar Umwelt- und Frauenverbände und Grüne oder Freiberuflerorganisationen und die FDP (Weßels 1997). Schließlich gilt, dass in der Summe sich mehr Bürger von den politischen Parteien vertreten fühlen als von jeder anderen (Massen-) Organisation. Nicht alle fühlen sich von allen Parteien vertreten – ganz im Gegenteil: es gibt klare Wahrnehmungen von Interessenübereinstimmung und Interessengegnerschaft. Und diese Wahrnehmungen sind immer noch an soziale Lagen rückgekoppelt.

Weder kann also davon ausgegangen werden, dass Gesellschaft Partei nicht mehr braucht oder will, noch kann davon ausgegangen werden, dass es „zu wenig" Gesellschaft gibt, als dass Differenz so wenig strukturiert ist, dass sie nicht politisch repräsentiert werden könnte.

3 Braucht Partei Gesellschaft?

Vergegenwärtigt man sich die Reformdiskurse in den Parteien, scheint die Einschätzung bei ihnen vorzuherrschen, dass gesellschaftliche Interessen so vielfältig, Sozialstrukturen so fluide und Sozialgruppen eine so unzuverlässige Basis geworden sind, dass es gelte, Parteien neuen Typs zu entwerfen und zu entwickeln, die bei den (Organisations-) Formen anzusetzen habe und eher eine „noncontent"-Strategie zu verfolgen hätte, weil Interessenlagen auf dem Wählermarkt so unüberschaubar seien (Leif 2001). „Netzwerkpartei", „Fraktionspartei", „Rahmenpartei" oder auch „Bürgerpartei" dienen als Begriffe zu umreißen, was Partei anders machen muss. Die Diskussionen über die Reform der Parteien speisen sich konsequent aus der Unsicherheit, die die veränderten gesellschaftlichen Verhältnisse für die Parteien erzeugt haben. Es ist ein Prozess, der dem zu entsprechen scheint, was Wolfgang Streeck als den Ausweg von Mitgliederorganisationen aus den „unsicheren Mitgliedschaftsverhältnissen" beschrieben hat. Er reicht aber möglicherweise noch einen Schritt weiter. Nach Streeck machen Großorganisationen zunehmend von externen Organisationshilfen Gebrauch: in der Form interorganisatorischer Verflechtungen und Koalitionen, vor allem aber in der Form direkter staatlicher Stützung, um das Risiko unsicherer Mitgliedschaftsverhältnisse zu kompensieren (Streeck 1987). Bei den politischen Parteien gehört hierzu die staatliche Parteienfinanzierung, die vor allem dazu dient, Leistungen erbringen zu können, für die immer weniger Mitglieder aufkommen und wofür sich immer weniger Ehrenamtliche engagieren wollen – insbesondere betrifft dies den wachsenden Bedarf der Wählerwerbung und des Überredungsaufwandes. Das Ergebnis ist (nicht nur bei den Parteien) eine Verwischung der Grenzen zwischen Organisation und Staat (Stöss 2001). Der Parteienstaat ist so Lösung und Problem zugleich. Die Mitgliedschaftslogik wird zugunsten der Einflusslogik aus den Organisationen verdrängt. Aber, so könnte der Eindruck aus den Debatten, Entwürfen und Realisierungen von Parteireformen sein, es ist nicht nur der Mechanismus des Trade-Off zwischen Organisationssicherung mit einflusslogischen Mitteln und der damit notwendigerweise einhergehenden Vernachlässigung der Mitgliedschaftslogik. Vielmehr scheinen sich die Parteien auch von einem Verständnis von Gesellschaft zu verabschieden, das ihnen die riskante Aufgabe inhaltlicher Positionierung und Differenzbildung abverlangen könnte. Aus der vermeintlichen Profillosigkeit von Gesellschaft wird Profillosigkeit für die Parteien selbst zur Tugend erhoben.

Dieser Eindruck drängt sich aufgrund der Argumente und Begriffe in den Reformdebatten auf. Ob es Diagnosen sind, wie die im Beschluss des 17. Parteitages der CDU Deutschlands 2003 zur „Bürgerpartei CDU", die davon ausgeht, dass „moderne Gesellschaften ... in immer stärkerem Maße Minderheitengesellschaften in rasch wechselnden Konstellationen" sind, oder solche, die davon ausgehen, dass die Parteien mit einer erhöhten Komplexität von Problemen und Politik „heute einer Öffentlichkeit gegenüberstehen, die sich zum allergrößten Teil für Politik wenig oder überhaupt nicht interessiert" (Machnig 2001), sie erwecken zusammen mit den Lösungsvorschlägen den Eindruck, Parteien wollten sich von der lästigen weil unkalkulierbaren und unzuverlässigen Gesellschaft verabschieden und vor allem durch eine mediengerechte und personalisierte Form der Propaganda den Bürgern die erwünschte Stimmabgabe entlocken. Dass Wahlentscheidungen etwas mit Interessen und dementsprechend mit der Auswahl zwischen politischen Alternativen zu tun haben, wird kaum thematisiert, und wenn, inhaltlich nicht gefüllt. Stattdessen werden eine professionelle Medienorientierung der Parteien und die Personalisierung von Politik als Mittel angesehen, politische Macht (für freibleibende Zwecke) zu erlangen.

Ob eine solche Strategie aufgehen und die Probleme politischer Parteien lösen kann, ist eine durchaus kontrovers diskutierbare Frage. Sie kann einerseits vor dem Hintergrund diskutiert werden, ob und inwieweit sich Gesellschaft tatsächlich soweit destrukturiert hat, dass Mehrheiten nicht mehr mit leicht identifizier- und ansprechbaren sozialen Großgruppen zu erzielen sind. Sie kann zum zweiten vor dem Hintergrund diskutiert werden, wie strukturiert und differenziert politische Nachfrage anzusehen ist. Und sie muss schließlich in den institutionellen Konsequenzen für die Demokratie und damit für die Parteien diskutiert werden.

Auf die Frage nach der Veränderung von Sozialstrukturen und damit implizit angenommenen Veränderungen von Interessenstrukturen gibt es keine eindeutige Antwort. Ohne Zweifel hat es weitreichende Veränderungen gegeben: religiöse Säkularisierung, Veränderung der Beschäftigungsstrukturen, Veränderung des Bildungsniveaus, Herauslösung von Individuen aus traditionellen Versorgungsbezügen durch die Entwicklung des Wohlfahrtsstaates, der Wertewandel seit Mitte der sechziger Jahre und nicht zuletzt der demographische Wandel. Andererseits sind wesentliche Grundmerkmale einer differenzierten Gesellschaft seit den 50er Jahren weitestgehend konstant geblieben. Hierzu gehört zum Beispiel die Einkommensverteilung, die heute so ungleich und in der Verteilungsstruktur gleich ist, wie vor 40 Jahren (Brock 2001). Hohe Konstanz ergibt sich auch bei dem Anteil der abhängig beschäftigten Erwerbstätigen. Massive Veränderungen ergeben sich allerdings in der Struktur der Erwerbstätigkeit, sowohl bezogen auf die Stellung im Beruf („Angestelltenrevolution"), als auch im Bezug auf die Verteilung auf Wirtschaftsbereiche (Niedergang des primären, Aufstieg des tertiären Sektors) (Voß/Dombrowski 2001). In der Soziologie ist allerdings umstritten, ob sich hiermit eine Auflösung von Klassen und Schichten oder nur eine Veränderung mit nach wie vor relativ konstanten Sozialdifferenzen auf neuem Niveau ergeben hat.

Die Entwicklung hat gezeigt, dass sowohl Parteien als auch Wähler relativ adaptiv bezogen auf derartige Entwicklungen sind. Die zahlen- und anteilsmäßige Expansion des so genannten „neue Mittelstands" (Angestellte) hat zu einem Re-Alignment zwischen Sozialgruppen und Parteien, in diesem Falle zu Gunsten der SPD seit den 1970er Jahren geführt – ein Phänomen bekannt unter dem Begriff „Genosse Trend" (vgl. Pappi 1977). Prozesse des De- und Re-Alignments zwischen Sozialgruppen und politischen Parteien bedeuten während ihres Verlaufs für politische Parteien ein hohes Maß an Unsicherheit. Sie sind wenig kalkulierbar und ihr Ausgang ungewiss, weil es nie sicher ist, dass es überhaupt zu neuen Allianzbildungen kommt. Es ist aber ebenso ungewiss, dass in der Bundesrepublik derzeit Prozesse des De-Alignments ablaufen. Vieles spricht dagegen. Stattdessen spricht Vieles für ein hohes Maß an relativer Stabilität.

Die Volatilität in den Parteianteilen ist seit 1990 fast konstant bei etwa 7 Prozentpunkten der mittleren Bewegung der Parteianteile. Niedriger war sie nur zwischen 1965 und 1987, deutlich höher vor 1965. Das Wechselwahlverhalten hat zwar zugenommen, allerdings ist Lager übergreifendes Wechseln nach wie vor – mit Ausnahme der Bundestagswahl 1998 – nur in einem geringen Ausmaß festzustellen (Zelle 1995; Schoen 2000). Das bedeutet keinesfalls „sichere Bänke" für die Parteien, weil kleine Ausschläge über die Rolle als Regierung oder Opposition entscheiden. Es bedeutet aber andererseits auch nicht, dass politische Nachfrage vollkommen fluide geworden ist. Die feststellbaren Muster sozialer Strukturen in der Verbindung gesellschaftlicher Interessen und politischer Parteien– sozusagen interorganisatorische soziale Allianzen – sprechen dagegen.

Mit anderen Worten: Parteien haben in den gesellschaftlichen Interessensphären nach wie vor einen organisatorischen Unterbau. Das Argument, auch bei den gesellschaftlichen Interessenorganisationen würden sich Erosionstendenzen ergeben, wie die Mitgliederkrise auch bei ihnen zeigen würde, greifen so lange nicht, wie über die Mitglieder hinaus auch andere Bürger ihre Interessen entsprechenden Organisationen zuordnen wollen und können. Mitgliedschaftsverhältnisse können in einer Gesellschaft, in der formale Bindungen immer weniger eingegangen werden, nicht der Maßstab sein. Es können nur Interessen sein, über deren Existenz und Bewusstheit in der Gesellschaft sich Gewähr zu verschaffen ist. Aus dieser Perspektive ist die von Willy Brandt oft genutzte Formel „Ich begrüße alle Sozialdemokraten in und außerhalb der SPD" sehr modern und aktuell. Parteien müssen, das zeigen die Mitgliederentwicklungen bei ihnen wie bei anderen Großorganisationen, mit weniger Mitgliedern auskommen als zu ihren besten Zeiten: Mitte der 1970er Jahre bei der SPD, Mitte der 1980er Jahre bei der CDU. Sie haben aber auch bis Anfang der 1970er Jahre mit lediglich zwei Dritteln oder sogar der Hälfte der Mitglieder gegenüber den Spitzenzeiten leben können (Gabriel/Niedermayer 2001). Unsicherheit und Ressourcenprobleme werden dadurch für die politischen Parteien nicht geringer. Aus verlorener

Sicherheit, resultierend aus säkularen und demographischen Trends bei den sozialen Kerngruppen und der reduzierten Bereitschaft bzw. abgebauten Mechanismen „automatischer" Hinführung zur (formalen) Loyalität bei den Bürgern davon auszugehen, Interessen stünden nicht mehr in mehrheitsfähigen sozialen Großaggregaten zur Verfügung, kann ein fataler Fehlschluss sein – insbesondere dann, wenn Parteien aufgrund der geringen Margen, die über Regierungs- und Oppositionsrolle entscheiden, sich im wesentlichen um den pivotalen Wähler bemühen.

4 Demokratie braucht Partei – Partei braucht Demokratie

Unter dem Titel „Demokratie braucht Partei" startete die SPD im April 2000 den Dialog zu den Modernisierungserfordernissen der Partei. Der von Franz Müntefering auf der Eröffnungsveranstaltung getroffen Feststellung, dass Parteien nicht das Problem der Demokratie sind, sondern Teil von ihr und Mittel zu ihrem Gelingen, stimmen nicht nur Parteifunktionäre zu, sondern – anders noch als in den 1950er Jahren – nahezu alle Bürgerinnen und Bürger. Mit Blick auf die Frage, ob Partei Gesellschaft braucht, lohnt es sich allerdings, die Feststellung gegen den Strich zu bürsten und die Implikationen der Feststellung, Partei braucht Demokratie zu durchleuchten.

Damit soll nicht Bezug genommen werden auf die banale, wenngleich richtige Feststellung, dass ohne eine rechtstaatliche Sicherung demokratischer Beteiligungsrechte und des demokratischen Wettbewerbs mit regelmäßig stattfindenden allgemeinen, freien, gleichen und geheimen Wahlen, die effektiv darüber entscheiden, wer im Lande politische Herrschaft ausübt (Dahl 1975), ein demokratisches Mehrparteiensystem nicht zu garantieren und wenig wahrscheinlich ist. Es geht vielmehr um die Frage, welche Implikationen (Parteien-)Demokratie gesellschaftstheoretisch und institutionell hat.

Institutionell ist es zumindest diskutabel, ob die bei den Parteien feststellbaren strategischen Tendenzen, sich im Wettbewerb um Stimmen darauf zu versteifen, dass es maßgeblich um das richtige Themenmanagement ankommt und Träger des Wettbewerbs Personen sein sollen. Insbesondere der Einstieg in die Forcierung der Personalisierung, empirisch in den Wahlkampagnen der Parteien zu beobachten und in manchem strategischen Papier zum Ziel erhoben, erzeugt eine gewisse Dissonanz zu dem, was sich empirisch beobachten und was institutionell gegeben ist. Es mag keinem als Widerspruch, sondern als Dialektik erscheinen, dass auf der einen Seite beobachtet wird, dass Wählerinnen und Wähler kompetenter, instrumenteller und wählerischer werden und auf der anderen Seite angenommen wird, Politik sei inzwischen so komplex, dass die Bürger der so genannten Clues, Shortcuts, der Vereinfachungsstrategien bedürfen, um Kriterien für Wahlentscheidungen zu haben. Wichtiger ist aber in diesem Zusammenhang, dass die Festlegung auf Personalisierungsstrategien wohl maßgeblich aus dem symbiotischen und selbstreferentiellen Zusammenhang zwischen Medien und Politik resultiert. Tatsächlich starke Effekte von Spitzenkandidaten auf das Wahlverhalten lassen sich in der Wahlgeschichte der Bundesrepublik nur selten festmachen: 1980 (Helmut Schmitt, Franz-Josef Strauß) und 1998 (Helmut Kohl, Gerhard Schroeder). Ein Trend zur zunehmenden Personalisierung im Sinne der Abhängigkeit der Wahlentscheidung von den Spitzenkandidaten lässt sich bei den Wählern nicht feststellen. Wichtigste Determinanten der Wahlentscheidung sind nach wie vor die von den Wählern wahrgenommenen Unterschiede zwischen der eigenen und den Parteipositionen sowie das vergangene Wahlverhalten (Pappi/Shikano 2001). Im Gegensatz zu den dominanten Bestimmungsgründen des Wahlverhaltens, die kongruent mit der Struktur des Wahlsystems sind, entfernt sich eine Strategie, Wahlen zu Entscheidungen über Personen zu machen, von dem, was das Wahlsystem ermöglicht. Mit der über Mandatsverteilungen entscheidenden Stimme können kollektive Akteure, nicht aber Personen gewählt werden. Eine Kanzlerwahl gibt es weder institutionell, noch von den dominanten Entscheidungsgründen der Wähler her betrachtet. Die Personalisierungsstrategie konsequent weitergedacht würde bedeuten, das Wahlsystem zu ändern. Damit aber würde sich auch die Notwendigkeit ergeben, Regierungswahl als Mehrheitswahl zu institutionalisieren und damit eine andere Form der Repräsentation und damit der Demokratie einzurichten.

Personalisierung als Strategie passt hervorragend zu dem Diktum, in Wahlkämpfen sei das richtige Themenmanagement entscheidend. Angebotsstrukturen, die darauf gerichtet sind, den Wählern unterschiedliche „Shopping-Lists" zu unterbreiten, minimieren das Risiko der Betonung von Differenz zwischen den politischen Angeboten. Wenn inhaltlich wenig Differenz angeboten wird, weil darin das Risiko gesehen wird, in einer Patchwork-Gesellschaft, einer Minderheitengesellschaft, oder wie auch immer die Begriffe aussehen mögen, entscheidende Wählergruppen verprellen zu können, muss Differenz anders, z.B. über Personenangebote hergestellt werden. Diese Überlegung ist so konsequent wie falsch. Wahlmotivationen, also sowohl die Beteiligung als auch die Wahlentscheidung, ergeben sich für die Wähler maßgeblich aus der Wahrnehmung von Differenz zwischen den Parteien. Sind Unterschiede nicht mehr erkennbar, „lohnt" sich Wählen für die Bürger nicht mehr.

Damit stellt sich die Frage danach, was Demokratie für Parteien über die Sicherung des demokratischen Wettbewerbs hinaus bedeutet – oder noch genereller, was impliziert Demokratie? Dabei mag ein Blick auf die Transformationsprozesse in Mittel- und Osteuropa hilfreich sein. Als eines der großen Probleme bei der Etablierung von Demokratie wurde in der Frühphase angesehen, dass es sich bei vielen osteuropäischen Ländern um so genannte „flattened societies" handele – Gesellschaften, die durch Mobilisierung von oben entdifferenziert wurden (Offe 1991). Damit war die Befürchtung verbunden, dass soziale Gruppen nicht über ein hinreichend in der Sozialstruktur kristallisiertes Interesse verfügen würden, um differenzierte politische Angebote hervorzubringen. Es wurde sogar argumentiert, dass Unterschiede in den politischen Angeboten der Parteien „künstlich" und von politischen Eliten erfunden seien – „theoretische" Interessen formuliert würden (Staniszkis 1991) und die Generierung sozialer Interessen möglicherweise die dringlichste Herausforderung postkommunistischer Gesellschaften sei (Ost 1991). Diese – im Nachhinein wohl als zu starke Dramatisierung des Problems zu beurteilenden – Argumente verweisen auf den Umstand, dem wir Demokratie zu verdanken haben. Demokratie setzt Ungleichheit zwischen den Menschen und sozialen Gruppen voraus. Sie ist das einzige gelungene Instrument, das wir kennen, um Differenz in den Interessen mit friedlichen Mitteln in politische Herrschaft zu überführen, die allgemein anerkannt ist. Demokratie ist das Mittel der Vermittlung von Vielfalt. Nur weil es Vielfalt der Interessen gibt, brauchen wir Demokratie. Demokratie beinhaltet beides: Übereinstimmung und Differenzierung. In der Demokratie sind Konflikte Korrekturinstrument. In ihnen drückt sich das Ringen um die "richtige" politische Entscheidung aus. Und Demokratie funktioniert deshalb, weil die Bürger anerkennen, dass sie regelmäßig und effektiv darüber entscheiden können, wer mit welchen Zielen Herrschaft auf Zeit verliehen bekommt. Parteien sind die Akteure, die diese Vielfalt und Differenz in den Interessen aufgreifen und aggregieren sollen. Mehrheitsherrschaft ist deshalb anerkannt, weil sie prinzipiell alternierende Herrschaft der Alternativen ist. Das setzt voraus, dass politische Alternativen geboten werden, die resonanzfähig sind. Parteien kommen hier zweierlei Funktionen zu: zum einen müssen sie responsiv gegenüber gesellschaftlichen Interessen sein, zum anderen müssen sie (in Deutschland durch die ihnen mit Verfassungsrang zugeschriebene Funktion der Mitwirkung an der politischen Willensbildung) einen Beitrag zur „Politisierung von Sozialstrukturen" leisten. Minimieren sie Differenz in ihren politischen Angeboten, tragen sie weder dem Umstand Rechnung, dass sie und die Demokratie Differenz zur Existenzgrundlage haben, noch können sie damit dauerhaft die Akzeptanz des Mehrheitsprinzips sichern, und sie kommen auch den Responsivitäts- und Politisierungserfordernissen nicht nach. Im Grundsatz können sie damit ihre eigene Existenzgrundlage gefährden. Demokratie braucht Partei, und Partei braucht Demokratie, weil es Differenz in der Gesellschaft gibt. Strategien der angebotsseitigen Minimierung von Differenz gehen an dieser Tatsache vorbei.

5 Schlussfolgerung: Zwischen Organisation und Bewegung

Partei braucht Gesellschaft – eine banale, aber implikationenreiche Aussage. Niemand wird dem widersprechen und doch erwecken Parteien den Eindruck, als ob Gesellschaft ihr Problem ist. Maßgeblich trägt dazu bei, dass der umfassende soziale Wandel in der Bundesrepublik wie anderswo, hergebrachte Sicherheiten getilgt hat, das Management gesellschaftlicher Vielfalt in den Parteien und durch die Parteien mit einem hohen Maß an Unsicherheit und Risiko verbunden ist. Der strategische Ausweg der Parteien wird in Organisationsformen gesucht, die schon durch ihre Begriffswahl nahe legen, es gäbe in der Gesellschaft keine hinreichend große soziale Differenzierung mehr, um starke, weil in den Unterschieden klare, Alternativen zur Wahl zu stellen und der politische Wettbewerb sei an einer – wie auch immer zu bestimmenden – gesellschaftlichen Mitte zu orientieren. Ein zentristisch orientierter Wettbewerb, bei dem es vordringlich um das Management von Themen und eine gelungene Personalisierung geht, scheint die dominante strategische Antwort der Parteien auf verloren gegangene Gewissheiten zu sein.

Es stellt sich allerdings die Frage, ob das eine gelungene Politik der Risikominimierung für die politischen Parteien sein kann. Politische Parteien verdanken ihre Existenz dem Umstand von Differenz in der Gesellschaft und können ihre Berechtigung nur dann unter Beweis stellen, wenn sie diese Differenz auch repräsentieren. Dabei bereitet sicherlich ihr Doppelcharakter, Organisation und Assoziation zugleich zu sein, Schwierigkeiten. Als Organisationen richten Parteien ihr Handeln „nach außen", als Assoziation sind sie Zusammenschlüsse derjenigen Menschen, die jeweils gemeinsame Belange zusammen regeln wollen. Effektives Handeln nach außen ist z.B. in Wahlkämpfen gefordert und kann, in dieser Einschätzung werden Wahlkampfmanager durchaus durch die Ergebnisse der Organisationsforschung bestätigt, nur effektiv sein, wenn es organisiert und dass heißt hierarchisch ist. Aus dieser Perspektive bedienen sich organisationale Eliten des Personals und der Mitglieder, um extern „Mehrwert" zu realisierten (Türk 2000: 170). Parteien müssen die „Publikumskommunikation" als Organisation gestalten, wenn sie für ihre Politik gesellschaftliche Akzeptanz und Unterstützung erreichen wollen. Gleichzeitig müssen sie – nicht nur aus rechtlichen, sondern auch aus funktionalen Gründen – Assoziationen sein, weil sie darauf angewiesen sind, einen Teil der Gesellschaft nicht nur als Resonanzboden, sondern als Inputfaktor für die Wahrnehmung, Selektion und Programmierung von Zielen in die Organisation herein zu ziehen. Organisation repräsentiert das statische Element, Assoziation das dynamische Element von Partei. Bewegung in den Parteien entsteht aus der Responsivität gegenüber Veränderungen der Differenz in der Gesellschaft. Diesem Umstand ist es zu verdanken, dass die ins Alter gekommenen Parteien sich nicht überlebt haben. Ihre historische Identität reicht unterschiedlich weit zurück, aber bei den meisten doch so weit, dass sie ohne Wandel und Anpassung keinen Bestand mehr hätten. Die Impulse für die Anpassung kommen aus der Gesellschaft bzw. ihren aktiven Teilen. Die jeweilige individuelle Zuwendung zu einer Partei ist ein Selektionsvorgang, die eine Wahl-Entscheidung ist und auf der Wahrnehmung von Differenz beruht. Vernachlässigen Parteien diesen Umstand, können sie weder damit rechnen, dass prinzipiell Willige ihnen beitreten, weil ohne Differenz kein Selektionskriterium greift, noch, dass sie in ihrem Inneren Bewegung erzeugen, die ihnen Differenzbildung zu anderen Parteien erlaubt. Genau diese Bewegung aber brauchen Parteien und deshalb brauchen sie Gesellschaft.

Literatur

Allardt, Erik (1968): Past and emerging cleavages, in: Otto Stammer (Hrsg.), Party systems, party organizations and the politics of the new masses, in: Contribution of the 3rd International Conference on Comparative Political Sociology, Berlin, 66-76.
Beck, Ulrich (1986): Risikogesellschaft, Frankfurt a.M..
Brock, Ditmar (2001), Soziale Ungleichheit, Klassen und Schichten, in: Bernhard Schäfers/Wolfgang Zapf (Hrsg.), Handwörterbuch zur Gesellschaft Deutschlands, Bonn, 628-642.
Dahl, Robert A. (1975), Governments and Political Oppositions, in: Fred I. Greenstein/Nelson W. Polsby (Hrsg.), Macropolitical Theory, Handbook of Political Science, Vol. 3, Reading, MA et al., 115-174.
Dittberner, Jürgen/Bernd Ebbighausen (Hrsg.) (1973), Parteiensystem in der Legitimationskrise, Opladen.
Falter, Jürgen W./Hans Rattinger (2001), Die deutschen Parteien im Urteil der öffentlichen Meinung 1977-1999, in: Oscar W. Gabriel/Oskar Niedermayer/Richard Stöss (Hrsg.), Parteiendemokratie in Deutschland, Schriftenreihe der Bundeszentrale für politische Bildung, Bd. 372, Bonn, 484-503.
Gabriel, Oscar/Oskar Niedermayer (2001), Parteimitgliedschaften – Entwicklung und Sozialstruktur, in: Oscar W. Gabriel/Oskar Niedermayer/Richard Stöss (Hrsg.), Parteiendemokratie in Deutschland, Schriftenreihe der Bundeszentrale für politische Bildung, Bd. 372, Bonn, 274-296.
Gluchowski, Peter/ Jutta Graf/Ulrich von Wilamowitz-Moellendorf (2001), Sozialstruktur und Wahlverhalten in der Bundesrepublik, in: Oscar W. Gabriel/Oskar Niedermayer/Richard Stöss (Hrsg.), Parteiendemokratie in Deutschland, Schriftenreihe der Bundeszentrale für politische Bildung, Bd. 372, Bonn, 181-203.
Haungs, Peter/Eckhard Jesse (1987), Parteien in der Krise? Köln.
von Krockow, Christian Graf/Peter Lösche (Hrsg.) (1986), Parteien in der Krise, München.
Leif, Thomas (2001), Form – Funktion – Inhalt: Können Netzwerke die SPD von einer „linken Volkspartei" zum „flexiblen Kanzlerwahlverein" wandeln? In: Berliner Republik 2/2001.

Lipset, Seymour Martin, Stein Rokkan (1967), Cleavage Structures, Party Systems, and Voter Alignments. An introduction. In: Seymour Martin Lipset, Stein Rokkan (Hrsg.), Party systems and Voter Alignments, 1-64.

Machnig, Matthias (2001), Von der Kampa zur Netzwerkpartei – Plitisches Themenmanagement und Kampagnenarbeit der SPD. In: Werner Albrecht/Claudia Langen (Hrsg.), Kommunikationsstrategien für Non-Profit-Organisationen, Bertelsmann Stiftung, Gütersloh.

Offe, Claus (1991), Capitalism by Democratic Design?, Paper prepared for presentation at the XVth World Congress of the International Political Science Association, July 21-25, Buenos Aires 1991.

Ost, David: The Generation on Interests in Post-communist East Europe: Solidarity, Incipient Bourgeoisie, and the Crisis of Liberal Democracy in Poland. Paper prepared for presentation at the XVth World Congress of the International Political Science Association, July 21-25, Buenos Aires 1991.

Pappi, Franz Urban (1979): „Konstanz und Wandel der Hauptspannungslinien in der Bundesrepublik", in: Joachim Matthes (Hrsg.), Sozialer Wandel in Westeuropa, Frankfurt a.M./New York, 465-479.

Pappi, Franz Urban (1986), Wahlverhalten sozialer Gruppen bei Bundestagswahlen im Zeitverlauf. In: Hans-Dieter Klingemann/Max Kaase (Hrsg.), Wahlen und politischer Prozeß, Opladen, 369-384.

Pappi, Franz Urban/Susumu Shikano (2001), Personalisierung der Politik in Mehrparteiensystemen am Beispiel deutscher Bundestagswahlen seit 1980. In: Politische Vierteljahresschrift, 42, 355-387.

Radunski, Peter (1991), Fit für die Zukunft? Die Volksparteien vor dem Superwahljahr 1994. In: Die Sonde, 24, 3-8.

Radunski, Peter (1996), Politisches Kommunikationsmanagement. Die Amerikanisierung der Wahlkämpfe. In: Bertelsmann Stiftung (Hrsg.) Politik überzeugend vermitteln: Wahlkampfstrategien in Deutschland und den USA. Analysen und Bewertungen von Politikern, Journalisten und Experten, Gütersloh: Bertelsmann Stiftung, 33-52.

Raschke, Joachim (Hrsg.) (1982): Bürger und Parteien. Ansichten und Analysen einer schwierigen Beziehung, Bonn, 1982.

Schoen, Harald (2000), Den Wechselwählern auf der Spur: Recall- und Paneldaten im Vergleich. In: Jan van Deth, Hans Rattinger, Edeltraud Roller (Hrsg.), Die Republik auf dem Weg zur Normalität?, 199-226.

Staniszkis, Jadwiga (1991): Dilemmata der Demokratie in Osteuropa. In: Rainer Deppe, Helmut Dubiel, Ulrich Rödel (Hrsg.), Demokratischer Umbruch in Osteuropa, Frankfurt, 326-347.

Stöss, Richard (2001): Parteienstaat oder Parteiendemokratie? In: Oscar W. Gabriel, Oskar Niedermayer, Richard Stöss (Hrsg.), Parteiendemokratie in Deutschland, Schriftenreihe der Bundeszentrale für politische Bildung, Bd. 372, Bonn, 13-35.

Streeck, Wolfgang (1987): „Vielfalt und Interdependenz. Überlegungen zur Rolle von intermediären Organisationen in sich verändernden Umwelten", Kölner Zeitschrift für Soziologie und Sozialpsychologie, 39, 452-470.

Talcott (1977), The Evolution of Societies, edited by Jackson Toby, Englewood Cliffs, New York.

Türk, Klaus (2000): Organisation als Institution der kapitalistischen Gesellschaftsformation. In: Ortmann, Günther, Sydow, Jörg, Türk, Klaus (Hrsg.), Theorien der Organisation, Wiesbaden, 124-176.
Voß, G. Günter, Jörg Dombrowski (2001), Berufs- und Qualifikationsstruktur. In: Bernhard Schäfers, Wolfgang Zapf (Hrsg.), Handwörterbuch zur Gesellschaft Deutschlands, Bonn, 63-74.
Wiesendahl, Elmar: Der Marsch aus den Institutionen – Zur Organisationsschwäche politischer Parteien in den achtziger Jahren. In: Aus Politik und Zeitgeschichte B21/90, 3-14.
Zelle, Carsten (1995), Der Wechselwähler, Opladen.

2.5. Bürgerpartei braucht Engagement: Zur Zukunft der CDU als Volkspartei

Johannes v. Thadden

Die CDU ist die erste echte und die größte Volkspartei in der deutschen Geschichte. 1945 gegründet vereinigt sie Menschen aus allen Schichten und Glaubensrichtungen, Arbeitnehmer und Selbständige, Junge und Alte, Männer und Frauen. Mit fast 600.000 Mitgliedern in der CDU und 200.000 Mitgliedern in der CSU bildet die Union die mit Abstand stärkste politische Bewegung in Deutschland. 2004 hat die CDU fast alle Wahlen gewonnen: beeindruckend im Januar in Hamburg, überzeugend in der Europawahl im Juni als stärkste Partei in ganz Europa bis hin zur Kommunalwahl in Nordrhein-Westfalen, wo die CDU allein stärker wurde als Rot-Grün zusammen.

Ist für die CDU alles in Ordnung? Aus vielen Gründen natürlich nicht, und nicht nur weil wir die letzte Bundestagswahl verloren haben und die nächste Bundestagswahl erst noch gewinnen müssen. Die CDU als Volkspartei mit dem Anspruch, die Gesellschaft mit einer politischen Mehrheit zu gestalten, muss mit den gesellschaftlichen Veränderungen Schritt halten. Dies hat die CDU bislang immer wieder geschafft.

Schon ihre Gründung hat dies bewiesen; denn damals hat die Union eine Brücke gebaut zwischen katholischen und evangelischen Christen. Heute geht es darum, Politik orientiert am christlichen Bild vom Menschen in einer Gesellschaft mehrheitsfähig zu halten, in der Evangelische und Katholische mit weiter fallender Tendenz nur noch zwei Drittel der Bevölkerung ausmachen und ein Drittel keiner Kirche oder einer anderen Religion angehört, darunter ein wachsender Anteil von Muslimen.

Die CDU hat über viele Jahrzehnte eine Brücke gebaut zwischen den unterschiedlichen Erfahrungen und Lebensgefühlen in Stadt und Land. Heute geht es darum, die stark ausdifferenzierten Lebenswelten, vor allem in den großen Städten, zusammenzubinden und deutlich zu machen, dass diese Lebenswelten in der Union ihren Platz haben.

Die CDU war immer die Partei der Familien. Heute muss die Union lernen, Antworten zu geben, wie die Entscheidung für Kinder verbunden werden kann mit der freien Entscheidung, wie elterliche Freude und Verantwortung verbunden werden können mit dem vielfachen Wunsch nach Berufstätigkeit.

Die CDU hat breite Milieus der Gesellschaft angesprochen und an sich gebunden. Sie hat den Sprung geschafft von der Honoratiorenpartei der 50er und 60er Jahre zur erfolgreichen Mitgliederpartei, zu der nicht nur die unmittelbaren CDU-Mitglieder gehören, sondern viele 10.000 Menschen in Junger Union, Schüler Union, im Ring Christlich-Demokratischer Studenten bis hin zur Christlich-Demokratischen Arbeitnehmerschaft (Sozialausschüsse) und zur Mittelstandsvereinigung oder dem Wirtschaftsrat. Heute muss die Union eine Antwort finden auf die Tendenz, dass viele Menschen sich zwar für Politik interessieren und bereit sich, sich für einzelne Themen oder Personen zu engagieren, aber den Schritt zur dauerhaften Mitgliedschaft scheuen.

Unwandelbar ist das Wertefundament der CDU. Aber das gesellschaftliche Umfeld wandelt sich. Daran muss sich die Union immer wieder anpassen, um den Anspruch auf Mehrheitsfähigkeit einzulösen.

Dazu gehört, neue Wege zu finden, auf die Menschen zuzugehen und ihre sich wandelnden Interessen und Sorgen aufzugreifen. Dem dient das Reformprojekt „Bürgerpartei CDU", das auf dem CDU-Bundesparteitag im Dezember 2003 nach intensiven Diskussionen mit überwältigender Mehrheit beschlossen wurde. Dazu gehört zweitens die Arbeit im Arbeitskreis „Große Städte" unter Leitung des stellvertretenden Bundesvorsitzenden und nordrhein-westfälischen Landesvorsitzenden Jürgen Rüttgers genauso wie die Positionsbestimmungen in der CDU-Wertekommission unter Vorsitz des CDU-Vize und rheinland-pfälzischen Landesvorsitzenden Christoph Böhr, jüngst z.B. zu den ethischen und politischen Herausforderungen der Globalisierung. Dazu gehören drittens und ganz zentral die Antworten, die die CDU den Menschen zur Lösung der drängenden Herausforderungen unserer Gesellschaft anbietet, vor allem die Beschlüsse des Leipziger Parteitages zu Reformen des Steuersystems und der Gesundheitsvorsorge sowie der Beschluss auf dem Düsseldorfer Parteitag im Dezember 2004 „Wachstum – Arbeit – Wohlstand", in dem der Weg beschrieben wird, wie wir zu Arbeit und Wohlstand für alle zurückfinden können.

Unsere moderne Gesellschaft ist einem raschen Wandel unterworfen. In ihr schreiten die Individualisierung der Lebensstile und die Pluralisierung der Lebensweisen rasant fort. In den letzten 20 Jahren hat sich die deutsche Gesellschaft drastisch gewandelt: in ihrer demographischen Zusammensetzung, in ihren Erwerbs-, Bildungs- und Familienstrukturen, in ihrem Freizeitverhalten, in ihrer Mobilität oder durch die Wiedervereinigung. Individualisierung und Pluralisierung der Lebensstile haben zu einer Erosion traditioneller Milieus geführt – ein Prozess, der sich zwangsweise auf die Verankerung einer Volkspartei in der Gesellschaft auswirkt. So ist die CDU unverändert die Partei, der regelmäßige Kirchgänger mit großer Mehrheit ihre Stimme geben. Aber die Zahl praktizierender Gläubiger ist stark geschrumpft.

In der modernen Gesellschaft sind dauerhafte strukturelle Mehrheiten nicht mehr von vornherein vorhanden. Moderne Gesellschaften sind in immer stärkerem Maße Minderheitengesellschaften in rasch wechselnden Konstellationen. Das Funktionieren einer solchen gesellschaftlichen Dynamik ist davon abhängig, dass ihr stabile politische Wertsetzungen zugrunde liegen bzw. zugrunde gelegt werden. Vor diesem Hintergrund bleibt eine wertorientierte Volkspartei wie die CDU von elementarem Belang. Die Gewinnung und das Halten von Mehrheiten fordern ihr ständige enorme Integrationsanstrengungen und eine fortgesetzte Überprüfung ihrer Integrationsformen und ihrer Organisation ab. Dies eröffnet der CDU neue Chancen. Eine absolute Mehrheit in Hamburg, wie im Januar 2004 errungen, wäre früher schlankweg undenkbar gewesen. Aber nicht nur ehemalige Traditionsmilieus der Union verlieren an Bedeutung, sondern auch ehemalige Traditionsmilieus der Sozialdemokratie öffnen sich für uns. So wurde die CDU dort mit Abstand stärkste Partei unter den Arbeitern, wie übrigens die Union in ganz Deutschland auch bei der Europawahl.

In der Gesellschaft selbst haben sich neue Formen der Selbstorganisation und der Interessenartikulation entwickelt. Soziale Netzwerke sind entstanden und entstehen immer neu als eine spontane und informelle Form des Zusammenführens und Zusammenhaltens von Menschen, um immaterielle und materielle Interessen zu verfolgen sowie sozialen, kulturellen, politischen, wirtschaftlichen, religiösen oder privaten Zwecken nachzugehen. In diesen Netzwerken ist eine wachsende Zahl sozial engagierter Bürgerinnen und Bürger aktiv und bestimmt die Willensbildung zunehmend mit. Hier arbeitet eine wachsende Zahl kommunikativer Menschen ehrenamtlich, in besonders hohem Maße Frauen und jüngere Menschen, die ein gewaltiges politisch-soziales Potential bedeuten und in ihrem Umfeld vielfältig als Multiplikatoren wirken. Mit ihnen muss die CDU noch stärker als bisher das Gespräch suchen.

In unserer Gesellschaft gibt es keine verbreitete „Politikverdrossenheit", sondern vielmehr eine Verdrossenheit mit dem Politikstil und darüber, dass die Menschen nicht mehr erkennen können, wer in der Politik auf kommunaler, Landes-, Bundes- oder Europa-Ebene für welche Entscheidungen Verantwortung trägt. Die klare Zuordnung von Verantwortung bei politischen Entscheidungen ist deshalb eine Notwendigkeit. Wenn die dafür eingesetzte „Föderalismuskommission" eine überzeugende Lösung findet, wird es nicht nur gelingen, die zentralen Probleme unseres Landes besser zu lösen, sondern auch wieder das Image von Politik und Parteien zu verbessern und das Engagement in Parteien attraktiver zu machen. Dann wird auch die Wahlbeteiligung wieder steigen, deren drastischer Rückgang derzeit Anlass zur Sorge gibt.

Die CDU hat – wie andere Parteien auch – den Prozess der Erneuerung bisher nur teilweise nachvollzogen. Neue Formen gesellschaftlicher Selbstorganisation und Interessenartikulation, wie etwa Bürgerinitiativen, wurden als Akteure des politischen Prozesses oft unterschätzt. Ortsverbände müssen sich öffnen für neue Formen der Bürgerbeteiligung, z.B. bei einzelnen Projekten. Der sinkenden Bereitschaft vieler Menschen, sich formal und dauerhaft gesellschaftlich zu organisieren, müssen maßgeschneiderte Angebote entgegen gesetzt werden. Die neuen Kommunikationstechnologien Internet und Mobilfunk geben dabei neue Möglichkeiten: Sie bilden die ideale technisch-organisatorische Ergänzung zum Bedürfnis nach informellen gesellschaftlichen Initiativen und Bündnissen. Gezielte und bedarfsgerechte Informationen können schnell an Interessierte herangetragen und Aktionen abgestimmt werden. Freiwillige, die sich für die Union engagieren, aber – noch – nicht Mitglied werden wollen, können so eingebunden werden. Mitglieder erhalten neue Formen, die Parteiarbeit zu gestalten und zu beeinflussen: von deutschlandweiten Diskussionsforen zu einzelnen Themen im CDU-Intranet unter www.cdu.de bis hin zu verbreiterten Möglichkeiten, einen Wahlkampf zu unterstützen, z.B. durch Telefon- oder Email-Arbeit zu Hause.

Unser Leitbild ist die aktive Bürgergesellschaft, geprägt durch Ehrenamt, Freiwilligentätigkeit und Bürgersinn, in der die Bürger größtmögliche Freiräume zur eigenverantwortlichen Gestaltung im Rahmen staatlicher Ordnung, marktwirtschaftlichen Wettbewerbs und gesellschaftlicher Solidarität haben. Dieses Grundverständnis prägt die politischen Inhalte der CDU ebenso, wie es sich in ihren Strukturen, der täglichen Organisation ihrer Arbeit und ihrer Kommunikation nach innen und außen wiederfinden muss.

Die CDU muss den vorpolitischen Raum neu vermessen und aktiver Ansprechpartner auch für die neuen Formen politisch-sozialer Artikulation in Netzwerken, Bürgerinitiativen und informellen Gruppen werden. Aktionsbündnisse müssen vor Ort gebildet werden, wo Interessen Schnittstellen haben.

Die CDU als moderne Bürgerpartei steht dabei in einem Spagat: Sie muss ihre traditionellen sozialen Milieus und ihre Stammwählerschaft bewahren und pflegen und zugleich die im Generationenwechsel nachwachsenden neuen Wählerschichten erreichen. Diesen Spagat als existenziell zu akzeptieren, ist für die Mehrheitsfähigkeit der CDU als Volkspartei überlebenswichtig. Das gilt z.B. für die wachsende Zahl berufstätiger Mütter, die in der Union ebenso einen anerkannten Platz geboten bekommen müssen wie Mütter, die sich auf die Kindererziehung konzentrieren. Mütter haben z.B. wenig Zeit, sich in der traditionellen Parteiarbeit zu engagieren, von abendlichen Sitzungen angefangen bis hin zu Wahlkampfeinsätzen am Wochenende. Gleichzeitig wünschen viele Mütter, gerade diejenigen, die sich auf Erziehung konzentriert haben, weiterhin in soziale Netze eingebunden zu bleiben, und suchen Möglichkeiten, sich zeitlich flexibel auch außerhalb der Familie zu engagieren. Hierfür muss die Bürgerpartei CDU mehr Angebote entwickeln.

Mehr Anziehungskraft auf allen Ebenen

In einem konzentrischen System stellen sich dabei für die Volkspartei CDU drei Aufgaben: Erstens müssen möglichst viele der gesellschaftlich Aktiven in einem kontinuierlichen Dialog an die CDU herangeführt werden. Das beinhaltet die Identifikation, Pflege und Einbeziehung aller für die Arbeit der CDU relevanten Netzwerke – eine Aufgabe, der sich die CDU auf allen regionalen Ebenen und in ihrer ganzen sektoralen Vielfalt (Vereinigungen und Sonderorganisationen) widmen muss.

Aus diesem vergrößerten Umfeld von Aufgeschlossenen, Anhängern und Unterstützern wollen wir zweitens wieder mehr Mitglieder gewinnen. Denn neue Mitglieder bereichern mit ihren Ideen und Erfahrungen die CDU. Deshalb ist die Partei dringend darauf angewiesen, neue Mitglieder zu gewinnen und muss dafür auf allen Ebenen verstärkte Anstrengungen unternehmen.

Drittens muss die jetzige Mitgliedsstruktur der Partei sowohl im Blick auf den Altersaufbau als auch hinsichtlich der soziologischen Struktur (zum Beispiel Frauenanteil, Anteil jüngerer Menschen) repräsentativer für die Bevölkerungsstruktur werden. Dies ist für die Zukunft der Volkspartei CDU als lebendige Mitgliederpartei von zentraler Bedeutung.

Der Altersschnitt der CDU-Mitglieder hat sich seit 1984 (damals 48,7 Jahre) in weitaus höherem Maß nach oben verschoben als in der demographischen Entwicklung der gesamten Gesellschaft und liegt heute bei 55,5 Jahren. Die CDU braucht eine Mitgliederverjüngung, sonst drohen ihr in einigen Jahren drastische Mitgliederverluste durch Tod. Beim Frauenanteil in der CDU-Mitgliedschaft, der sich derzeit auf 25,1 Prozent beläuft, hat sich – trotz Einführung des Frauenquorums 1996 (Frauenanteil damals 24,9 Prozent) – bisher wenig getan. Angesichts der Tatsache, dass auch in der Jungen Union nur 25,7 Prozent der Mitglieder weiblich sind, sind die strukturellen Schwierigkeiten kaum verkennbar. Es wird an vielen Stellschrauben gedreht werden müssen, um dieses Defizit zu beheben. Mentorenprogramme für junge CDU-Aktive und die gleichberechtigte Anerkennung von Erziehungs- bzw. Familientätigkeit und beruflicher Erfahrung bei der Auswahl von Kandidatinnen und Kandidaten für Parteiämter oder öffentliche Mandate sind nur zwei der Ansatzpunkte, die das Projekt Bürgerpartei dazu formuliert.

Um neue Mitglieder zu gewinnen, muss deutlicher werden, was es lohnend macht, der CDU beizutreten. Die Mitgliedschaft muss gewichtiger, spannender und verantwortungsvoller werden. Der Mehrwert einer Mitgliedschaft muss klar erkennbar werden. Dabei soll die Partei nicht nur als politische Interessengemeinschaft erfahren werden, sondern auch als Ort von Gemeinschaft und Nachbarschaft mit Ereignis- und Erlebnischarakter. Die CDU muss dem Einzelnen etwas bieten, das er nur dort bekommen kann. In Form von Dienstleistungen, in

Form von Anerkennung, von persönlicher Weiterentwicklung und vor allem durch das Privileg schneller und exklusiver Information, der Mitwirkung und Mitentscheidung.

Die Attraktivität der Mitgliedschaft in der CDU steigt durch den Ausbau von Mitwirkungs- und Entscheidungsrechten. Jedes Mitglied muss deshalb die grundsätzliche Möglichkeit erhalten, auf alle wesentlichen Entscheidungen in Sach- und Personalfragen – auf welcher Ebene auch immer – Einfluss zu nehmen. Der Meinungsfluss von der Basis zu den Vorständen soll auch durch das Instrument der Mitgliederbefragung auch bei wesentlichen politischen Entscheidungen gestärkt werden. Dies stellen wir dadurch sicher, dass alle Kreisverbände die Möglichkeit erhalten haben, vom Delegierten- auf das Mitgliederprinzip umzusteigen. Dann können alle Mitglieder bei der Kandidatenaufstellung ebenso unmittelbar mitwirken wie bei der Festlegung von Sachpositionen. Über die Hälfte der ca. 400 Kreisverbände bieten diese Möglichkeiten schon heute. Weitere wollen folgen.

Neben der Verbreiterung der Mitgliederbasis muss es auch gelingen, aus der Mitte der Mitgliedschaft mehr qualifizierte und engagierte Frauen und Männer zu gewinnen, die zur Übernahme von Ämtern und Mandaten bereit sind. Wir brauchen flexiblere Strukturen der Mitarbeit, eine weitmögliche Endritualisierung von Veranstaltungen und nicht zuletzt einen besseren Überblick über die Kompetenzen und Neigungen unserer Mitglieder, damit wir gezielt und erfolgreich neue Aktive gewinnen können.

Dabei muss künftig auch mehr auf die Interessen der Mitglieder eingegangen werden. Es muss deutlich bleiben, dass die Mitwirkungs- und Mitgestaltungsmöglichkeiten für ein Mitglied der CDU erkennbar größer sind als für ein Nichtmitglied. Ein naturgemäß hohes Interesse haben Mitglieder an Fragen, die das eigene Lebensumfeld am Wohnort betreffen: Schulentwicklungsplanung, Kinderbetreuung, Verkehrsprojekte, Bebauungspläne, lokale Wirtschaftsförderung, örtliches Kulturangebot usw. Gerade in den aufgeführten Themenbereichen lassen sich auch Menschen aus dem vorpolitischen Raum motivieren.

Viele Mitglieder der CDU wirken aktiv in Vereinen und Verbänden mit, überzeugen dort durch ihre Mitarbeit und bereiten so auch den Boden für das politische Gespräch. Die Bedeutung dieses wichtigen Engagements für die Gesellschaft und die CDU soll auch dadurch zum Ausdruck kommen, dass bei Vorstandswahlen in der Partei der Gewinnung von CDU-Mitgliedern, die sich im vorpolitischen Raum besonders engagieren, besonderer Wert beigemessen wird.

Um die Mitgliederbasis dauerhaft zu verbreitern und die Strukturprobleme unserer Mitgliedschaft anzugehen, haben wir über die vorhandenen Einzelinitiativen der Mitgliederwerbung hinaus ein permanentes Projekt ins Leben gerufen, im Rahmen dessen Vertreter der örtlichen Partei potenzielle Interessenten vor Ort ansprechen, um ihnen eine Mitarbeit in der CDU anzubieten. Diese Kampagne fußt also auf Aktivitäten direkt an der Basis, da nur die direkte persönliche Ansprache vor Ort Erfolg versprechend ist. Von Seiten der Bundespartei wird die notwendige organisatorische, inhaltliche und koordinierende Hilfestellung geleistet. Die Aktion läuft seit 1. Juli 2003; bis Herbst 2004 konnte der Mitgliederschwund, gerade auch im Vergleich zu unserem politischen Mitbewerber, deutlich abgemildert werden. Über 25.000 Menschen haben seither den Weg neu zur CDU gefunden. Dieses ist ein gutes Zwischenergebnis. Unser Potential haben wir damit sicher noch nicht ausgeschöpft.

Organisatorische und kommunikative Innovationen

Eine solche Parteiaktivierung auf allen Ebenen erfordert einen Einstellungswandel bei den Beteiligten. Ebenso notwendig ist ein tragfähiges, organisatorisches und kommunikatives Gerüst. Deshalb sieht das Projekt zahlreiche Bausteine zur Erhöhung von Professionalität und Dienstleistungsorientierung, u.a. durch intensive Schulungsprogramme, auf allen Parteiebenen vor.

Begleitet werden muss dieser Prozess durch kommunikationsbezogene Innovationen in der Parteiarbeit. Denn in den Zeiten der Informationsflut müssen Botschaften zielgruppenspezifisch vermittelt werden, damit die Empfänger diese überhaupt noch wahrnehmen. Arbeitnehmer erwarten von der CDU andere Informationen als Rentner; Alleinerziehende haben andere Interessen als mittelständische Unternehmer. Das betrifft die Inhalte selbst, aber auch ihre Präsentation. Die gewachsene Vielfalt von Informationswegen und Bedürfnissen kann in der Parteikommunikation nicht in allen Verästelungen bedient werden. Aber es bedarf zusätzlicher Anstrengungen für eine zielgruppengerechte Ansprache.

Die CDU hat täglich tausende von direkten Kontakten mit Bürgerinnen und Bürgern: in Veranstaltungen, per Aktionen und in Sprechstunden, per Telefon, Brief, Fax, E-Mail: durch die Nutzung von Internetseiten und Diskussionsforen. Tag für Tag entsteht also in der CDU ein immenses Wissen um die Anliegen, die Stimmung, die Informationsbedürfnisse, die Meinung von Menschen. Dieses Wissen ist vorhanden, aber es bleibt vielfach unerschlossen.

Ziel der CDU ist es, den Kontakt mit den Bürgern und Mitgliedern gezielt und dem jeweiligen Kommunikationsbedürfnis entsprechend auszubauen. Der Einzelne soll mit geringem Aufwand seinerseits einen individuellen und konkreten Informations- und Beratungsservice durch die CDU erhalten – bis hin zu personalisierten Newslettern und Internetinhalten entsprechend seinen Interessensschwerpunkten.

Daher hat die CDU die erste Projektphase zur Errichtung eines datenbankgestützten Dialog- und Bindungsmanagementsystems gestartet – in der Wirtschaft als Customer Relation Management /CRM bezeichnet. Mit Hilfe dieses

Projektes „Bürgerpartei@cdu.de" werden alle Kommunikationswege zusammengeführt. Die Kommunikationsdaten, die auf allen Ebenen der CDU eintreffen, können so mit einer erheblichen Wirkungssteigerung genutzt werden. Es geht bei der Einführung dieses Dialog- und Bindungsmanagementsystems um technische Innovationen, vor allem aber um eine Verhaltensänderung. Indem jede Ebene der Partei diese Datenbank speist und nutzt, wird ein erheblicher innerparteilicher Synergieeffekt erzielt. In dem so entstehenden neuen Kommunikationsverbund der CDU kann jeder Kreisverband die für ihn relevanten Bürgerkontakte der Bundesgeschäftsstelle oder der Landesgeschäftsstelle nutzen, etwa bei der Einladung zu themenspezifischen Veranstaltungen oder im Rahmen der Mitgliederwerbung und umgekehrt. So wird eine zielgruppengenaue Ansprache unterschiedlicher Wählergruppen ermöglicht.

Diese und weitere Maßnahmen wie die bereits vorgenommene Einführung eines verbindlichen gemeinsamen optischen Auftritts nach außen (Logo und Farbe) oder erweiterter Informationsangebote und Mitwirkungsmöglichkeiten (virtuelle Arbeitskreise) im Online-Bereich stellen sicher, dass die CDU auch kommunikationstechnisch zur modernen Großorganisation wird.

Verbreiterung der programmatischen Grundlage

Die CDU hat seit dem Erfurter Parteitag 1999 konsequent an ihrer programmatischen Grundlage gearbeitet. Die Bürger erwarten in einer komplexen und gleichzeitigen schnelllebigen politischen Landschaft zu Recht, dass die politisch Verantwortlichen ihnen ein verständliches Gesamtbild darüber vermitteln, wo unser Land morgen stehen soll und wie wir diese Ziele erreichen. Die CDU steht deshalb in der Pflicht, ihre programmatischen Aussagen zu einem solchen Gesamtkonzept zu bündeln. Der auf dem vergangenen Bundesparteitag in Leipzig beschlossene Leitantrag des Bundesvorstandes zur Reform der Sozialen Sicherungssysteme auf der Basis des Berichtes der Herzog-Kommission ist dabei ein wichtiger Baustein dieses Konzeptes, ebenso wie das verabschiedete Steuerreformkonzept von Friedrich Merz.

Für die CDU stand im Jahr 2004 das Projekt Wachstum im Mittelpunkt ihrer programmatischen Arbeit. Wir wollen damit zum Ausdruck bringen, dass für die CDU eine Politik für mehr Wachstum oberste Priorität hat. Denn nur durch mehr Wachstum können wir die schleichende Erosion der Fundamente unseres Wohlstandes stoppen und umkehren. Qualitatives und nachhaltiges Wachstum ist nötig, damit neue Arbeitsplätze entstehen; damit wieder reale Einkommenssteigerungen möglich werden; damit die Einnahmebasis des Staates und der sozialen Sicherungssysteme wieder gefestigt werden; damit mehr in Bildung, Forschung und Kinder investiert werden kann und damit unser Land im internationalen Vergleich wieder Anschluss finden kann.

Wir haben daher das Projekt in acht Themenpakete aufgegliedert, die sich mit Themen wie Wachstumsstrategien für Regionen im Strukturwandel, mehr Wachstum durch Arbeit in neuen Erwerbsstrukturen, durch modernes Regieren und Verwalten, durch Qualifikation und Elitenbildung, technische Innovation oder durch mehr Wettbewerb beschäftigen. Diese wurden einzeln erarbeitet, nacheinander vorgestellt und sind am Ende zu einem gemeinsamen Konzept zusammengeführt worden, welches auf dem Bundesparteitag in Düsseldorf beschlossen wird.

Zusammen mit den Beschlüssen des Jahres 2003 (Soziale Sicherungssysteme, Reform des Steuersystems) münden diese Arbeiten in ein stimmiges Angebot zur Lösung wesentlicher Probleme in Deutschland. Auch hier geht die CDU als Bürgerpartei neue Wege: Tausende Meinungsbilder, Fachleute und „einfache Bürger" waren in die Diskussionen von Anfang an eingebunden und haben mit Vorschlägen Einfluss genommen auf die Positionsbestimmung. In sieben so genannten Regionalkonferenzen quer durch Deutschland wurde der zentrale Antrag mit etwa 10.000 Parteimitgliedern diskutiert. In der ganzen Partei liefen bis Dezember Debatten, die in Ergänzungs- und Änderungsanträgen auf dem Parteitag mündeten. Hier wird das Konzept Bürgerpartei praktisch erfahrbar.

Neben der klassischen Wirtschafts- und Sozialpolitik müssen jedoch Themenfelder stark gehalten werden, die zur Kernkompetenz der Union gehören, in denen die CDU – nicht nur in den Augen der Bevölkerung – aber Nachholbedarf hat, wie etwa Fragen der Globalisierung, der Bewahrung der Schöpfung, der Menschenrechte oder der Vereinbarkeit von Familie und Beruf.

Perspektive 2006

Die CDU hat einen wichtigen Vorsprung gegenüber ihrer Hauptkonkurrentin: Während die SPD erst auf ihrem Parteitag Ende 2004 Beschlüsse zu einer Parteireform fällen möchte, sind wir bereits voll in der Umsetzung begriffen. Das Ziel der CDU ist klar: Wir wollen mit der besseren programmatischen Alternative, mit der schlagkräftigeren Struktur und dem moderneren Auftreten attraktiv sein für die Bürger und zurück in die bundespolitische Gestaltungsverantwortung. Das Projekt Bürgerpartei ist ein wichtiger Meilenstein auf diesem Weg. Damit bewahrt die CDU gleichzeitig ihren größten Schatz: die deutsche Volkspartei zu sein und zu bleiben.

Kapitel 3
Bürgergesellschaft jenseits der Parteiendemokratie

3.1. „I`ll get by with a little help from my friends".
Zum Verhältnis von Parteien und bürgerschaftlichem Engagement.

Gerd Mielke

> *„What would you do if I sang out of tune?*
> *Would you stand up and walk out on me?*
> *....*
> *Oh, I'll get by with a little help from my friends".*
> (Lennon/McCartney)

1.

In den vergangenen Jahren ist in den Parteien viel von bürgerschaftlichem Engagement, dem damit verbundenen sozialen Kapital und seiner bedeutsamen Rolle für den Zusammenhalt der Gesellschaft die Rede gewesen. Der Bundeskanzler höchstselbst hat in diese Diskussion eingegriffen und wiederum zahlreiche Stellungnahmen, vor allem aus dem sozialdemokratischen Umfeld, ausgelöst[1]. Allerdings behandeln fast alle diese Diskussionsbeiträge den Bereich des bürgerschaftlichen Engagements vornehmlich als eine Sphäre sui generis, die gefördert und entwickelt werden muss, aber praktisch und analytisch kaum mit der staatlich-politischem Bereich in Bezug steht. So wird die bei all dem – zweifellos berechtigten – Lob für die unzähligen Verbände, Vereine und Initiativen doch so nahe liegende Frage, weshalb die Parteien sich nicht einfach ein gutes Beispiel an den bürgerschaftlich Engagierten nehmen oder versuchen, mit ihnen eine engere Verbindung einzugehen, die Frage also nach der Bedeutung des bürgerschaftlichen Engagements für die Parteien selbst in aller Regel sorgsam ausgespart.

Dies ist erstaunlich, denn die Parteien stehen seit Jahren in keinem guten Ruf. Die viel zitierte Politikverdrossenheit richtet sich ganz wesentlich gegen sie und ihre Repräsentanten. Weshalb also bemühen sie sich nicht, sich mit frischen Impulsen aus der Szene bürgerschaftlichen Engagements zu beleben? Gibt es hier trotz aller vollmundigen Lobpreisungen unterschwellige Distanz oder gegenläufige Interessen und Handlungslogiken, die eine Annäherung stören oder gar verhindern?

---

[1] Bundeskanzler Schröder hat mit verschiedenen Texten und Reden in die Debatte um den Stellenwert des bürgerschaftlichen Engagements eingegriffen. Schröder (2000) Dieser Beitrag löste in der sozialdemokratischen Programmzeitschrift „Neue Gesellschaft/Frankfurter Hefte" eine lange, die so genannte „Schröder-Debatte" zur Bedeutung des bürgerschaftlichen Engagements aus.

Der folgende Beitrag unternimmt den bescheidenen Versuch, diese Frage nach dem Verhältnis von Parteien und bürgerschaftlichem Engagement aufzugreifen und dabei einige Möglichkeiten, aber auch Grenzen einer engeren Verknüpfung dieser beiden Bereiche zu diskutieren. Allerdings, oft sind eigentlich einfache Fragen dann doch nicht so einfach, sondern führen unversehens in komplizierte diskursive Zusammenhänge. So ist es auch hier: Das Verhältnis der politischen Parteien zu dem weit gefächerten Bereich des bürgerschaftlichen Engagements bewegt sich im Schnittfeld gleich dreier sozialwissenschaftlicher Diskussionsfelder.

Hier ist zunächst die parteiengeschichtliche Diskussion zu nennen, die von dem Grundtatbestand ausgeht, dass alle deutschen Parteien aus einer gewissermaßen natürlichen Symbiose mit einem gesellschaftlichen Umfeld und Vorfeld entstanden sind, das durch ein ausgeprägtes bürgerschaftliches Engagement gekennzeichnet ist. Dies gilt in besonderem Maße für die so genannten „Traditionsparteien", also die SPD, die Union und die FDP. Sie bzw. ihre Vorläufer im Kaiserreich und in der Weimarer Republik waren zunächst politische Repräsentanten genau abgegrenzter sozial-moralischer Milieus, in denen sich jeweils ein intensives, den inneren Zusammenhalt des Milieus sicherndes bürgerschaftliches Engagement in buchstäblich allen Lebensbereichen entfaltete. Wirtschaftliche und soziale, kulturelle und freizeitbezogene Aktivitäten unzähliger Gruppen von Freiwilligen und Ehrenamtlichen hielten das Milieu zusammen und schufen die Grundlagen eines dann auch politisch relevanten Milieu-Bewusstseins von Arbeitern, Katholiken und Bürgerlichen, auf deren treuer Befolgung von entsprechenden Wahlnormen dann auch die Wahlerfolge und die politische Bedeutung der Parteien beruhte. Die natürliche Symbiose zwischen einem von bürgerschaftlichem Engagement durchwirkten und gestützten Milieu und einer daraus politische Ideen und Führungspersonal schöpfenden Partei wiederholte sich dann noch einmal mit dem Aufstieg der GRÜNEN aus der Mitte der so genannten neuen sozialen Bewegungen.

Der Hinweis auf diese historische Dimension des Zusammenhangs zwischen den deutschen Parteien und einem bürgerschaftlich aktiven Umfeld ist in dreierlei Hinsicht bedeutsam. Zum einen verweist auf die Traditionen und kollektiven Gedächtnisse in allen Parteien, an die neue Versuche des Brückenschlags in den bürgerschaftlichen Bereich anknüpfen können. Zum zweiten belegt das Beispiel der GRÜNEN, dass sich ein Zusammenhang keineswegs und zwangsläufig nur in der Frühphase des Parteiensystems oder der Demokratisierung herausbildete, sondern auch in einer bereits hoch entwickelten Parteiendemokratie entstehen konnte. Drittens schließlich zeigt der Blick auf die Parteiengeschichte, dass sich allerdings diese ursprüngliche Symbiose in allen Fällen im Lauf der Zeit und unter den Bedingungen einer differenzierten Parteiendemokratie abschwächte. Seit den 1970er Jahren hat sich, vor allem bei SPD und CDU, ein merkliches Nachlassen der vormals engen Beziehungen zwischen den Parteien und dem jeweiligen, auf das Traditionsmilieu bezogenen bürgerschaftlichen Engagement ergeben. Beide Bereiche haben sich von einander abgetrennt und zunehmend eigenständige Entwicklungen durchlaufen. Der Ausrichtung der Parteien auf Wahlen und gouvernementale Funktionen entspricht eine weit reichende Professionalisierung und Bürokratisierung der vorwiegend freiwillig und bürgerschaftlich organisierten Milieuträger wie den Gewerkschaften, Kultur- und Sportverbänden oder sozialen Hilfsdiensten. In beiden Feldern haben sich in den letzten Jahrzehnten organsisationsspezifische Logiken und Karrieremuster entwickelt, die einen regelmäßigen Austausch von Ideen und Personen zwischen den Sphären systematisch zu erschweren scheinen. Gibt es also, das ist hier die entscheidende Frage, aus dem Gang der Parteiengeschichte zwangsläufige Veränderungen des Verhältnisses zwischen Parteien und bürgerschaftlichem Engagement?

Ein zweites Diskussionsfeld verweist auf den möglichen Einfluss, den die Entwicklung von politischem Interesse und Partizipationsformen, beides Kernelemente der politischen Kultur, auf das Verhältnis zwischen Parteien und der Sphäre des bürgerschaftlichen Engagements ausübt; denn schließlich finden sowohl das Engagement in einer Partei wie auch bürgerschaftliche Aktivitäten im Kontext allgemeiner Einstellungs- und Verhaltensmuster statt. Hier kann man eine überaus vielschichtige, zum Teil widersprüchliche Forschungs- und Diskussionslage beobachten. So hat sich in den letzten Jahrzehnten in der Folge eines kontinuierlich gestiegenen Bildungsniveaus in den westlichen Industriegesellschaften eine Steigerung des politischen Interesses, aber auch der „political skills" ergeben, also der Fähigkeit, sich als Bürger in die öffentlichen Dinge einzumischen. Zugleich jedoch haben verschiedene Beobachter einen zunehmenden Hang zur politischen Apathie und zum Rückzug aus dem gesellschaftlichen Engagement festgestellt. Nicht zuletzt fördert Robert B. Putnam in seiner Studie „Bowling Alone" zur Bedeutung des bürgerschaftlichen Engagements in den Vereinigten Staaten entsprechende Befunde zu Tage. (Putnam 2000) Auch für die Bundesrepublik ist dieser rückläufige Trend in einigen Studien bestätigt worden, zum Teil mit erheblicher öffentlicher Resonanz. (Deutsche Shell 2002)[2] Nun muss diese Entwicklung nicht zwangsläufig als bedrohliches Krisensymptom interpretiert werden. Zum einen können wachsender Wohlstand und bessere individuelle Aufstiegschancen für die Bürger dazu führen, sich nicht mehr vorrangig der Klaviatur des kollektiven Engagements bedienen zu müssen. Zum

---

[2] In der Studie von Deutsche Shell (2002) ist ein Rückgang des politischen Interesses bei Jugendlichen von 55% im Jahre 1984 auf 34% im Jahr 2002 verzeichnet. Zu ähnlichen Befunden kommt: Dieter Rucht (2003, 117ff.).

andern ist es, wie etwa Putnam selbst andeutet (2000: 367ff.)[3], durchaus möglich, dass sich bürgerschaftliches Engagement in großen historischen Zyklen entwickelt (Hirschman 1982)[4] und damit ein Element generationsspezifischen Verständnisses von „gutem" und „richtigem" Bürgerverhalten einschließt[5]. Schließlich haben einige Studien auf die unterschiedlichen Dimensionen des politischen Interesses als Triebfeder des gesellschaftlichen und politischen Engagements hingewiesen. Es macht durchaus einen praktischen Unterschied, ob politisches Interesse als „Neugier" einen informierten Zuschauer oder als persönliche Betroffenheit und Bedeutung (political saliency) einen engagierten Akteur hervorbringt, auch wenn dabei beide über vergleichbare Ressourcen und „political skills" verfügen. (Vgl. Deth 2000: 115ff.) Vor diesem Hintergrund kommt es also im Blick auf unser Thema darauf an zu untersuchen, ob und in welchem Maße allgemeine Formen der Teilhabe und des Interesses den Zusammenhang zwischen Parteien und bürgerschaftlichem Engagement prägen.

Damit kommt das dritte, hier bedeutsame Diskussionsfeld in den Blick; unser Thema ist – über die empirische Erhebung von Einstellung zur Teilhabe hinaus – natürlich auch Gegenstand des demokratietheoretischen Diskurses. Dies gilt sowohl für die Annahmen hinsichtlich der Menschen- und Bürgerbilder, die dem Engagement in Parteien und im bürgerschaftlichen Bereich zugrunde liegen, als auch für die daraus abgeleiteten institutionellen und organisationsbezogenen Arrangements. (Klein 2001) Die Parteien gelten für viele als geradezu klassische Vertreter der repräsentativen und pluralistischen Demokratie im Sinne eines von Joseph Schumpeter übernommenen Modells der demokratischen Elitenkonkurrenz. Hingegen beziehen zahlreiche Kommentatoren die bürgerschaftlichen Aktivitäten auf ein eher direkt-demokratisches Modell, das sich ganz bewusst von dem ersteren Demokratieverständnis abgrenzt. Bei einem derartigen Nebeneinander von konkurrierenden Demokratieverständnissen wäre eine wechselseitige Durchdringung nicht nur eventuell empirisch nicht gegeben, sie wäre auch gar nicht wünschbar.

Eine Auseinandersetzung mit dem Verhältnis von Parteien und bürgerschaftlichem Engagement sollte also diese drei Diskussionszusammenhänge berücksichtigen. Mit anderen Worten: Sind die während der Parteienentwicklung

---

[3] Putnam belegt dies an den Entstehungsjahren so genannter " social capital innovations" zwischen 1870 und 1920 und an den Gründerjahren für die wichtigsten gesellschaftlichen Vereinigungen und Verbände im frühen 20. Jahrhundert.

[4] Albert O. Hirschman kommt mit seiner Zyklenthese zu ähnlichen Befunden wie Putnam.

[5] Die Abfolge und Entwicklung unterschiedlicher Bürgerbilder, in denen jeweils spezifische politische Tugenden und Verhaltensmuster enthalten sind und popularisiert werden, diskutiert am amerikanischen Beispiel: Michael Schudson (1998) Die Entstehung der zentralen Elemente des amerikanischen bürgerschaftlichen Engagements siedelt Schudson wie Putnam und Hirschman in den Jahrzehnten zwischen 1865 und 1920 an, für ihn eine „transformation of American citizenship".

entstandenen Organisationskulturen und -logiken ein unvermeidliches Hindernis für eine Annäherung? Wie könnte ein engeres Verhältnis unter den Vorgaben der derzeitigen Partizipationskultur aussehen? Und schließlich: Gibt es eine normative, von verschiedenen Demokratieverständnissen her zugänglichen Korridor zu einem engeren Miteinander von Parteien und bürgerschaftlich Engagierten? Vor diesem Hintergrund gilt es, zunächst die Lage und Probleme der Parteien zu beschreiben, um dann eine darauf bezogene Skizze des bürgerschaftlichen Engagements zu erstellen. Ein Blick auf mögliche Kooperationsperspektiven schließt den Beitrag ab.

2.

Die deutschen Parteien sind in keinem guten Zustand. Mit dieser Feststellung reiht man sich keineswegs in die zuweilen etwas gespenstische deutsche Tradition der Parteienkritik ein, sondern fasst lediglich die Sorgen und Klagen zusammen, die erfahrene Politiker und Wahlkämpfer aus den Hauptquartieren der Parteien bei vielen Gelegenheiten vortragen. Die Mängelliste ist lang. Zumeist beginnt sie mit dem Hinweis auf den säkularen Mitgliederrückgang, der mit einer dramatischen Überalterung der Mitgliederbestände und nur noch spärlich tröpfelnden Eintritten junger Menschen in die Parteien verbunden ist. (Gabriel/Niedermayer 2002; Niedermayer 2002)[6] Geht man – mit einer durchaus optimistischen Schätzung – von einem Anteil von rund zehn Prozent aktiver, bei Parteiveranstaltungen und Wahlkämpfen mitwirkenden Mitglieder aus, so zeichnet sich durch diese Überalterung mit ihren natürlichen Erkrankungs- und Erschöpfungsquoten eine immer schmalere und zugleich chronisch überlastete Aktivistenbasis ab. Sie schränkt schon jetzt die Funktionstüchtigkeit und Kampagnenfähigkeit der auf allen politischen Ebenen verankerten und engagierten Parteien ein. Wenn findige Kampagnen-Trainer der SPD bereits im Vorfeld der Bundestagswahl 1994 für seniorengerechte Wahlkampftechniken warben und sich seither bei jeder Kampagne in der kälteren Jahreszeit um das Durchhaltevermögen der älteren, gleichwohl unverzichtbaren Mitglieder sorgen müssen, so hat dies etwas zugleich Anrührendes und Alarmierendes an sich.

In den neuen Ländern ist die Mitgliederknappheit noch wesentlich offenkundiger als im Westen. Auch wenn man in Rechnung stellt, dass die ostdeutschen Christdemokraten und Liberalen als vormalige Blockparteien der Nationalen Einheitsfront in der DDR in den ersten Jahren nach der Vereinigung gegenüber der neu gegründeten SPD noch erhebliche organisatorische und Mitgliederreserven mobilisieren konnten, so ist mittlerweile in allen Parteien in Ostdeutsch-

---

[6] Darüber hinaus schreibt Oskar Niedermayer jährlich die Mitgliederentwicklung der Parteien in der Zeitschrift für Parlamentsfragen fort.

land das Klagelied von einer abgeschmolzenen und zu alten Mitgliedschaft zu vernehmen.

Mitgliederknappheit und Überalterung beeinträchtigen jedoch keinesfalls nur die Kampagnenfähigkeit der Parteien, sie schlagen längst schon auf die Rekrutierung von Kandidaten vor allem auf der kommunalen Ebene durch und untergraben die Stellung der Parteien vor Ort. Wo es noch gelingt, Kommunalwahllisten mit Parteimitgliedern zu bestücken, läuft es mitunter auf die Mobilisierung der letzten Personalreserven hinaus. Der sich fortlaufend verengende Kreis der aktiven und auch den Belangen der Bürgerschaft zugewandten Mitglieder verringert mittelbar auch Zahl und Qualität der für höhere und exponierte Wahlämter in Betracht kommenden Bewerber, und dies umso spürbarer, als die klassischen Vorfeldorganisationen der beiden großen Parteien aus der Ära der Milieuparteien nur noch in sehr beschränktem Umfang talentierte und auf Parteiämter ausgerichtete Mitglieder hervorbringen. Auch hier gilt wiederum, dass diese Bewerberknappheit im Osten wesentlich stärker hervortritt als im Westen; und sie wird vielerorts schon jetzt als Menetekel für die nicht allzu ferne Zukunft in den alten Bundesländern empfunden.

Mitgliederschwund, Überalterung und die dadurch immer schmalere Rekrutierungsbasis für Mandate und Ämter führen aber auch zu Verengungen und Verzerrungen des Welt- und Gesellschaftsbildes der Parteien und der daraus entwickelten politischen Lösungsansätze. Indem ganze Alterskohorten aus den innerparteilichen Diskussionen und dem Kräftespiel um politische Denkmuster und Lösungsansätze ausgeblendet bleiben, drohen Wahrnehmungs- und Lernschwächen auf allen Ebenen des Parteilebens. Man verliert leicht den Zugang zu den Alltagswelten, Lebensstilen und den mit ihnen verknüpften Interessen und Erwartungen ganzer Bevölkerungssegmente. Zwischen den innerparteilichen Diskursen, sofern sie überhaupt stattfinden, und dem gesellschaftlichen Umfeld tun sich kulturelle und ästhetische Gräben auf, die das Vertrauen in die Parteien schwächen, den Zugang zu ihnen erschweren und die Abkopplung vom gesellschaftlichen Umfeld verstetigen.

Selbstverständlich haben die Parteien die Gefahren, die ihnen unmittelbar und mittelbar aus dem Mitgliederschwund und der Überalterung erwachsen, schon seit langem erkannt. Seit über zwanzig Jahren gibt es hier eine unmissverständliche Datenlage. Gleichwohl ist es weder bei der Union noch bei der SPD zu nennenswerten Reaktionen auf die bedrohliche Mitgliederentwicklung gekommen, sieht man von gelegentlichen Euphemismen wie „Bürgerpartei" bei der CDU oder „Netzwerkpartei" bei der SPD ab. Diese hartnäckige Reformunwilligkeit geht im Wesentlichen auf zwei Gründe zurück: die Bangigkeit der jeweiligen Parteiführungen vor neuen, prinzipiell unkalkulierbaren Mitgliederstrukturen und die lockenden Verheißungen der so genannten „Professionalisierungsthese".

Eine erste, machtvolle Barriere gegen jede Parteireform, die zu einem Zustrom neuer Mitgliedergruppen führen könnte, bildet der bei öffentlichen, aber auch bei innerparteilichen Debatten zumeist vernachlässigte Umstand, dass die erodierenden Mitgliederbestände und die aus ihnen erwachsenden Delegiertensysteme gleichwohl das Fundament der gerade amtierenden Parteieliten bilden. Damit ist zugleich ein Dilemma angedeutet: Jede weit reichende Parteireform – wir werden darauf noch zu sprechen kommen – ist zugleich immer auch eine Bedrohung der noch unter den alten Satzungsvorgaben in die Führungspositionen gelangten Eliten. Dies erklärt, weshalb die offenkundigen Gelegenheiten zu tief greifenden Reformen – in der SPD nach dem Mitgliederentscheid über einen neuen Parteivorsitzenden 1993, in der CDU nach dem Rückzug Helmut Kohls von der Parteispitze – immer nur kosmetische Korrekturen bzw. Verfeinerungen des bestehenden Organisationsmodells hervorgebracht haben, die das jeweilige Elitenkartell an der Parteispitze nicht gefährdeten.

Eine Tarnkappe, unter der sich das Machtkartell der Parteieliten verbirgt, ist der allen Parteien unter den Bedingungen der Mediendemokratie angetragene Zwang zur Professionalisierung ihrer politischen Kommunikation, aber auch seit einigen Jahren ihrer sachbezogenen und Programmarbeit. Diese „Professionalisierungsthese", die sinnigerweise zu dem Zeitpunkt in Politik und Wissenschaft populär wurde, als sich die Mitgliedermisere der Parteien abzuzeichnen begann, hat in Deutschland eine eigentümliche Doppelwirkung entfaltet.

Auf der einen Seite griff sie völlig zu Recht wichtige Veränderungen der anstehenden politischen Probleme und des medialen Umfeldes und Resonanzkörpers der Politik auf. Politik musste nicht nur immer schwierigere Sachverhalte bearbeiten, als Darstellungspolitik musste sie zugleich auch fortlaufend neue Instrumente für die mediale Arena entwickeln, um in der Öffentlichkeit die gebührende Aufmerksamkeit zu erringen. In der Folge dieses doppelten Desiderats umgaben sich die Parteien und die von ihnen gestellten Regierungen in Bund und Ländern mit stetig wachsenden Beratungs-, Werbe- und Inszenierungssystemen. Besondere Wachstumsimpulse erfuhren diese durchaus kostspieligen Professionalisierungsagenturen durch die Übernahme des jeweils neusten „state of the art", wie er durch die Beobachtung vor allem der amerikanischen Präsidentschaftswahlkämpfe definiert wurde. Dass bei diesen Beobachtungen amerikanischer Kampagnen vor allem die kommerziellen und neuartigen medialen Kommunikationskünste in den Blick gerieten und im Gegensatz dazu die unzähligen bürgerschaftlichen „grass-root"-Aktivitäten kaum Beachtung fanden, die jeden amerikanischen Wahlkampf ebenfalls entscheidend prägen, diese gewissermaßen halbierte Rezeption amerikanischer Wahlkampf- und Parteiaktivitäten hat in der Bundesrepublik zu einem verengten Verständnis von Professionalisierung des Kampagnenwesens geführt, das die Wirkung von medienorientierten Kommunikationstechniken überbewertet und die Bedeutung gesellschaftlicher

Vernetzung in Kampagnen unterschätzt. Hinzu kommt, dass sich die Professionalisierung der Kommunikation und der Politikentwicklung in den Parteien immer im Auftrag und unter „Aufsicht" der Parteiführungen vollzieht, damit zu einer eigentümlichen Symbiose zwischen Eliten und „professionals" führt und die Position der Führungselite stärkt. (Vgl. Wiesendahl 2002)

So trug die Professionalisierungsthese auf der anderen Seite gewissermaßen zu einer Bagatellisierung des Mitgliederschwundes der Parteien und zur Wiederbelebung einer Heldentheorie der Parteipolitik bei, frei nach der Devise: Die Parteichefs wissen und machen es schon. Die überdies verengte Professionalisierung erweckte sowohl im Blick auf Wahlkämpfe und Kampagnen als auch hinsichtlich der sachpolitischen Lösungen den Eindruck, die Funktionen der Parteien seien eigentlich auch ohne Mitglieder zu erbringen, wenn man nur genügend geeignete Professionalisierungshelfer – und natürlich ein entsprechendes Budget – zum Einsatz bringen könnte.

Der Mitgliederschwund, die damit verbundene organisatorische Ermattung und die Verheißungen der Professionalisierungsthese verbanden sich zu einem undurchsichtigen Syndrom, in dessen Schutz sich eine ungeheure Re-Feudalisierung der Parteieliten in den deutschen Parteien vollzogen hat[7]. In beiden großen Parteien sind die Mitglieder fast vollständig von den Entscheidungen über das Führungspersonal, aber mittlerweile auch über den politischen Kurs ausgeschlossen. (Vgl. Meyer 2004) Dieser so offenkundige Widerspruch zwischen den gängigen Standards der Mitwirkung von Mitgliedern bei der Festlegung politischer Grundlinien und den völlig selbstverständlich praktizierten Gepflogenheiten nach Gutsherrenart an den Parteispitzen kann mittelfristig nur zu Apathie, Misstrauen und Zynismus führen und die Parteien noch weiter von den gesellschaftlichen Partizipationsnormen und damit von den Chancen eines nennenswerten Mitgliederzulaufs entfernen. Dabei geht es weniger um eine eherne entwicklungsgeschichtliche Logik als um eine Fehlanpassung an veränderte Rahmenbedingungen vor allem auch der politischen Kultur. Beide großen Parteien scheinen sich einem selbst entworfenen Mechanismus der scheinbar professionellen Anpassung an den Mitgliederschwund unterworfen zu haben, der jedoch am Ende ihre Funktionstüchtigkeit vor allem auf den unteren Ebenen der

---

[7] Erstaunlicherweise hat sich die deutsche Öffentlichkeit scheinbar an die wahrhaft skurrilen Rekrutierungsformen bei der Besetzung von Spitzenämtern und –funktionen in den großen Parteien gewöhnt. So erfolgte der Wechsel im SPD-Vorsitz im Frühjahr 2004 von Gerhard Schröder zu Franz Müntefering den Schilderungen der beiden Beteiligten zufolge nach einem vertraulichen Männergespräch; die immerhin noch weit über 600000 Mitglieder der Partei konnten dies nur wie schon frühere Bestallungen von Vorsitzenden demütig zur Kenntnis nehmen. Auch die Festlegung des Kanzlerkandidaten der Union vor der letzten Bundestagswahl vollzog sich in trauter Zweisamkeit bei einem Frühstück zwischen Edmund Stoiber und Angela Merkel unter vollständiger Ausblendung der rund 800000 Mitglieder der beiden Unionsparteien.

Landes- und Kommunalpolitik gefährdet. Kurzum: Sie haben große Mühe, glaubhafte politische Leitmelodien zu finden, und das Publikum wendet sich ab.

3.

Die Lage auf dem weiten Feld des bürgerschaftlichen Engagements ist besser als die Lage der Parteien, wenngleich sich auch im Bereich der Freiwilligen und Ehrenamtlichen durchaus eine Reihe von Problemen abzeichnet. Die Bestandsaufnahmen auf Bundes- und Länderebene der vergangenen Jahre, allen voran die zahlreichen Explorationen der Enquete-Kommission „Zukunft des bürgerschaftlichen Engagement" des 14. Deutschen Bundestages, haben ein breites und lebendiges Spektrum freiwilliger Aktivitäten in nahezu allen sozialen und kulturellen Bereichen gezeigt. (Enquete-Kommission 2002; Heinze/Olk 2001) Dabei spielen nach wie vor traditionelle Verbände und Vereine eine bedeutsame Rolle, aber es zeichnet sich doch zugleich auch ein hohes Maß an neuer Teilhabe ab, die sich im Rahmen von lose organisierten und befristeten Initiativen vollzieht. Der zentrale Ort dieses Engagements sind die Kommunen. Hier, unter dem Eindruck alltäglicher und lebensweltlicher Problemlagen formieren sich die Initiativen zu gezielten Projekten und Aktivitäten, sehr häufig nicht nur von altruistischen Motiven der Nächstenliebe bewegt, sondern auch aus Freude an der Sache oder einfach aus Spaß an der Geselligkeit. (Vgl. dazu hervorragend: Dettling 2001)

Diese im Grunde positive Bilanz schließt, wie schon angedeutet, Probleme und Strukturschwächen des bürgerschaftlichen Bereichs keinesfalls aus[8]. Sie bestehen zum einen in einer sozialen Schieflage, in einem Mittelschichten-Bias des freiwilligen Engagements. So zeigen die vorliegenden Untersuchungen, dass auch beim bürgerschaftlichen Engagement die klassischen Bestimmungsfaktoren öffentlicher Teilhabe ihre Wirkung entfachen. Hohe Bildung, hohes Einkommen und – damit verbunden – berufliches Prestige fördern die Fähigkeit und Bereitschaft zum Engagement. So ergibt sich andererseits eine Unterrepräsentanz etwa von Unterschichten und Migranten im Bereich des freiwilligen Engagements, die durchaus zu einer noch stärkeren Marginalisierung eben dieser ohnehin schon benachteiligten sozialen Gruppen beim Wettbewerb zwischen den verschiedenen gesellschaftlichen und kulturellen Interessen führen kann. Hier ist der Staat aufgerufen, Hilfestellungen durch gezielte Engagementförderung und flankierende Maßnahmen zu leisten. Auch das freiwillige Engagement der Unternehmer und Unternehmen hat sich in Deutschland – trotz einiger rühmlicher Ausnahmen –

---

[8] In diesem Zusammenhang sei auf die Beiträge von Thomas Leif (z.B. 2004) verwiesen, einem der streitbarsten Kritiker der Entwicklung des deutschen Freiwilligenbereichs und seiner politischen Förderung.

bislang nicht in dem erhofften und auch immer wieder beschworenen Ausmaß entwickelt. „Corporate Citizenship" in Deutschland hinkt hinter dem Engagement von Unternehmen in anderen Ländern hinterher; eine Unternehmenskultur der sozialen Verantwortung gegenüber dem Umfeld ist allenfalls rudimentär ausgebildet.

Trotz dieser unbestrittenen Probleme weist der bürgerschaftliche Bereich auch in Deutschland Merkmale auf, die ihn vor allem für die Parteien zu einer interessanten und strategisch bedeutsamen Ergänzung machen können. Die bürgerschaftlich Engagierten umschließen ein bis ins Kommunale gegliedertes Netzwerk an Kenntnissen und lebensweltlichen Erfahrungen in allen sozialen und kulturellen Feldern. In diesem Sinne bilden sie gewissermaßen eine erfahrungsgesättigte Gegenelite von Aktivisten zu den akademisierten „professionals" und Experten auf allen möglichen Politikfeldern und können als Frühwarnsystem und Resonanzboden in zahlreichen „policy" – Diskursen angesehen werden. Selbsthilfegruppen im Gesundheitsbereich, Umweltaktivisten oder kulturpolitische Initiativen verkörpern eine öffentliche Klugheit, die in vielen politischen Diskussionen der Parteien seit langem vermisst wird. In der Verfolgung ihrer oftmals zunächst noch zeitlich oder durch kleine Gruppen begrenzten Interessen gibt es in vielen Initiativen Aktivisten, die ohne Schwierigkeiten die Transformation ihrer Anliegen in politisch dauerhaft zu begleitende Projekt bewerkstelligen können und sich dann auch als politische Talente erweisen. Darüber hinaus bewegen sie sich in einer Teilhabekultur, die den breit akzeptierten Normen der Mitsprache und Mitwirkung entspricht, sich deutlich von den verkrusteten Parteistrukturen abhebt und gewissermaßen mit den gesellschaftlichen Partizipationsmustern mit wächst. Dies macht sie attraktiv und leicht zugänglich für Bürger mit Teilhabewünschen unterhalb der Schwelle hochgradig formalisierter Mitgliedschaft. Schließlich sind sie vor allem im kommunalen Bereich aktiv, also eben dort, wo sich die Erosionsschäden der Mitgliederentwicklung der Parteien in besonderer Weise bemerkbar machen.

Dies soll keine basisdemokratische Idylle edler, „wilder", bürgerschaftlicher Aktivisten beschwören, die ausgezehrte Parteiorganisationen im Handumdrehen mit neuem Leben erfüllen. Auch im weiten Feld des bürgerschaftlichen Engagements finden sich an vielen Orten bornierte Abschottungstendenzen, Neigungen zu verkrusteten Ritualen und schlichtweg exotische Idyllen, die sich in kein politisches Projekt einordnen lassen. Es besteht also kein Grund zur Idealisierung und Heroisierung. Gleichwohl: Der Bereich des bürgerschaftlichen Engagements bietet für die politischen Parteien die Möglichkeit, verloren gegangene soziale und kulturelle Pluralisierungen, Zugänge zu Erfahrungswissen und Sozialkapital (Gabriel/Kunz/Roßteutscher/Deth 2002), gesellschaftliche Verankerungen und Mitwirkungsformen zurück zu gewinnen. Die vielfältigen bürgerschaftlichen Aktivitäten bilden ein Geflecht potenzieller sozialer und kultureller Unterstützung für die Parteien, oder frei nach Lennon und McCartney: „They'll get by with a little help from their friends".

4.

Alle Aufrufe an die Parteien, diese Möglichkeiten einer nachhaltigen kulturellen Transfusion zu nutzen, werden scheitern, wenn die Annäherung an den Bereich des bürgerschaftlichen Engagements nicht als Teil einer aus höchst eigennützigen Anpassungs- und Überlebensstrategien ins Werk gesetzten Parteireform begriffen und organisiert werden kann. Dass ein derartiges Reformprojekt die Autorität und den Eifer eines Reformpapstes erfordert, sei angesichts des Hinweises auf die bisherige Zögerlichkeit der Parteieliten ausdrücklich erwähnt. Der gewiss wachsende Leidensdruck in den Parteien mag den Aufstieg einer solchen Figur beschleunigen. Mit anderen Worten: Es darf bei diesem Reformprojekt nicht in erster Linie um die Förderung der Freiwilligen oder Ehrenamtlichen gehen, sondern es sollte die Verbesserung der Funktionstüchtigkeit der Parteien im Mittelpunkt stehen. Die Erosion der Mitgliedschaft, die Minderung der organisatorischen Lernfähigkeit, die Abkopplung und Re-Feudalisierung der Parteispitze und schließlich eine kaum mehr kontrollierbare Professionalisierung der politischen Kommunikation und Politikentwicklung gilt es durch Gegengewichte auszugleichen, die auf einen engeren personellen und thematischen Austausch zwischen Parteien und bürgergesellschaftlichem Umfeld hinauslaufen.

Dabei zeichnen sich eine Reihe von satzungsmäßigen und organisatorischen Maßnahmen ab, die sich für beide großen Parteien als sinnvoll bzw. notwendig erweisen werden. Hierzu zählen insbesondere (Mielke 2003):

a) *Reform des traditionellen Mitgliederkonzepts.* In einer Zeit erhöhter Mobilität und Flexibilität sollten die Parteien neue Vorstellungen von befristeten und flexiblen Mitgliedschaften entwickeln, um sich damit auch den flexiblen Partizipationsmustern der Gegenwart zu öffnen. Durchaus im Rekurs auf das amerikanische Beispiel einer durch Aktivistengruppen dynamisierten Partei sollten sich die Parteien von der Mitglieder- zur Aktivistenpartei orientieren. Dies würde zugleich die Öffnung zum Aktivistentypus des bürgerschaftlichen Engagements bedeuten und die Teilhabeschwelle im Parteileben für Interessenten senken. Dabei sollten die „neuen" und flexiblen Mitglieder selbstverständlich keine eingeschränkten, sondern volle Mitgliedsrechte erhalten.

b) *Einrichtung von Bonus-Systemen für Mitgliederzuwachs und Wählerzuwachs bei der Festlegung von Delegiertenschlüsseln und Finanzzuweisungen.* Mit diesen Maßnahmen würde es für lokale Parteigliederungen und ihre Eliten attraktiv, neue Mitglieder im oben beschriebenen Sinne zu werben. Auch dieser Schritt greift das amerikanische Prinzip von „bonus delegates" oder „super delegates" auf, das Erfolge bei der Aktivisten- und Wählerrekrutierung belohnt. Damit wird auch zugleich die Integration neuer Mitglieder durch die jeweilige Parteigliederung erleichtert; denn alle profitieren davon.

c) *Direktwahlen von Vorsitzenden durch die Mitglieder.* Diese Reform würde den Re-Feudalisierungstrend der letzten Jahre stoppen und die Parteiführungen insgesamt wieder zu einer stärkeren Hinwendung zu den Mitgliedern zwingen[9].

Diese drei zentralen Elemente eines Reformprojektes haben zum Ziel, die Parteien zu den gesellschaftlichen Vorfeldern und den dortigen Kulturmustern und Sozialkapitalien zu öffnen, eine aggressivere Marktorientierung in die Organisation einzubauen und schließlich die Parteieliten aus ihrer abgekoppelten und feudalisierten Professionalisierungsisolation heraus zu lösen.

Daneben erscheinen eine Reihe von Reformen sinnvoll, die vor allem einer engen Verzahnung zwischen den Parteien und dem bürgerschaftlichen Bereich auf der kommunalen Ebene dienen, so die Einrichtung von „Runden Tischen", Beteiligungsmodelle, die eine Mitwirkung von Initiativen eröffnen, bis zur Bereitstellung von Quoten und Plätzen bei der Nominierung von Kandidaten aus dem bürgerschaftlichen Bereich für kommunale Wahlen.

In ihrer Summe zielen diese angedeuteten Satzungsänderungen in beiden großen Parteien auf eine innerparteiliche Pluralisierung, die Einbeziehung neuer Aktivisten in das Parteileben und die Erhöhung der Responsivität der Parteieliten gegenüber dem neuen und erweiterten Mitgliederfeld ab. Dass daneben für jede einzelne Partei je differenzierte Überlegungen anzustellen wären, welches Segment des bürgerschaftlichen Engagements anzusprechen und zu integrieren ist, versteht sich von selbst[10]. (Vgl. Mielke 2001) Hierbei werden übrigens mit Gewissheit auch die vorhandenen, derzeit unter Druck geratenen Traditionen eine lebendige Aktualisierung erfahren und dabei ihre Staubigkeit verlieren.

Kehren wir zu den eingangs vorgestellten Diskussionsfeldern zurück, die die Parameter im Verhältnis von Parteien und bürgerschaftlichem Umfeld bestimmen. Die hier vorgetragenen Überlegungen fügen sich in die parteigeschichtliche Entwicklung, indem sie die Aufgaben und Funktionen moderner

---

[9] Damit wäre zugleich auch eine Ritualisierung von durchaus normalen innerparteilichen Konflikten verbunden. Herausforderer und Kritiker der amtierenden Eliten wären in diesem Modell auf eine auf handfeste Mehrheiten orientierte Auseinandersetzung verwiesen; professionalisierte Eliten ohne Erfolg könnten in die Wüste geschickt werden; schließlich entwickelten sich nicht nur innerparteiliche Konfliktrituale, sondern auch Rituale der Versöhnung und Integration von Unterlegenen und Minderheiten. Es ist durchaus bezeichnend, das die jeweils eher improvisierten, innerparteilichen Personalplebiszite wie das Mitgliedervotum in der SPD 1993 und die beiden landespolitischen Mitgliedervoten der CDU in Rheinland-Pfalz und Baden-Württemberg 2004 zu großen innerparteilichen Beteiligungsraten und auch zu einer intensiven thematischen Debatte geführt haben. (Mielke 1997).
[10] Siehe hierzu meinen Versuch einer Interpretation des Verhältnisses zwischen der SPD und dem bürgerschaftlichen Bereich (Mielke 2001).

Parteien in der doppelten Perspektive von Wettbewerbsdemokratie und „governance"-Zwängen ausdrücklich aufgreifen und bejahen. Die Parteien werden sich in einer modernen Demokratie diesen Funktionen nicht verweigern können, und sie können sich auch nicht den damit verbundenen Kommunikations- und Professionalisierungserfordernissen entziehen. Freilich zeigt die Betrachtung der Parteientwicklung der letzten beiden Jahrzehnte, dass diese Orientierung ohne gleichzeitige Akzeptanz und Übernahme neuer gesellschaftlicher Pluralitäten, ohne die Integration neuer potenzieller Eliten und ohne die Einbindung der vorherrschenden Teilhabeformen geradewegs in die Risiken einer programmatischen Abkopplung und feudalisierten Elitenherrschaft führt. Als zynisch kommentierte Karikaturen ihrer selbst droht den beiden großen Parteien jedoch nicht nur ein Kräfteverfall, sie setzen auch ihre normative Dignität im demokratischen Diskurs aufs Spiel. Weder die Anhänger einer repräsentativen Demokratie und eines kraftvollen Elitenwettbewerbs noch die Befürworter einer eher partizipatorischen Demokratie mit plebiszitären Elementen können auf offene und lernfähige Parteien verzichten, die gesellschaftlich verankerte, kluge und responsive Eliten rekrutieren. Somit geht es bei der Frage nach dem Verhältnis von Parteien und Bürgergesellschaft ausdrücklich nicht um den Aufbruch in eine heile, basisdemokratische Welt, sondern nur um die angemessene Rekonstruktion des für die pluralistische Demokratie zentralen Spannungsfeldes zwischen gesellschaftlicher Vielfalt und organisatorisch-institutioneller Integration. In diesem Sinne steht bei der Erörterung unserer Frage am Ende dann doch eine einfache Antwort.

Literatur

Deth, Jan W. van (2000): Das Leben, nicht die Politik ist wichtig. In: Oskar Niedermayer, Bettina Westle (Hrsg.): Demokratie und Partizipation. Festschrift für Max Kaase, Wiesbaden 115-135.

Dettling, Warnfried (2001): Die Stadt und ihre Bürger, Gütersloh.

Deutsche Shell (Hrsg.): Jugend 2002. Zwischen pragmatischem Idealismus und robustem Materialismus. Frankfurt 2002.

Gabriel, Oscar W., Kunz, Volker, Roßteutscher, Sigrid, Deth, Jan W. van (2002): Sozialkapital und Demokratie. Zivilgesellschaftliche Ressourcen im Vergleich, Wien.

Gabriel, Oscar W., Niedermayer, Oskar (2002): Parteimitgliedschaften: Entwicklung und Sozialstruktur. In: Oscar W. Gabriel, Oskar Niedermayer, Richard Stöss (Hrsg.): Parteiendemokratie in Deutschland. 2. Auflage, Wiesbaden, 274-296

Heinze, Rolf G., Olk, Thomas (Hrsg.) (2001): Bürgerengagement in Deutschland. Bestandsaufnahmen und Perspektiven, Opladen.

Hirschman, Albert O. (1982): Shifting Involvements. Private Interests and Public Action, Princeton

Klein, Ansgar (2001): Der Diskurs der Zivilgesellschaft. Politische Hintergründe und demokratietheoretische Folgerungen, Opladen.

Meyer, Thomas (2004): Die Agenda 2010 und die soziale Gerechtigkeit. In: Politische Vierteljahresschrift, 45. Jg., 2/2004, 181-190.

Mielke, Gerd (1997): Mehr Demokratie wagen! SPD-Führung im partizipatorischen Zeitalter. In: Blätter für deutsche und internationale Politik, 1/1997, 38-47.

Mielke, Gerd (2001): Sozialdemokratie und Bürgergesellschaft. Anmerkungen zu einer komplizierten Beziehung. In: Blätter für deutsche und internationale Politik, 46. Jg., 6/2001, 701-710.

Mielke, Gerd (2003): Parteien zwischen Kampagnefähigkeit und bürgerschaftlichem Engagement. In: Enquete-Kommission „Zukunft des Bürgerschaftlichen Engagements" des 14. Deutschen Bundestages (Hrsg.): Bürgerschaftliches Engagement in Parteien und Bewegungen, Opladen, 157-166.

Niedermayer, Oskar (2002): Beweggründe des Engagements in politischen Parteien. In: Oscar W. Gabriel, Oskar Niedermayer, Richard Stöss (Hrsg.): Parteiendemokratie in Deutschland, 2. Auflage, Wiesbaden, 297-311.

Putnam, Robert B. (2000): Bowling Alone. The Collapse and Revival of American Community, New York.

Rosenzweig, Beate, Eith, Ulrich (Hrsg.) (2004): Bürgerschaftliches Engagement und Zivilgesellschaft. Ein Gesellschaftsmodell der Zukunft? Schwalbach, 46-55.

Rucht, Dieter (2003): Bürgerschaftliches Engagement in sozialen Bewegungen und politischen Kampagnen. In: Enquete-Kommission „Zukunft des Bürgerschaftlichen Engagements" des 14. Deutschen Bundestags (Hrsg.): Bürgerschaftliches Engagement ins Parteien und Bewegungen. Opladen, 107ff.

Schröder, Gerhard (2002): Die zivile Bürgergesellschaft. Anregungen zu einer Neubestimmung der Aufgaben von Staat und Gesellschaft. In: Thomas Meyer, Reinhard Weil (Hrsg.): Die Bürgergesellschaft, Bonn, 185-194.

Schudson, Michael (1998): The Good Citizen. A History of American Civic Life, Cambridge, London.

Wiesendahl, Elmar (2002): Die Zukunft der Parteien. In: Oscar W. Gabriel, Oskar Niedermayer, Richard Stöss (Hrsg.): Parteiendemokratie in Deutschland, 2. Auflage, Wiesbaden, 592-620.

3.2. Zivilgesellschaft als politisches Konzept – Gefahr für die Parteien?

Rupert Graf Strachwitz

I. Zivilgesellschaft als Begriff und politische Kraft

Mit etwas Verspätung gegenüber der internationalen politischen Debatte taucht auch in Deutschland, in der öffentlichen Diskussion ebenso wie in den Medien, zunehmend der Begriff der Zivilgesellschaft auf. Zwar ist er noch keineswegs zum Regelkanon der politischen Begrifflichkeit zu rechnen; zwar wird er auch nach wie vor in recht unterschiedlichen Bedeutungen, gelegentlich auch falsch gebraucht, doch kann kaum noch ein Zweifel bestehen, dass er sich auch hierzulande als Sammelbezeichnung für die informellen und formellen kollektiven nichtstaatlichen Gemeinwohlakteure durchsetzen wird. Anders ausgedrückt: Interaktion von Bürgerinnen und Bürgern in der Gesellschaft, aber außerhalb der repräsentativ-demokratischen Strukturen, die unsere hoheitliche Gewalt legitimieren, wird einerseits als dritte Kraft neben Staat und Markt wahrgenommen, andererseits aber als eine der Kräfte ausdifferenziert. Wenn dies dazu führt, dass zwischen Zivilgesellschaft und Bürgergesellschaft unterschieden wird, wäre dies durchaus zu begrüßen.

Es dient nicht nur der begrifflichen, sondern auch der inhaltlichen Klärung, wenn der Dritte Sektor als organisationstheoretischer, empirisch relativ exakt zu fassender Teilbereich, die Zivilgesellschaft als systemtheoretische Blickweise auf die gesellschaftliche Wirklichkeit und Bürgergesellschaft als demokratietheoretische Norm auseinander gehalten werden. Bis dies geschieht, wird es noch einiger Diskussion bedürfen. Wenn daher im Folgenden von der Zivilgesellschaft die Rede ist, wird diese Klärung im beschriebenen Sinne antizipiert.

Zu den Aspekten der Zivilgesellschaft, über die besonders intensiv diskutiert wird, gehört, ob politische Parteien – ebenso wie Kirchen und Gewerkschaften – der Zivilgesellschaft zuzurechnen sind. Indem die Mitgliedschaft freiwillig ist und auf dem Engagement des Bürgers und der Bürgerin für die Gemeinschaft aufbaut, in dem sie nicht im engeren Sinn mit der Ausübung der hoheitlichen Gewalt befasst sind und auch nicht die Mehrung des materiellen Wohlstands ihrer Mitglieder zum Ziel haben, erfüllen sie formal die Kriterien für eine solche Zugehörigkeit. Andererseits sind sie in der Dreiteilung der gesellschaftlich wirksamen Kräfte in Zivilgesellschaft, Markt und Staat so eng mit dem letzteren verbunden, dass sie in der Zivilgesellschaft wie ein Fremdkörper wirken. Gerade in Deutschland leiten sie zudem aus dem Grundgesetz einen Sonderstatus ab, da sie dort eigens genannt und mit der Aufgabe betraut sind, an der politischen Willensbildung des Volkes mitzuwirken. Die Organisationen, die im engen Sinne zur Zivilgesellschaft gehören und eine Verwirklichung des Rechtes auf freie Entfaltung der Persönlichkeit und der Vereinigungsfreiheit darstellen, würden dies jedenfalls überwiegend so sehen.

Die neuere Diskussion versucht, diese Abgrenzungsschwierigkeiten zu überwinden, in dem sie Rand- und Zwischenbereiche grundsätzlich akzeptiert und auf das Einziehen strikter Trennungslinien verzichtet. Dies ist hilfreich, denn es ermöglicht die Loslösung von einer allzu formalistischen Diskussion, die in der Tat bislang in Deutschland vorgeherrscht hat. Substantiell geht es nämlich eher um die Frage, ob und wenn ja warum eine dritte Kraft als politische Kraft wirksam ist und welche Folgen dies für politische Prozesse und darüber hinaus für eine politische Ordnung haben kann. Zunächst ist freilich anzumerken, dass eine Zivilgesellschaft unter welcher Bezeichnung auch immer als Handlungs-, Erlebnis- und Erfahrungsraum keineswegs neu ist, sondern seit Jahrhunderten für Gesellschaften konstitutiv sein kann. Während beispielsweise einerseits der französische republikanische Gesellschaftsentwurf von 1791 ausdrücklich auf diese so genannten Intermediäre verzichten wollte – was später korrekturbedürftig war – , hat der Kampf um die höchst politisch gemeinte Vereinigungsfreiheit das politische Geschehen in Deutschland im 19. Jahrhundert mit beherrscht und ist zugunsten dieser Freiheit entschieden worden. Als politische Kraft im modernen Sinne hat die Zivilgesellschaft dennoch erst im Laufe des letzten Jahrzehnts eine neue Qualität erlangt, die einer Reihe von Faktoren geschuldet ist.

Das vielfach konstatierte Staatsversagen gründet sich auf den dramatischen Kompetenzverfall im öffentlichen Dienst ebenso wie auf die wachsende Entfremdung des Bürgers vom Staat, der wesentlich als Regulierungs-, Steuereintreibungs- und Polizeistaat, kaum noch hingegen als Gemeinschaft wahrgenommen wird. Das langjährige Vertrauen in den Staat als fürsorgliche Ordnungsmacht ist jedenfalls gründlich erschüttert. Der Versuch, nicht oder nicht mehr zufriedenstellend erledigte öffentliche Aufgaben in das Marktgeschehen einzugliedern, ist ebenfalls an einigen Stellen misslungen oder kann von vornherein als aussichtslos bezeichnet werden. Ein Ordnungskonzept, das alles gesellschaftlich Wirksame und Notwendige zwischen Staat und Markt aufteilt, ist jedenfalls ebenso unrealistisch wie unerwünscht. Dass in den Parteien und Unternehmen solche Vorstellungen noch immer nicht endgültig ad acta gelegt sind, offenbart einen erschreckenden Realitätsverlust.

Neben diesen eher negativen Abgrenzungen verdankt sich der Aufstieg der Zivilgesellschaft als politisches Konzept auch höchst positiven Erkenntnissen. Herausragend ist nach wie vor der politische, ja historische Erfolg zivilgesellschaftlicher Aktion in den Umwälzungen von 1989/1990, in Ostdeutschland ebenso wie in Mittel- und Osteuropa. Wenn in der Kritik an ostdeutschen Mitbürgern gerade auch der Mangel an Engagement und Gemeinsinn immer wieder beklagt wird, so muss dem das keineswegs gefahrlose und letztlich erfolgreiche Engagement zahlloser Bürger entgegengehalten werden. Hinzu tritt ein geradezu fundamentales Argument, das mit einem im Wohlfahrts- und Versorgungsstaat unerfüllten Schenkungsbedürfnis des Menschen umschrieben werden kann. Von der Primatenforschung bis zur politischen Theorie zieht sich eine Erkenntnis, dass der Mensch eben nicht ausschließlich zu seinem unmittelbaren Vorteil handelt, sondern vielmehr das Schenken als Instrument der Kommunikation mit der Gemeinschaft als entscheidende Komponente eines erfüllten Lebens begreift. Es ist daher gar nicht verwunderlich, wenn neueste Zahlen belegen, dass rd. 70% der über 14-jährigen Bürgerinnen und Bürger außerhalb der Arbeitswelt und familiärer Pflichten irgendwo aktiv sind, davon etwas mehr als die Hälfte durch die freiwillige, engagierte Übernahme von Aufgaben, die im weitesten Sinne dem allgemeinen Wohl dienen. Die Zahl der Engagierten hat sogar, allen Unkenrufen zum Trotz, in den letzten 5 Jahren um 6% zugenommen.

II. Die Argumente gegen die Zivilgesellschaft

Dieses Engagement kann nicht mehr ernsthaft als zwar anerkennenswerte, aber letztlich marginale Ergänzung staatlichen Handelns abgetan werden. Auch der Spott über die Vereinsmeierei von Kleingärtnern als Ausdruck der Geringschätzung des ganzen Sektors taugt angesichts dieser theoretischen wie empirischen Erkenntnisse inzwischen kaum noch als Totschlagsargument. Da jedoch der Aufstieg der Zivilgesellschaft nach wie vor als Gefährdung der hergebrachten Machtverteilung gesehen wird, müssen andere Argumente herhalten.

1. Das Motivationsargument: Ohne Zweifel ist bürgerschaftliches Engagement vielfach auch von persönlichen Motiven bestimmt. Hierzu mögen Langeweile, Eitelkeit, Geltungsbedürfnis oder berufliche Frustration ebenso zählen wie Selbstverwirklichungsziele, die Verwirklichung von Nächstenliebe in einer religiösen Dimension, die Wahrnehmung ethischer Pflichten, Integrations- und Partizipationswünsche oder schiere Lust. In der Regel wird es eine Gemengelage sein, die, vom Wunsch nach Befriedigung elementarer Grundbedürfnisse einmal abgesehen, allenfalls in Nuancen von der abweicht, die zu jedem anderen menschlichen Handeln antreibt. Das Gewissen des Einzelnen mag darüber ein Urteil fällen. Aus der Sicht der Gesellschaft erscheint es höchst fragwürdig, ja scheinheilig, bürgerschaftliches Engagement in der Zivilgesellschaft mit einem strengeren Ethos zu verbinden als Engagement zur Sicherung der Lebensgrund-

lagen in einem Wirtschaftsbetrieb oder Engagement im unmittelbaren politischen Raum. Gewiss wirkt in diesem Sinne auch die von manchen Exponenten der Zivilgesellschaft zur Schau getragene Heiligmäßigkeit heuchlerisch und unangebracht. Letztlich aber gilt jedenfalls der Satz, dass dem Menschen der Einblick in die Seele des Mitmenschen letztlich verwehrt bleibt.

2. Das Argument der mangelnden demokratischen Legitimation: Richtig ist, dass zivilgesellschaftliche Organisationen und ihre Exponenten nicht durch den Prozess legitimiert sind, der im demokratischen Staatswesen im formalen Sinne für politische Entscheidungsträger gilt. Aber zum einen würden viele Vereine durchaus jeden aufnehmen, der dies wünscht, während manche Ortsgruppen einer Partei bekanntermaßen in der Praxis eher restriktiv mit Aufnahmeanträgen umgehen. Der formale Aspekt allein genügt daher wohl nicht. Zum zweiten ist eine besondere Legitimation über persönliches Engagement auch den Parteien nicht fremd. Bekanntlich bestimmen nur 0,3% der Wahlberechtigten als engagierte Parteimitglieder über die Auswahl der Kandidaten. Am wichtigsten freilich erscheint das Gegenargument, dass demokratische Legitimation ebensowenig wie Amtsautorität einen Passepartout darstellt, sondern sich auf eine bestimmte Aufgabe erstrecken muss. Unumstößlich bleibt für den Demokraten, dass die Ausübung von hoheitlicher Gewalt durch alle legitimiert sein muss, die dieser Gewalt unterworfen sind und an der Legitimierung teilhaben wollen. „Alle Staatsgewalt geht vom Volke aus", sagt bekanntlich das Grundgesetz. Ob dies aber für alle Leistungen zugunsten des allgemeinen Wohls gelten muss, erscheint schon zweifelhaft, fordert doch das Grundgesetz, der Gebrauch jedes persönlichen Eigentums solle zugleich dem Wohl der Allgemeinheit dienen. Vollends fragwürdig und auch wirklichkeitsfremd erscheint die Forderung, jede öffentliche Meinungsäußerung, auch im Sinne einer Themenanwaltschaft müsse in einem allgemeinen demokratischen Prozess zustande kommen. Zu Ende gedacht hieße dies, dass sich auch kein Bürger öffentlich zu Wort melden könnte. Der Einfluss der Medien oder bekannter Zeitgenossen mit ihren öffentlichen Äußerungen wird in dieser Argumentation mit anderem Maß gemessen oder einfach verdrängt. Engagement und Sachkenntnis, oft, aber nicht notwendigerweise auch Betroffenheit, sind in diesem Raum offenkundig stärkere Legitimationsnachweise. Die Kritik der mangelnden demokratischen Legitimation bleibt daher ein irrelevantes Totschlagsargument, solange die Zivilgesellschaft bestimmte Grenzen nicht überschreitet und das Zustandekommen von Positionen transparent darlegen kann.

3. Das Argument der Fixierung auf ein einzelnes Thema: Zivilgesellschaftliche Organisationen verweigern sich, so die Kritik, regelmäßig der Abwägung aller Gesichtspunkte. Dies trifft in Maßen gewiß zu, wenngleich etwa der Agenda-21-Prozess vielfach zu einem Umdenken in Richtung auf eine Bündelung von sozialen, ökologischen und kulturellen Aspekten geführt hat. Und natürlich entstehen

viele zivilgesellschaftliche Initiativen und ihre Stellungnahmen aus persönlichen Interessenlagen (in England oft NIMBY = Not in My Back Yard genannt). Für die Prozesse politischer Positions- und Entscheidungsfindung ist dies allerdings eher positiv. Eine öffentliche Debatte wirkt eher befruchtend, ein Prozess der Integration unterschiedlicher Standpunkte eher förderlich, zumal im parlamentarischen Prozess das Herausstellen unterschiedlicher Meinungen in öffentlicher Rede wegen des geradezu manischen Bedürfnisses der Parteien, mit einer Stimme zu sprechen, vielfach zu kurz kommt. Im Übrigen kann zusätzliche Sachkenntnis von engagierten Bürgern viele Defizite bei Politik und Verwaltung mildern helfen. Auch dieses Argument ist daher als Totschlagsargument einzuordnen, das vorgebracht wird, um dem wachsenden Selbstbewusstsein der Zivilgesellschaft entgegenzutreten.

Dieses Selbstbewusstsein gründet sich inzwischen in Deutschland auf 22 Millionen engagierte Menschen mit steigender Tendenz und zunehmendem Bestreben, als eigene politische Kraft aufzutreten. Die eigentlich wichtige Frage ist daher, deutscher Übung zum Trotz nicht die, ob „die das dürfen". Vielmehr ist zu fragen, ob unsere Gesellschaft angesichts der Herausforderungen, die sie zu meistern hat, überhaupt auf diesen Sektor verzichten kann. Aus der Sicht der Gesellschaft sind gerade die engagierten Menschen in den auf Freiwilligkeit aufgebauten Gruppierungen die, auf die es ankommt, weil sie tendenziell überdurchschnittlich kreativ und ideenreich sind. Die rd. 1 Million zivilgesellschaftlichen Organisationen, in denen sich das Engagement weit überwiegend vollzieht, sind die potentiellen Brutstätten der Kreativität, die das allgemeine Wohl benötigt. Ein Wechsel von Überlegungen des drohenden Machtverlustes zu rationalen Überlegungen lässt es daher als unzweckmäßig erscheinen, diese Kreativität nicht zu nutzen.

III. Was kann die Zivilgesellschaft beitragen?

Um den potentiellen Beitrag zu ermessen, muss zunächst geklärt werden, wer zu dieser Zivilgesellschaft gehört. Dies erscheint um so notwendiger, als die Auftritte weniger, durchaus legitimer Akteure den Blick auf diese konzentrieren, den auf die übrigen aber vernebeln. Ohne jeden Anspruch auf Vollständigkeit sind jedenfalls radikale und weniger radikale Bürgerinitiativen ebenso dazuzuzählen wie Sportvereine, Kirchenchöre, Selbsthilfegruppen, klassische Hilfsorganisationen wie die Malteser, Museumsvereine, Service Clubs wie Rotary, Umwelt- und Naturschutzorganisationen, Bürgerrechtsgruppen, operative und fördernde Stiftungen, bürgerliche Geselligkeitsvereine, Trachten- oder Schrebergartenvereine und staatsbürgerliche Vereinigungen. Sie sind konservativ, liberal oder „links", alt oder neu, groß oder klein, mehr oder weniger formell strukturiert, und nur zum Teil als juristische Personen konstituiert. Sie sind traditionalistisch oder progressiv, staatsnah oder staatsfern, empfinden sich als Hüter der Ordnung oder als Agenten des Wandels. Sie pflegen insgesamt fast keinen Zusammenhalt untereinander und sehen traditionell große andere Organisationen als nicht zugehörig oder minder legitimiert an. Eine gemeinsame Zivilgesellschaftsidentität geht ihnen großenteils ab, und viele teilen ihr Selbstverständnis eher mit Markt- und Staatsorganisationen ähnlicher Zielrichtung als mit andern Teilen der Zivilgesellschaft. Manche sind wichtige Teilnehmer am Marktgeschehen, überwiegend aber sind sie im wirtschaftlichen Sinne unbedeutend. Kurz: sie sind höchst heterogen und finden schon deshalb kaum zu einer gemeinsamen Interessenvertretung.

Politik und Verwaltung pflegen viele dieser Organisationen als Wählerklientel und Dienstleister, fördern sie nach oft undurchschaubaren Kriterien, sprechen notgedrungen mit ihnen als Interessenvertreter und beargwöhnen sie zugleich als Störenfriede. Sie behandeln sie traditionell mit einer gewissen Herablassung und behalten erstaunlicherweise diese Haltung zum Teil auch dann bei, wenn sie nicht mehr als Subventionsgeber oder stärkere Vertragspartner auftreten können, sondern in die Rolle des Antragstellers wechseln müssen. Mit ihnen auf gleicher Augenhöhe als Akteure des Gemeinwohls zu reden, fällt Politikern ebenso schwer wie Beamten.

Dies ist gewiss auch schwierig, stehen doch geistesgeschichtliche Traditionen, etwa Hegels Theorie des alles überwölbenden Staates, ebenso dagegen wie rechtliche. Unser Vereins-, Stiftungs- und Steuerrecht folgt nicht einem zivilgesellschaftlichen Leitbild oder dem des ermöglichenden Staates, sondern dem der Aufsicht, der Kontrolle und des Misstrauens. Nicht zuletzt leben auch kulturelle Traditionen in uns fort, die Hierarchien eine höhere Konsistenz zubilligen als Netzwerken, geordnete Verhältnisse chaotischen vorziehen.

Diese Haltung weist auf den Kern der Problematik. Nicht nur sind, nach übertragbaren naturwissenschaftlichen Erkenntnissen, Netzwerke, die zunächst den Anschein haben, ständig in Bewegung zu sein, letztlich nachhaltiger stabil als hierarchische Strukturen, die den Eindruck von immerwährender Stabilität erwecken. Wer weiß, wo er ansetzen muss oder zufällig den richtigen Punkt findet, bringt diese nämlich rasch zu Fall, während jene sich mühelos restrukturieren können. Noch entscheidender ist wohl, dass Kreativität, die Wandlungsprozesse auslöst, regelmäßig an den Rändern der Gesellschaft angesiedelt ist, während das Zentrum in seiner bewahrenden Tendenz den Keim des Verfalls in sich trägt. Hinzu kommt, dass in den an den Rändern sich bildenden oft chaotischen Gruppierungen die partizipatorischen Elemente stark sind, die im positiven Sinne zur Selbstausbeutung führen. In einfachen Worten gesagt: die Menschen an diesen Rändern brennen für ihre Ideen, sie verändern die Welt.

In diesem Sinne ist Zivilgesellschaft ein unorganisierter Prozess der Bewegung von den Rändern zur Mitte der Gesellschaft hin. Es ist das Bild einer großen Schüssel, in der Ideen und ihre Protagonisten unaufhaltsam ihren Weg vom Rand zur Mitte nehmen, in diese hinabrutschen. Auf diesem Weg gewinnen sie Ansehen und Nachhaltigkeit, organisatorische Stärke und schließlich potentiell Teilhabe an der Macht; sie verlieren ihr chaotisches Potential, schütteln ihre partizipatorischen Elemente immer mehr ab und indem sie hierarchischer werden, sinkt ihre Kreativität. Sie werden zugleich verwundbarer und klammern sich immer mehr an den status quo. Dies geschieht nicht linear. Von den grass roots gibt es eine Organisationsentwicklung hin zu einem optimalen Mischungsverhältnis von Kohärenz und kreativem Chaos. Doch dann beginnt unaufhaltsam ein Sinkflug.

Natürlich wird nicht bestritten, dass es Ausnahmen zu dieser Regel gibt. Natürlich gibt es in einer gut geführten Zivilgesellschaftsorganisation Selbstreinigungs- und -heilungskräfte, die zu Erneuerungen und neuen Impulsen führen können. Und selbstverständlich können auch längst hierarchisierte Organisationen wichtige Aufgaben gut erfüllen. Aber leben tut die Zivilgesellschaft von den immer wieder neuen chaotischen Initiativen, die sich „oben" an den Rändern bilden. Nicht nur begrifflich wird dadurch das herkömmliche Begriffspaar „top down – bottom up" umgedreht.

Innovation und Kreativität haben im Chaos ihre Heimat, da gerade hier Denk- und Verhaltensmuster in Frage gestellt und überwunden werden. Daher ist es für die Gesellschaft entgegen landläufiger, freilich erst seit dem 17. Jahrhundert gängiger Vorstellung keineswegs vorrangig, alles zu ordnen. Vielmehr muss es ihr darum gehen, das Prinzip einer offenen Gesellschaft (nach Karl Popper) gerade dadurch zu verwirklichen, dass sie Chaos zulässt, dass sie die Entstehungsprozesse an den Rändern ermöglicht. Und was die Politik betrifft, ihr sollte daran gelegen sein, mit diesen Rändern zu interagieren.

Zweifellos gibt es im korporatistischen System, das sich in Deutschland herausgebildet hat, eingeführte Mechanismen der Zusammenarbeit und des Austauschs zwischen Staat und Zivilgesellschaft. Das Subsidiaritätsprinzip im Wohlfahrtsbereich ist ein bekanntes Beispiel dafür, die Beteiligung von Verbänden an Gesetzgebungsverfahren ein anderes. Doch sind daran gerade die Teile der Zivilgesellschaft beteiligt und hüten eifersüchtig ihre herausgehobene Stellung, die auf dem Weg zur Mitte der Schüssel besonders weit gekommen sind, d.h. eine Fülle von traditionellen Denk- und Handlungsmechanismen verinnerlicht haben. Von ihnen ist – legitime! – Vertretung von Interessen, nicht aber kreatives, konzeptionelles Denken zu erwarten.

Worauf es daher ankommen sollte, ist unmittelbarer Kontakt zu den „Figuren", die noch ganz unverbildet auf dem Rand der Schüssel sitzen. Und es geht nicht um deren Legitimation, sondern um deren Ideenreichtum. Leider ist eines klar. Dieser Kontakt zieht die Partner zur Mitte der Schüssel hin. Daher geht es im Kern darum, zu ermöglichen, vielleicht auch nur nicht zu behindern, dass immer wieder neue Figuren an den Rändern auftauchen. Und erfolgreiche Innovation wird davon abhängen, dass immer wieder neu der Kontakt zu diesen neuen Figuren gesucht und gefunden wird. In diesem Zusammenhang kommt es nicht auf Vollständigkeit, Ausgewogenheit oder Proportionalität der Kontakte an. All dies sind ohnehin Fiktionen, die die dahinter liegenden Mechanismen verschleiern sollen. Vorstellbar sind auch durchaus abgestufte Beteiligungsprozesse, an denen die Verbände (die „üblichen Verdächtigen"), die in einem organisierten Prozess ermittelten „stakeholder" und die Gruppen von den Rändern teilnehmen können, die sich hierfür selbst (etwa in einer offenen Internet-Anhörung) anbieten. Was die letztere Gruppe betrifft, entspräche dies dem zivilgesellschaftlichen Grundsatz der Selbstermächtigung. Durch das multiple Verfahren kann sogar ein beachtliches Maß an Ausgewogenheit erreicht werden, ohne dass auf den entscheidenden Beitrag der „Chaoten" verzichtet werden muss.

Beteiligungsprozesse dieser Art erscheinen mühselig und zeitaufwendig. Sie stellen aber sicher, dass Entscheidungen optimal vorbereitet werden. Dass immer etwas vergessen wird, gehört bedauerlicherweise zu den Grundkonstanten menschlichen Handelns. Die Scheu davor darf nicht als Argument dafür herhalten, den Schritt zu gehen, der für die Entwicklung unserer Gesellschaft entscheidend ist: von der Allkompetenz des Staates und der ihn stützenden Parteien Abschied zu nehmen. Die Zukunft liegt in einer Neuzuordnung von Aufgaben und der Entwicklung eines partizipativen Prozesses, an dem die Zivilgesellschaft ebenso teilhat wie Parteien und andere Kräfte.

Ob Parteien dies als Gefahr für ihren Fortbestand ansehen, mögen sie selbst analysieren. Für den Fortbestand der Gesellschaft erscheint die Überwindung des Monopols der Parteien auf die politische Willensbildung der Bürger unausweichlich. Sie sind längst und ganz nach ihrem Willen in der Mitte der Schüssel angekommen. Dort sind sie in der Tat im Zentrum der Macht, aber mit all den beschriebenen Folgen. Die Diskussion, ob sie der Zivilgesellschaft zuzurechnen sind, ist insofern müßig. Denn was für diese wesentlich ist, sitzt auf den Rändern – und ist bereit, um den Preis der Selbstaufgabe mit der Mitte um die beste Lösung zu ringen.

3.3. Fremde Welten?
Bürgergesellschaft und Mediendemokratie

Warnfried Dettling

Die Idee der Bürgergesellschaft hat in den vergangenen zehn Jahren Karriere gemacht. Bundesländer wie Baden-Württemberg und Hessen haben vorbildliche Landesnetzwerke für bürgerschaftliches Engagement aufgebaut. In den Städten, Gemeinden und Landkreisen, in denen Bürgermeister und Landräte das Thema zu ihrem eigenen Anliegen gemacht haben, sind den Worten auch längst Taten gefolgt. Das Wissenschaftszentrum Berlin hat die Erforschung der Zivilgesellschaft zu einem seiner Schwerpunkte gemacht. Parteien und Wohlfahrtsverbände überprüfen im Lichte bürgerschaftlicher Ideen ihre Praxis, ihr Selbstverständnis und ihre Verankerung in der Gesellschaft. Die Kirchen und die Gewerkschaften fragen sich, inwieweit sie Teil der Bürgergesellschaft sind oder sein wollen.

Es ist also bürgerschaftliches Leben in die Republik gekommen, ein frischer Wind, der ehrwürdige Institutionen und Routinen durchweht. Umso erstaunlicher ist die allgemeine Windstille, die in Sachen „Bürgergesellschaft" im politischen Berlin herrscht. Über allen Wipfeln ist Ruh: bei Regierung und Opposition, bei der SPD wie bei der CDU, sogar die FDP und Bündnis90/Die Grünen schweigen. Trotz aller Freiwilligen-Jahre und Enquete-Kommissionen ist es nicht gelungen, das Thema „Bürgergesellschaft" im nationalen politischen Diskurs zu verankern. Ein einmaliger Impuls des Bundeskanzlers ist folgenlos geblieben für das Regierungshandeln wie für die politische Debatte. Woran liegt das?

Politische Themen, Ideen und Reformvorhaben werden durch die Medien vermittelt. Während auf der lokalen Ebene lokale Medien, vor allem die Regionalzeitungen, häufig, kompetent und ausführlich über lokale ehrenamtliche und bürgerschaftliche Aktivitäten berichten, wie der jährliche Journalistenpreis „Ehrenamtliches Engagement" der Robert Bosch Stiftung eindrucksvoll zeigt, ist die „Bürgergesellschaft" im Fernsehen und in den anderen nationalen Medien, und nur darum soll es im Folgenden gehen, kaum ein Thema. Es drängt sich der Verdacht auf, dass beide, Bürgergesellschaft und Massenmedien, einander fremd sind, dass aus Gründen und Strukturmerkmalen, die in ihnen selbst angelegt sind, die Wirklichkeit des bürgerschaftlichen Engagements sich nur schwer in den Medien vermitteln lässt. Beide „funktionieren" nach unterschiedlichen Regeln. Themen, die erfolgreich sein wollen, müssen zu diesen Regeln passen oder sich ihnen anpassen, in jedem Falle mediengerecht sein. oder präsentiert werden. Das gilt ganz allgemein und nicht nur für die Bürgergesellschaft, und es soll deshalb zunächst auch ganz allgemein erörtert werden.

I. Medienlogik oder die Konstruktion von Wirklichkeit.

Um erfolgreich zu sein, müssen Politik, Wissenschaft und Wirtschaft öffentliche Aufmerksamkeit erringen. Dazu müssen sie sich der Medien bedienen – und sich dabei in gewisser Weise der Medienlogik unterwerfen. Das Problem besteht nun nicht darin, *dass* sie auf öffentliche Aufmerksamkeit angewiesen sind, sondern *wie* sie diese Aufmerksamkeit finden: nicht primär nach den Regeln der Wissenschaft, der Wirtschaft oder der Politik, sondern nach den Regeln der Medien. Über diese Regeln besteht bei den Akteuren der Medien weitgehend Konsens:

- Personalisieren und dramatisieren, wo immer es geht;
- Einfache Nachrichten werden den komplexen vorgezogen.
- Es werden solche Ereignisse ausgewählt, die eine räumlich-zeitliche und kulturelle Nähe zum Publikum haben.
- Schlechte Nachrichten sind besser als gute Nachrichten.
- Erregende, sensationelle Sachverhalte haben Priorität.
- Das Neue, überhaupt das abweichende Verhalten haben Vorrang vor Entwicklungen, Zusammenhängen und „normalen" Verhältnissen.

Diese Regeln geben einen ersten Hinweis darauf, warum das Thema Bürgergesellschaft dort, wo es konkret auftritt (als Ehrenamt, in Vereinen und Initiativen), es in den lokalen Medien leichter hat und warum es in den nationalen Medien und als allgemeine Reformperspektive für die Gesellschaft keine Rolle spielt. Die Idee der Bürgergesellschaft wird kaum einer der Regeln gerecht, nach denen Medien funktionieren. Sie hat es deshalb schwer in der Mediengesellschaft.

II. Wie die Medienwirklichkeit die Wissenschaft verändert.

Wie sehr die Mediengesellschaft ihre „Objekte" verändert, damit sie besser zu ihr passen, zeigt das folgende Beispiel (Weingart 2001: 232):

> „Ein holländischer Aids-Forscher gibt die Entdeckung eines Impfstoffs bekannt. Von der Fachwelt gedrängt, seine Entdeckungen unter Beweis zu stellen, muss er eingestehen, dass er übertrieben habe. Zur Begründung seines Verhaltens erklärt er, nur mit Übertreibungen der praktizierten Art könne man die gewünschte Aufmerksamkeit und die entsprechende Unterstützung in der Öffentlichkeit erlangen."

In diesem Zitat wird schlagartig deutlich, was sich verändert hat im Verhältnis zwischen Wissenschaft und Öffentlichkeit.

Nach ihrem klassischen Selbstverständnis produziert die Wissenschaft wahres Wissen über die Natur, über die Wirtschaft und Gesellschaft, und die Medien vermitteln Informationen über dieses (von der Wissenschaft produzierte) Wissen. Beide, Wissenschaft und Medien, klären auf, aber auf unterschiedliche Weise: die einen, indem sie Wissen produzieren, die anderen, indem sie dieses Wissen popularisieren, der (bürgerlichen) Öffentlichkeit nahe bringen. Produktion und Vermittlung von Wissen sind getrennte Vorgänge, die sich wechselseitig nicht kontaminieren.

Heute aber müssen die Wissenschaften begründen, warum sie das ganze Geld Wert sind, das sie bekommen, vom Staat, von der Wirtschaft, von Stiftungen. Der Bielefelder Soziologe Peter Weingart zeigt in seinem fulminanten Buch „Die Stunde der Wahrheit?", wie dieser Umstand die Wissenschaft verändert, wie mediale mit wissenschaftlichen Relevanzkriterien konkurrieren, in extremen Fällen diese sogar verdrängen. Weingart spricht von der strategischen Anpassung wissenschaftlicher Diskurse an die antizipierten Bedürfnisse medialer Aufmerksamkeit, als da sind: Dramatisierung, Abwechslung, Unterhaltung, Überbietung.

Diese Entwicklung, die Medialisierung der Wissenschaft, erklärt nun ganz unterschiedliche Sachverhalte, die sonst merkwürdig rätselhaft blieben: warum falsche Katastrophenprognosen Konjunktur und richtige Prognosen oft keine Chancen haben. Im einen Falle führt und verführt die Medialisierung dazu, dass falsche Katastrophenprognosen der Wissenschaft dann, wenn sie nur dramatisch genug sind, den Regeln der Medien entsprechen und für diese „positive" Funktionen erfüllen (zum Beispiel Angstnachfragen befriedigen, die Welt übersichtlich in Gut und Böse einteilen), Aufmerksamkeit und finanzielle Mittel erhöhen – und dass richtige Prognosen ihre Wirkung über Jahre und Jahrzehnte verfehlen, wenn sie diesen Regeln nicht entsprechen, wenn sie also nicht einfach, zeitnah, personalisiert, unterhaltsam, dramatisch genug dargestellt werden können. (Weingart 2001: 272ff.)[1] Und wenn es dann anders kommt, die öffentliche Aufmerksamkeit erlahmt, andere Wissenschaftler die Katastrophenprognosen relativieren, dann ist auch das wieder eine Neuigkeit oder der falsche Prophet kann sagen, dass er es war, der wie die Gänse des Kapitol durch Schnattern das Schlimmste abgewendet hat, und am Ende sind es dann wieder die Medien, die Bilanz ziehen. Wer will hingegen immer und immer wieder hören, dass ohne soziales Kapital eine Gesellschaft so wenig erfolgreich sein kann wie eine Wirt-

---

[1] Peter Weingart (2001: 271ff.) hat diesen Zusammenhang in dem erwähnten Buch am Beispiel des Klimadiskurses beschrieben.

schaft ohne Finanzkapital oder wie viele Menschen es im Jahre 2050 geben wird und was dann mit der Rentenversicherung los ist?[2]

Von solchen Zusammenhängen können all jene, welche die Idee der Bürgergesellschaft vorantreiben wollen, immerhin eines lernen: Sie werden keinen Erfolg haben, wenn es ihnen nicht gelingt, diese allgemeine Idee an ganz reale Probleme und Entwicklungen anzukoppeln: Ohne mehr bürgerschaftliches Engagement wird es nicht möglich sein, auf zentralen Handlungsfeldern der Politik (Gesundheit, Bildung und Schule, Armut, Inklusion oder Exklusion, Beschäftigung) (Vgl. Dettling 2001) positive Ziele zu erreichen und soziale Übel zu bekämpfen.

III. Wie Medien die Politik verändern.

Ein anderes Beispiel zeigt, warum es die „Bürgergesellschaft" nicht nur in den Medien schwer hat, sondern auch bei Politikern und Parteien:

„Wie hätte ich denn jemals Präsident werden können ohne vorher Schauspieler gewesen zu sein?" Die Frage Ronald Reagans atmet immerhin noch eine gewisse Selbstironie. Den ernsten Kern dahinter hat ein amerikanischer Beobachter einmal so verallgemeinert: „They no longer run for office, they pose for office." Und der Großmeister aller CDU Wahlkämpfe seit rund dreißig Jahren, Peter Radunski, hat es einmal so formuliert: Ein Politiker müsse heute Schauspieler und Regisseur zugleich sein. Bleibt nur die Frage: ... und wer schreibt die Texte? Wer ist verantwortlich für's Drehbuch?

Die vor 1950 Geborenen sind noch aufgewachsen mit einem starken und stimmigen Bild der Parteiendemokratie. Danach formulieren Parteien in Programmen Aufgaben und Ziele, gewinnen damit Mehrheiten und setzen, wenn sie an der Regierung sind, ihr Programm um. Die Vermittlung von Wirklichkeit geschieht in diesem Modell in drei Phasen: auf der Input-Seite des politischen Systems durch die Artikulation und Aggregierung von Interessen, Problemen und Bedürfnissen, innerhalb des politischen Systems durch Verwaltung und Experten und auf der Output-Seite durch politische Entscheidungen, die Probleme lösen oder auch nicht – und dann geht der Kreislauf wieder von vorne los. In Wahlen und Wahlkämpfen sollte, so will es das demokratische Lehrbuch, sich dieser Prozess verdichten.

---

[2] Man kann leicht die Probe aufs Exempel machen: „Wenn Sie Klimaforscher wären und die Vergabe öffentlicher Mittel erbitten müssten, welche Zukunfts-These würden Sie veröffentlichen: *Der Planet wird sich demnächst rapide erwärmen, und wir müssen das ganz dringend und schnell erforschen!"* oder: *Wenn wir ehrlich sind, wissen wir über das unglaublich komplexe System Klima zu wenig, um eine solide Aussage machen zu können?'"* (Matthias Horx)

Dieses klassische Selbstverständnis einer Parteiendemokratie lässt Raum für Ideen und Programme, auch für solche Ideen wie die einer „Bürgergesellschaft". Doch dieses Selbstverständnis ist wenig mehr als eine Erinnerung. Wahlkämpfe zeigen nur deutlicher, was sich insgesamt verändert hat: die mediale Konstruktion der politischen Wirklichkeit. Über die Fernsehduelle zwischen Kanzler und Kandidat im Jahre 2002 hätte man eigentlich einblenden müssen: Du, der Du hier einschaltest, lass' alle Hoffnung fahren, dass einer der beiden zu den wirklichen Problemen sagt, was er denkt und weiß; dass er etwas anderes als die bekannten Floskeln bringt; dass er auf die Argumente des anderen hört; dass er auf die veränderten Realitäten wirklich eingeht oder gar eine Perspektive für die Entwicklung von Staat, Wirtschaft und Gesellschaft anbietet. „Es war die Inszenierung des puren Nichts", wie ein Beobachter über das erste Fernsehduell bei der Bundestagswahl 2002 schrieb.

Die mediale Inszenierung hat die systemeigene Logik konsequent durchgehalten. Der Betrieb läuft, doch was läuft da eigentlich? Die Koppelung zwischen Politik und Medien ist so eng, dass man gar nicht mehr richtig weiß, wer da Herr des Verfahrens ist, wer Opfer und wer Täter, wer wen benutzt. Der militärisch-industrielle Komplex ist da eine vergleichsweise klare Sache. Er spielt sich zwar eher im Verborgenen ab, aber man weiß, worum es geht, wer wen braucht. Weil hier, in der Medienwelt, alles so schön öffentlich ist, denkt man auch, alles sei so schön transparent. Es ist aber ein Teil der medialen Konstruktion der politischen Wirklichkeit, vor allem dort, wo sie am mächtigsten ist, im Fernsehen, dass sie aus sich selbst heraus keine Kriterien hervorbringt, welche diese mediale Konstruktion der politischen Wirklichkeit durchbrechen helfen. Im Gegenteil: beide Seiten beeinflussen einander und halten sich gegenseitig am Laufen. Medienkanzler und Kanzlermedien arbeiten Hand in Hand. (Meng 2002; Hanfeld 2002: 38) Politiker und Parteien sind meist bereitwillige Komplizen auf der Flucht in eine mediale Ersatzwelt.

So kommt Politik von zwei Seiten in die Zange: von den Medien (wie beschrieben) und von der Politik selbst. Politik-Vermittlung setzt ja schon vom Begriff her voraus, dass etwas da ist, was vermittelt werden kann und soll. Eine Politik aber, die diesen Namen verdient, problemadäquat und anspruchsvoll, ist nicht einfach oder gar umsonst zu haben, sie ist mit Arbeit bei der Konzeption und mit Konflikten bei der Durchführung verbunden. Einfacher ist es, sich selbst darzustellen, gute Absichten und Stimmungen zu verbreiten: Darstellungspolitik als Ersatz für Politikvermittlung. (Vgl. Leif 2002) So zeigt sich ein anderer Zusammenhang, ein ziemlich geschlossener Kreislauf. Er läuft von einem blockierten Politikbetrieb hinein in die Ersatzwelt der medialen Präsenz, und diese wiederum funktioniert am besten, je konsequenter die Wirklichkeit ausgeblendet wird, was wiederum die Tendenz verstärkt, dass sich die Politik immer weiter selbst blockiert.

Die Schwäche der Parteien begünstigt die Flucht in eine mediale Ersatzwelt (Thomas Leif). Beide Seiten, Politik und Medien, können damit aus ihrer jeweiligen Binnenperspektive ganz gut leben. Es macht ihr Leben einfacher. Weder Politiker noch Journalisten müssen sich dann besonders anstrengen, eine bessere Qualität zu liefern als jene, die gegenwärtig im Angebot ist. Der real existierende politisch-mediale Komplex ist Ursache und Ausdruck einer Koppelung von Politik und Medien, die beiden nicht gut tut. In diesem Komplex ist nirgendwo Zeit und Raum, es ist einfach nicht vorgesehen, lange Linien zu ziehen und etwas anspruchsvollere Ideen zu entwickeln.

IV. Bilderwelt und Ideenwelt: Was tun?

Die mediale Konstruktion der Wirklichkeit und die dadurch mitverursachte Entpolitisierung der Politik führen zu einer Verdrängung der Wirklichkeit und zu einer Verarmung der politischen Debatte. (Miegel 2002) Die Oberfläche lässt sich leichter in Bildern einfangen, die Entwicklungen unter der Oberfläche bleiben dem Auge der Kamera unsichtbar. Die Medien haben, wie die Politik auch, fast ein Vierteljahrhundert gebraucht, die Öffentlichkeit über die Folgen des demographischen Wandels oder über die Erosion der Grundlagen der Systeme der sozialen Sicherung aufzuklären. Als im Dezember 2003 Kardinal Lehmann und die Bischöfe Homeyer und Marx in Berlin den Impulstext „Das Soziale neu denken" den Medien vorgestellt haben, war die erste Frage, die dann auch die Pressekonferenz dominiert hat: Und was heißt das für den Vermittlungsausschuss, der morgen tagt? Ist die Kirche dafür oder dagegen, dass ...? Nicht nur die meisten Politiker, auch die meisten Journalisten haben es verlernt, über den Tag hinaus zu denken.

Wer diesen Zustand ändern möchte, muss sich darüber Gedanken machen, wie eine Repolitisierung der Politik und, als deren Voraussetzung, eine Wiedergewinnung der Öffentlichkeit gelingen könnte. Man könnte versuchen, die Politik zu stärken und *zu unterscheiden zwischen* einer **Politikerberatung,** die sich an einzelne Entscheidungsträger richtet, und einer **Politikberatung,** die sich an die Öffentlichkeit wendet. Das bedeutet einen (teilweise) Adressatenwechsel in der wissenschaftlichen Politikberatung. Ihr Ziel wäre dann nicht (nur), die Politiker klüger zu machen, sondern zu einer kritischen, aufgeklärten Öffentlichkeit beizutragen.

Die Folgen der Medialisierung können nur deshalb so durchschlagen, weil in Deutschland eine eigenständige kritische Öffentlichkeit eher unterentwickelt ist. Es ist deshalb notwendig, der Ver-Öffentlichkeit, wie wir sie haben, eine öffentliche ergebnisorientierte und problembezogene Dialogkultur zwischen

Wissenschaft, Wirtschaft und Politik gegenüber zu stellen. Die Ver-Öffentlichkeit kann um so mehr dominieren, je weniger Öffentlichkeit es gibt.

Dieser Hinweis hat weitreichende Folgen für die Beratungslandschaft. Sie ist stark auf die Exekutive ausgerichtet und von Parteien und Verbänden durchdrungen. Wer diesen Zustand ändern will, muss – über Stiftungen, Think-Tanks, „unternehmerische" Politikagenturen – die Öffentlichkeit als Adressaten suchen, also gleichsam Bypässe legen um verbeamtete oder korporatistische Beratungssklerosen.

Neben diesen strukturellen Aspekten stellen sich Fragen der politischen Kultur, nach einer „Politik der Mentalitäten" (Wolf Lepenies). Was damit gemeint ist, erkennt man leicht, wenn man Deutschland mit der Schweiz vergleicht. Wie der Sozialwissenschaftler Guy Kirsch, der in beiden Ländern zu Hause ist, in den Zugabteilen beobachtet hat: In der Schweiz wird weniger erwartungsorientiert oder erwartungsfrustriert von „den" Politikern, dafür aber mehr von „unseren" Problemen gesprochen. „Die Schweizer debattieren als Bürger über ihr Gemeinwesen; die Deutschen reden über das, was andere, Fremde, Fremdartige, eben Politiker tun oder nicht tun." Die Deutschen lassen lieber regieren, und sie lassen auch lieber (in den TV Runden) debattieren.

Diese Mentalitäten haben auch strukturelle Ursachen. Rüdiger Altmann hat einmal das Grundgesetz als ein „konstruktives Misstrauensvotum gegen das Volk" genannt. Das ist historisch verständlich, aber für die Zukunft problematisch. Die Folgen für unser Thema liegen auf der Hand. Je weniger die Leute politisch mitwirken oder bewirken können, umso weniger „lohnen" sich die zusätzlichen Kosten für politische Informationen, umso „rationaler" ist es, sich unterhalten zu lassen – und andere die Politik machen zu lassen. Der Vorschlag geht also dahin, den Akzent nicht nur auf die Anbieter von Informationen (die Medien), sondern auch auf die Nachfrager von Informationen. Es könnte ja sein, so meint jedenfalls Guy Kirsch, dass sie sich auch deshalb auf den rein konsumtiven Wert von Informationen verlegen (Unterhaltung), „weil Informationen in politicis für sie keinen investiven Wart haben."

Damit ist natürlich die Verfassungsfrage in einem sehr grundsätzlichen Sinne aufgeworfen. Wie immer man über direkte Demokratie denken mag: Ohne „Herunterzonen" der Zuständigkeiten auf die nächst niedere Ebene, ohne konsequente Devolution in der Kaskade Europa-Bund-Länder-Kommune-Bürger dürfte sich an den beklagten Zuständen wenig ändern. (Kirsch 2004)

Gegenwärtig passt alles irgendwie ganz stimmig zusammen. Die einen beschränken sich auf ihre Rolle als Konsumenten und Zuschauer, und als solche wollen sie unterhalten werden. Und der politisch-mediale Komplex reagiert darauf gemeinsam und augenzwinkernd, indem er sie eben unterhält, für gute Stimmung sorgt, nicht stört und ihnen schon gar nichts zumutet. So könnte es eigentlich ewig weiter gehen, wenn da nicht die neuen Realitäten wären. Die beste

„Vermittlerin von Wirklichkeit" ist auf Dauer – die Wirklichkeit selbst. Und damit gewinnt der öffentliche Dialog zwischen Wissenschaft, Wirtschaft und Politik einen neuen Stellenwert – und eine neue Aufgabe, nämlich Orientierung anzubieten, wenn die alten Paradigmen zusammenbrechen. Alte Paradigmen sterben nicht, weil und sobald sie wissenschaftlich widerlegt werden, sondern weil und wenn sie nichts mehr erklären, die Probleme ganz offensichtlich nicht mehr lösen. Diese Situation scheint jetzt erreicht. Wir haben gegenwärtig nicht diese oder jene „Krise", die man „überwinden" und damit den alten Zustand wieder herstellen kann. Es wird deutlich, dass die industriegesellschaftliche Organisation der Wirtschaft und der Wissenschaft, der Politik und des (Sozial)Staates an ihre Grenzen stößt. Es geht zu Ende eine Epoche, die an ihren Anfängen (und dann noch einmal in der Mitte des 20. Jahrhunderts) ordnungspolitisch recht innovativ und eben deshalb auch recht erfolgreich war. Gelungen ist die Institutionalisierung der Konflikte und Ängste der Industriegesellschaft. In einer Zeit der Transformation kann es deshalb nicht nur um die Vermittlung von Wirklichkeit gehen, sondern auch um das Denken von Gestaltungs- und Ordnungsentwürfen, die angesichts neuer Realitäten ähnliche „Leistungen" für Mensch und Gesellschaft erbringen wie es die Organisation der Industriegesellschaft einmal getan hat. Dazu gehören eine neue Balance zwischen und ein neues Verständnis von Staat, Wirtschaft und Gesellschaft.

Literatur

Dettling, Warnfried (2001): Die Stadt und ihre Bürger. Neue Wege in der kommunalen Sozialpolitik. Grundlagen, Perspektiven, Beispiele, Gütersloh.
Hanfeld, Michael (2002): Die Medienfixierung der Macht. In: FAZ vom 10. September 2002, 38.
Kirsch, Guy (2004): Neue Politische Ökonomie, 5. Auflage, Stuttgart, passim.
Leif, Thomas (2001): Politikvermittlung im Tal der Unterhaltung. In: New Journalism – Vom Kulturgut zum Wirtschaftsgut; Dokumentation 6. Mainzer Mediendisput vom 27. November 2001 in Mainz, 26-40.
Meng, Richard (2002): Der Medienkanzler. Was bleibt vom System Schröder?, Frankfurt am Main.
Miegel, Meinhard (2002): Die deformierte Gesellschaft. Wie die Deutschen die Wirklichkeit verdrängen, Hamburg.
Weingart, Peter (2001): Die Stunde der Wahrheit? Zum Verhältnis der Wissenschaft zu Politik, Wirtschaft und Medien in der Wissensgesellschaft, Weilerswist.

3.4. Mehr Republik wagen
Die offene Gesellschaft verträgt auch keine zivile Uniform

Fritz Goergen

Eines kann man Gerhard Schröder als Bundeskanzler wie SPD-Politiker und seinem grünen Juniorpartner nicht absprechen. An die sozialpolitischen Tabus des aus den Fugen geratenen deutschen Wohlfahrtsstaates hat er sich als erster gewagt. Wer sagt, das reiche nicht, hat in der Sache Recht. Aber sowohl Edmund Stoiber wie Angela Merkel würden noch weniger riskieren. Und Helmut Kohl ist der Bonner Republik alles schuldig geblieben, was mit „geistig-moralischer Wende" immer gemeint gewesen sein mag. Sein Juniorpartner FDP, allen voran „Marktgraf" Lambsdorff gemessen an seinem „Wendepapier", hat an Reformversprechen auch nichts von Gewicht durchgesetzt. Der Wohlfahrtsstaat wuchs nur noch weiter, genauer: er wucherte. Denn die sozial Schwachen profitierten nicht und der Niedergang der Mittelschichten begann. Nur die global tätigen Unternehmen können sich den Folgen und dem Zugriff entziehen – sowie das obere Einkommens – und/oder Vermögenssegment. Immer mehr Menschen werden in ihrem Broterwerb, in ihrer Existenz direkt und indirekt vom Staat abhängig. Von einem Staat, dem eine – gut gemeinte oder bloß leichtfertige? – informelle Allparteien-Koalition immer mehr Ausgaben aufbürdete und immer weniger Einnahmen ermöglichte.

Der klaren Bilanz beißt die Maus keinen Faden ab: Was Schröder 1998 von Kohl übernahm, war noch deutlich schlimmer als der Zustand, den Kohl aus der Ära Brandt/Schmidt 1982 übernahm. Nur zwei Jahre sah es beim selbsternannten Enkel Adenauers so aus, als würde seine Regierung die gesunde Staatsbilanz der Fünfziger und Sechziger Jahre wiederherstellen wollen. Von da an ging es steil bergab.

Die veröffentlichte politische Debatte dreht sich sozial-, wirtschafts- und bildungspolitisch seit 30 Jahren im Kreise. Das Ritual des parteipolitischen Streits verdeckt, dass alle miteinander für die offenkundige Misere in gleicher Weise verantwortlich sind. Dass er auf zwei Ebenen stattfindet – im Bundestag und im Bundesrat – streut den Menschen noch mehr Sand in die Augen. Möglich ist das nur, weil die Massenmedien als Komplizen der Desinformation nicht nur mitmachen, sondern das falsche Spiel in einem beträchtlichen Ausmaß verstärken, wenn nicht selbst inszenieren. Fernsehformaten wie denen von „Kerner" und „Beckmann" wird in letzter Zeit Volksverdummung durch Obrigkeitsbeweihräucherung nachgesagt. Beide zählen zur Formatfamilie Unterhaltung, nicht zu Information und Aufklärung. Aber ihr Stil greift längst aus auf das Infotainment, das die Grenze zwischen Unterhaltung und Information auflöst und bald jede Unterscheidung hinter sich lassen wird. Der Streit zwischen Personen beherrscht die veranstaltete Öffentlichkeit so sehr, dass sich ihrem Diktat niemand mehr zu entziehen wagt. Es ist dieser Personenkrieg, der die letzten Reste einer öffentlichen Debatte in der Sache, um politische Inhalte also, allenfalls noch als Dekor duldet.

Dabei wäre es vergeudete Zeit und Mühe, darüber etwa selbst zu streiten, wer angefangen habe oder schuld sei: die Politik oder die Massenmedien. Die Lage ist einfach da und sie ist hoffnungslos verwickelt. Weil der Karriereweg nach oben und das Obenbleiben nur über den – inhaltslosen – Streit zwischen Personen führt, fällt die Kategorie Politiker nach und nach ganz weg, der es um politisch inhaltliche Ziele geht. Wer noch nicht oben ist, kann den Streit nur mit Personen aus der eigenen Partei anfangen, weil Spitzenpolitiker anderer Parteien sich von „Unteren" aus anderen Parteien selbstverständlich nicht provozieren lassen. (Da tut sich womöglich ein neues Geschäftsfeld des diskret vereinbarten Streits auf: derartigen Konflikt zum Nutzen beider Seiten professionell zu inszenieren.)

Wer diesen parteiinternen Personenstreit überstrapaziert, riskiert rauszufliegen. Wer ihn nicht riskiert, droht auf der Strecke zu bleiben. Weil heute selbst die innerparteiliche Profilierung über die Massenmedien läuft. Wenn Annette Schavan und Günther Oettinger sich in Regionalkonferenzen der Südwest-CDU konkurrierend als Kandidaten ihrer Partei für das Amt des Ministerpräsidenten präsentieren, liefert das nur noch die Bühne für die mediale Meinungsbildung. Nicht, wer sich in der Konferenz besser dargestellt hat, siegt, sondern wen die Massenmedien zum Sieger erklären. So wie im Fernseh-Duell der Kanzlerkandidaten in den Augen von Massen und Eliten nicht der oder die Bessere gewinnt, sondern wen die Massenmedien – nicht die wenigen Qualitätsblätter – als Sieger ausrufen.

Weil das so ist, hat die öffentliche politisch-inhaltliche Debatte keine Chance, weder die ideologische noch die technokratische. Also wird weitergewurstelt. Nur der einsame Könner in unserer Medienwelt, der schon ganz oben ist, kann es sich leisten, wie Schröder in der Sache gegen den Strich zu bürsten – ein Stück weit, eine Zeit lang. Dann muss er politisch inhaltslos, aber symbolisch bedeutungsschwere Bilder von sich inszenieren lassen und machen, die nächste besonders bedeutsame Wahl gewinnen, um dann wieder ein Tabu der Wohlstandsgesellschaft zu knacken. Und dann – da capo. Schaue ich in die real existierende deutsche Massen(medien)landschaft, kann der nächste Bundeskanzler deshalb eigentlich wieder nur Gerhard Schröder heißen.

Aber darum geht es hier nicht, sondern um die Frage, ob und wie der Teufelskreis, in den sich Politik und Medien verstrickt haben, durchbrochen werden kann. Er kann, wenn sich genügend derjenigen zusammen tun, die von der offenen Gesellschaft nicht nur reden, sondern sie bauen wollen. Das ist leicht formuliert und schwer getan. Ich versuche zu beschreiben, was ich meine und wie es beginnen könnte.

Der Wohlfahrtsstaat, hierzulande wird der Begriff Sozialstaat bevorzugt, weicht zurück. Nicht oder jedenfalls viel weniger, weil Fehler erkannt und deshalb korrigiert würden, sondern weil dem Staat das Geld ausgeht. Was übrigens nicht nur das Soziale im engeren Sinne betrifft, sondern auch unabweisbare Aufgaben des Staates wie die Sicherheit auf den Straßen und in den Häusern sowie die an vielen Stellen vernachlässigte Infrastruktur. Unweigerlich tauchen Lücken auf, die der Sozialstaat und der Rechtsstaat schon hatten, und solche, die beider Zurückweichen erzeugt. Oft übrigens, weil an den falschen Stellen gespart wird. Wie auch immer, auf die Ergebnisse kommt es an.

In diese Lücken des Sozialen, der Sicherheit, der Bildung und der Infrastruktur könnten meist – und bei gleichzeitigem Gewinn an Gemeinsinn – alte und neue Institutionen und Organisationen einer offenen Gesellschaft einrücken. Beginnen sollte das – ordnungspolitisch gedacht – wirklich „unten": lokal, kleinräumig, nachbarschaftlich, in und zwischen Familien und Nachbarn, in und zwischen Stadtvierteln und Kleinstregionen. Vielleicht nicht nur beginnen, sondern sich überhaupt lokal und kleinregional organisieren und betätigen. Regional, überregional und national kann das fortgesetzt und verstärkt werden in Netzen, die sich gegenseitig informieren, anregen und kommunikativ etablieren. Selbstorganisation und Nächstenhilfe, die ihren Freiraum gestalten und die offene Gesellschaft bauen. Eine offene Gesellschaft, die so heißt, weil sie nicht vom Staat veranstaltet wird, sondern von den Stadtbürgern – auch in den Dörfern, die ohnedies urban sind oder werden.

Welche Kraft, Phantasie und Engagement hier freigesetzt werden, ahnt, wer die klassischen Einrichtungen amerikanischer Gemeinden kennt und Gastfreundschaft in den meisten Teilen der Welt. Funktionäre halten das chronisch für nicht möglich, weil (die meisten von ihnen gar nicht merken, dass) der unmündige Mensch ihr Maß ist. Doch wo dem Staat das Geld fehlt, seine Untertanen auch weiterhin von der Wiege bis zur Bahre zu bevormunden, sollte es ihm wenigstens leichter fallen, die staatsbürokratischen Hürden Stück für Stück aus dem Weg zu räumen, die dem Bau der offenen Gesellschaft entgegenstehen. Das kostet fast nur das Papier, auf dem überflüssige Vorschriften für aufgehoben erklärt werden. Freiwillige, die höchst kundig sind vorzuschlagen, welche warum als entbehrlich einzuordnen sind, gibt es genug – nicht zuletzt in den staatlichen Bürokratien selbst. In Kirchen und Gewerkschaften – vielleicht sogar Parteien – könnten sich Nachwuchskräfte hervortun und verdient machen, denen es um die Sache geht, vor allem um die allen gemeinsame Sache, die Gemeinschaft. Das würde einen Nachwuchs anziehen, der sich in der Sache erfolgreich profilieren kann.

Denn die offene Gesellschaft ist die einzige Kraft, die eine Gegenöffentlichkeit schaffen kann, eine Gegenöffentlichkeit zu der in den Massenmedien. Zu den Massenmedien, die sich – ihren eigenen Gesetzen gehorchend – an Gemeinwohl und Gemeinsinn nicht orientieren dürfen, weil die keine negativen Nachrichten zum Ziel haben und keinen Streit um des Streits willen. Weil die Öffentlichkeit der offenen Gesellschaft – horribile dictu – den Keim des Konstruktiven in sich trägt – ja, wagen wir ruhig, es zu sagen: des Guten. Kirchen und Gewerkschaften, Bürgerinitiativen und Vereine, die sich solchen Zielen verschreiben, statt vom Staat das Handeln und Zahlen zu verlangen, verzeichneten das wundersame Erlebnis des Zulaufs. Entweder Menschen und ihre freiwilligen Zusammenschlüsse bauen die offene Gesellschaft hier in Deutschland, oder es wird weiterhin keine geben.

46 Milliarden Euro betragen die Bürokratiekosten in Deutschland, hat die Bundesregierung vom Institut für Mittelstandsforschung ausrechnen lassen. Dass der Staat und damit die Politik die Verantwortung für das unglaubliche Ausmaß an Bürokratie trägt, ist allgemein bekannt. Dass Lobby und Verbände wahrscheinlich noch weit mehr Schuld trifft, interessiert die Medien nicht, jedenfalls steht es nicht auf ihrer Agenda. Da wundert es nicht, wenn es dem zuständigen Staatssekretär im Bundesministerium für Wirtschaft und Arbeit vorbehalten blieb, den Spitzen der deutschen Industrie- und Wirtschaftsverbände den verdienten Spiegel vorzuhalten. Staatssekretär Georg Wilhelm Adamowitsch richtete seine Botschaft an die Teilnehmer des jährlichen Symposions des Bundesverbandes deutscher Banken am 8. Juli 2004 in Bonn:

„Im vorigen Jahr haben wir mit den Geschäftsführern der Verbände, die im BDI organisiert sind, über Entbürokratisierung gesprochen. Schnell kamen wir auf das Thema Statistikabbau. Statistik ist für jedes Unternehmen, für ein kleines oder ein großes, ein Gräuel – und dies zu Recht, weil der Aufwand, den die Statistikgesetzgebung in den Betrieben auslöst, erheblich ist, in kleinen und mittleren Unternehmen noch viel stärker als in großen Unternehmen. Ich habe in den besagten Gesprächen das Angebot gemacht und vorgeschlagen, dass wir auf alle amtlich zu erhebenden Statistiken verzichten bis auf diejenigen wenigen, die der Staat zwingend für seine Arbeit braucht. Die Reaktion war ein Aufschrei, war Empörung. Es stellte sich dann heraus, dass unsere bislang erhobene amtliche Statistik zu großen Teilen als Grundlage der Verbandsarbeit dient. Das heißt: Der Staat liefert mit der Erhebung statistischer Daten die empirische Grundlage für einen Teil der Arbeit der Verbände, wird aber gleichzeitig gescholten und für ein Übermaß an Statistikaufwand verantwortlich gemacht."

Seinen Befund formulierte der Berufsbürokrat sehr präzise: „Ein großer Teil der deutschen Gesetzgebung ist nichts anderes als ein Durchtransportieren von Unternehmens- und Verbandsinteressen in rechtliche Formen." Und: „Der Korporatismus in seiner typisch deutschen Ausprägung ist ein nur schwer zu knackendes Bollwerk, wenn es um die Erhaltung von Besitzständen geht, die letztlich nichts anderes als Bürokratie bedeuten." Ohne die Überschuldung des Staates, ohne den Zwang zum Sparen, würde sich niemand von Einfluss und Macht ernsthaft mit Bürokratieabbau und Zivilgesellschaft befassen. So aber lesen wir erstaunt und erfreut in einem Regierungsdokument:

„Ein ‚allpräsenter' Staat passt nicht mehr in ein modernes Staat-Bürger-Verständnis. Bürgerinnen und Bürger in Deutschland sollen ihre gesellschaftliche Selbstverantwortung stärker wahrnehmen können. Hierzu ist es notwendig, diejenigen bürokratischen Hindernisse zu beseitigen, die einer Stärkung von Zivilgesellschaft und Ehrenamt entgegenstehen."

So lautet der erste von zwei Absätzen im „Masterplan Bürokratieabbau" der Bundesregierung vom Februar 2003 zum vierten der fünf „strategischen Handlungsfelder": „Zivilgesellschaft und Ehrenamt".

Der zweite Absatz verrät semantisch, dass die Zivilgesellschaft nur aus purer Finanznot in den Blick des Staates geraten ist: „Der ‚aktivierende Staat' fordert und fördert daher bürgerschaftliches Engagement und Selbstverantwortung und schafft die Voraussetzungen, damit sich Bürgerinnen und Bürger zum Wohl der Allgemeinheit einsetzen und den Staat von Aufgaben entlasten können. Dieser erhält dadurch den notwendigen Spielraum für seine wirklichen Aufgaben zurück."

Die offene Gesellschaft war schon da, als der Staat zu entstehen begann. Diese Feststellung gilt leider nur für die Vereinigten Staaten von Amerika und andere Länder, aber nicht für Deutschland. In der umgekehrten Reihenfolge geht es offensichtlich viel schlechter und vor allem dramatisch langsamer. Die „unsichtbare Hand" kommt einem unweigerlich in den Sinn, wenn nun aus dem Geldmangel des Staates nach langer Zeit die neue Chance wächst, die offene Gesellschaft hierzulande vielleicht doch noch zu bauen. Meine Skepsis rührt daher, dass nicht einmal die Rolle des Staates im Nationalsozialismus an der Obrigkeitsgläubigkeit der Deutschen Grundlegendes geändert hat. Ja, die bei „Attac" versammelten jungen Leute scheinen den allzuständigen Staat als Inkarnation von Gemeinsinn anzusehen. Bahn und Post sollen vom Staat veranstaltet werden, Schulen und Hochschulen, Wasser und Energie, Fernsehen und Telekommunikation usw. Ihr Feindbild ist „der Kapitalismus", sind die globalen Konzerne, ist „die Wirtschaft" und insofern auch das Private. Dabei lohnt doch erst der einfache Blick auf die Frage, welche Aufgaben im Zusammenleben von Menschen besser privat, in kleinen sozialen Netzen bis hin zur Gemeinde und Region viel besser ohne Staat, aber in dem von ihm geschaffenen und garantierten Ordnungsrahmen des Rechts erfüllt werden können, bevor nach der Staatstätigkeit selbst gerufen wird. Was „unten" wer mit sozialem und kulturellem Gewinn für alle selbst in die Hand nehmen kann.

Doch halt, spätestens hier wird der Einwand lauten: Was geschieht mit denen, die nicht nur für sich selbst nicht sorgen können, sondern für die auch sonst niemand sorgt? Wer heute schon durch die Maschen des staatlichen sozialen Netzes fällt oder morgen durch das der freiwilligen Netze der offenen Gesellschaft, sollte meiner Meinung nach aus der Solidarkasse aller erwerbstätigen und vermögenden Citizens sozial und kulturell eine Mindestsicherung erhalten, die unseren Wohlstandsmaßstäben standhält. Die Solidarkasse sind deshalb die Steuereinnahmen, weil sie das Umverteilungsinstrument sind, welches das Wirtschaften am wenigsten daran hindert, erfolgreich zu handeln und damit als Quelle nicht zu versiegen, aus der die Solidarkasse allein finanziert werden kann.

Die individuelle Förderung von der Kinderkrippe bis zur ersten Berufsqualifikation sollte die Solidarkasse bezahlen, statt die Organisationsdiskussion der letzten 30 Jahre fortzusetzen. Bildungs- und Ausbildungsstandards, die regelmäßig geprüft, beurteilt und weiterentwickelt werde, werden den verschiedenen Anlagen und Neigungen der Kinder und Jugendlichen in hohem Maß gerecht. Die bestehenden und neuen staatlichen und nicht-staatlichen Bildungs- und Ausbildungseinrichtungen sollten um die bessere Erreichung dieser Standards in einen konstruktiven Wettbewerb eintreten. Dann kann der nächste PISA-Test kommen.

Die medizinische Versorgung auf einem guten Niveau sollte allen legal in Deutschland lebenden Menschen als Teil einer modernen sozialen Grundversorgung ebenfalls aus der Solidarkasse zur Verfügung gestellt werden – gegen Gutscheine, die nicht übertragbar sind. Was allein durch den Wegfall der Gesundheitsbürokratien an Kosten gespart würde, könnte in die Qualität des Gesundheitssystems gesteckt werden. An Einrichtungen der offenen Gesellschaft, die für Vorsorge werben und sie organisieren, die über die Grundversorgung hinausgeht, wird es keinen Mangel geben. Fitness und Gesundheit sind überall in den älter werdenden Gesellschaften schnell auf dem Vormarsch und neben dem lebenslangen Lernen ein Wirtschaftssektor mit großer Zukunft.

Sind alle Menschen in Deutschland die materiellen Sorgen des Alltags im Großen und Ganzen los, weil sie aus der Solidarkasse finanziert werden, können alle daran gehen, Gesellschaft einschließlich ihrer wichtigen Teiles Wirtschaft mit möglichst wenigen Vorurteilen so zu gestalten, dass sie sich zum Wohle aller entfalten können. Das braucht eine freie Debatte, wie wir sie heute vor allem auch wegen der Struktur der „öffentlichen Meinung" nicht haben.

Das Internet ist der geborene Ort für die Gegenöffentlichkeit der offenen Gesellschaft. Im Stadtviertel sind es ergänzend selbst gemachte Druckerzeugnisse, eigene Veranstaltungen und Aktionen. Über diese lokalen und kleinregionalen Ereignisse informiert man im Internet. Zu dieser Öffentlichkeit hat jeder gleichen Zugang. Hier lohnt der Blick auf die Aktivitäten von Attac in ihrer grenzenlosen Vielfalt, Organisation und Spontaneität in gleicher Weise. Welche Kraft in einer solchen Mischung von Medien liegt, die erst einmal und für lange Zeit mit geringsten Kosten auskommt, hat noch kaum jemand in Deutschland wirklich erkannt; die Parteien – jedenfalls gemessen an ihrem Internet-Engagement – ganz sicher nicht.

Die deutschen Parteien leiden in mehrfacher Weise an einem ideologischen, einem politisch-inhaltlichen Identitätsverlust. Er manifestiert sich bei den Wählern, am deutlichsten bei den Nichtwählern, als Vertrauensverlust. Statt sich diesem Substanz- und Strukturverlust in einer selbstkritischen Diskussion zu stellen, reagieren die Parteien mit Schuldzuweisungen an die uneinsichtigen Wähler, mit vorwurfsvollen Appellen – kurz: mit Demokratieentzug. Von den Medien werden sie in der Wählerbeschimpfung und -diskriminierung kräftig unterstützt. „Wir" hier oben gegen die „da draußen an den Bildschirmen". Nichts ist entlarvender als dieser in allen Teilen der deutschen Eliten gängige Formulierung: „da draußen an den Bildschirmen". „Drinnen" sind also die in den Regierungen, im Parlament, in den Büros der Bosse – kurz: jene, welche „die da draußen" ihrerseits dort „drinnen" bei Christiansen, Illner & Co. „an den Bildschirmen" bewundern dürfen. Ein angesehener Kommentator einer angesehenen Zeitung schrieb im November 2004, vom Vertrauensverlust der Menschen in die Politiker sei dauernd die Rede, aber niemand spräche von der umgekehrten Frage, vom „Vertrauen der Politiker in ihre Wähler". Das ist kommunikativer Klassenkampf von oben.

Der veröffentlichten Öffentlichkeit der Massenmedien muss eine Gegenöffentlichkeit einer entstehenden offenen Gesellschaft gegenüber gesetzt werden, die in und durch einen solchen Prozess selbst erst wachsen kann und wird. Die zahlreichen Initiativen, welche im Laufe des Jahres 2004 entstanden und gewachsen sind, vom „Bürgerkonvent" bis zur Initiative „Neue Soziale Marktwirtschaft", von Attac bis zur Wahlalternative „Arbeit und soziale Gerechtigkeit", sind lauter Indizien für den Funktionsverlust der Parteien und den Bedarf nach der eigenen Einrichtungen der offenen Gesellschaft. Quer durch die Gesellschaft gibt es bereits zahlreiche Vereine, Initiativen und Organisationen. Ihnen fehlen die Plattformen der Gegenöffentlichkeit einer offenen Gesellschaft, die Meinungs-offenen Bedingungen einer von keiner Obrigkeit vorzensierten Öffentlichkeit. Die Geldgeber vieler Initiativen, die sich mit teuren Zeitschriften- und

Zeitungsanzeigen und TV-Spots in die veröffentlichte Öffentlichkeit der Massenmedien einkaufen, erreichen dort gerade jene engagierten und konstruktiven Menschen nicht, die sich nicht nur von den Parteien, sondern auch von der genannten veröffentlichten Meinung abwenden. Diese Initiativen sollten lieber helfen, eine freie Öffentlichkeit für eine offene Gesellschaft zu bauen. Dort sind die großen Engagement-Reserven anzutreffen, die eine lebendige Res Publica so dringend braucht.

Autorenverzeichnis

Holger Backhaus-Maul, Soziologe und Verwaltungswissenschaftler, wissenschaftlicher Mitarbeiter an der Martin-Luther-Universität Halle-Wittenberg im Fachbereich Erziehungswissenschaften, Fachgebiet Recht, Verwaltung und Organisation, Mitglied u.a. im Vorstand von „Aktive Bürgerschaft e.V." (Berlin), lebt in Potsdam. Internet: www.aktive-buergerschaft.de; www.b-b-e.de

Daniel Dettling, Jurist und Politikwissenschaftler, ist Gründer und Vorsitzender von berlinpolis. Nach seinem Zivildienst in Israel studierte er Rechts-, Politik- und Verwaltungswissenschaften sowie Politische Ökonomie an den Universitäten Freiburg, Fribourg (CH) und Potsdam (2. Staatsexamen Jura.). Er ist Herausgeber der Edition Berliner Republik, Mitgründer der Deutschen Gesellschaft für Politikberatung (degepol) und Vorstandsmitglied des Club von Berlin. Zahlreiche Veröffentlichungen zu Fragen der Netzdemokratie, Sozial- und Wirtschaftspolitik und politischen Kommunikation. 2004 gründete er den „Innovationsrat der nächsten Generation". Letzte Veröffentlichung: „Weißbuch Bildung. Für ein dynamisches Deutschland" (Vs Verlag für Sozialwissenschaften)
e-Mail: daniel.dettling@berlinpolis.de

Warnfried Dettling, geb. 1943 in Kuppenheim/Baden, studierte Politikwisseßschaft und Soziologie, Klassische Philologie und Philosophie in Würzburg, Freiburg im Breisgau und an der London School of Economics and Political Sciences; M.A., Dr. phil. von 1973 bis 1983 zunächst Leiter der Planungsgruppe, später auch der Hauptabteilung Politik in der CDU-Bundesgeschäftsstelle, danach (bis 1991) Ministerialdirektor im Bundesministerium für Jugend, Familie, Frauen und Gesundheit, lebt als freier Publizist und Autor für Tages- und Wochenzeitungen sowie TV und Radio in Berlin und im Waldviertel (Niederösterreich). Kontakt: w.dettling@t-online.de

Fritz Goergen, 62, leitete FDP-Wahlkampagnen seit 1972, von 1979 bis 1983 als Bundesgeschäftsführer, führte als CEO von 1983 bis 1995 die Friedrich-Naumann-Stiftung, machte sich dann als Berater und Publizist selbständig, übernahm 2000 FDP-Wahlkampf Jürgen Möllemanns in Nordrhein-Westfalen; danach Strategieberater Guido Westerwelles im Bundeswahlkampf 2002, trat nach der Wahl aus der FDP aus, berät seitdem wieder Führungspersonen in Gesellschaft und Wirtschaft – vor allem in strategischer Kommunikation.

Günter Gerstberger, geb. 1950 in Langenau/Württemberg, studierte nach seinem Schulbesuch in Deutschland und USA Philosophie sowie neuere und ältere Sprachen und Literaturen in Tübingen, Montpellier und Freiburg, Lektor für deutsche Sprache und Literatur an der Universität Valladolid und seit 1985 tätig bei der Robert Bosch Stiftung in Stuttgart, derzeit Leiter des Programmbereichs „Jugend, Bildung, Bürgergesellschaft.

Christiane Frantz, Jg. 1970, Hochschuldozentin am Institut für Politikwissenschaft der Universität Münster, betrieb Forschungen zu Organisationen des Dritten Sektors, europäisches Regieren und europäische Politik sowie europäische Zivilgesellschaft. Kontakt: frantzc@uni-muenster.de

Thomas Leif, geb. 1959, Chefreporter beim Fernsehen SWR Landessender Mainz und Vorsitzender von Netzwerk Recherche (www.netzwerkrecherche.de), studierte Politik, Publizistik und Pädagogik, Herausgeber der Vierteljahreszeitschrift Forschungsjournal neue soziale Bewegungen (Lucius Verlag Stuttgart), Kontakt: thomas.leif@faberdesign.de

Richard Meng, geb. 1954, studierte Politikwissenschaft, Mathematik und Soziologie in Gießen, 1980/82 Lehramtsreferendariat am Gymnasium in Friedberg (Hessen), 1984 Promotion in Sozialwissenschaften, seit 1984 Redakteur der "Frankfurter Rundschau", zunächst als Reporter, Seite-3-Redakteur, ab 1988 landespolitischer Korrespondent in Wiesbaden, ab 1996 Büroleiter in Bonn, seit 1999 in Berlin als bundespolitischer Korrespondent sowie stellvertretender Büroleiter.

Gerd Mielke, geb. 1947 in Schleswig, 1969 – 1974 Studium der Geschichte, Politikwissenschaft und Anglistik, 1975 – 1992 Doktorand, wiss. Mitarbeiter und Akademischer Rat am Seminar für wissenschaftliche Politik der Universität Freiburg, Dozent am „Institute of European Studies", Freiburg, seit 1980 Mitglied der „Arbeitsgruppe Wahlen Freiburg", 1992 – 2004 Tätigkeit in der Staatskanzlei Mainz, u.a. Leiter der Abteilung „Grundsatzfragen und Regierungsplanung" und Leiter der Stabsstelle Grundsatzfragen, seit Juli 2004 Dozent am Institut für Politikwissenschaft der Universität Mainz, Forschungsschwerpunkte: Wahl- und Parteienforschung, politische Kulturforschung, zahlreiche Veröffentlichungen zu diesen Themenfeldern.

Rupert Graf Strachwitz, Politikwissenschaftler, Direktor des Maecenata Instituts für Philanthropie und Zivilgesellschaft an der Humboldt Universität zu Berlin und geschäftsführender Gesellschafter der Beratungsgesellschaft Maecenata Management GmbH, München, über 30 Jahre berufliche und ehrenamtliche

Erfahrungen im und mit gemeinnützigen Bereich, in vergangenen 15 Jahren Auseinandersetzung mit dem Stiftungswesen, in einer Reihe von Vereinen und Stiftungen im In- und Ausland engagiert, Publikationen zu dieser Thematik, Informationen: www.maecenata.de / www.maecenata-management.de / www. strachwitz.info.

Ulrich von Alemann, geb. 1944 in Seebach, Thüringen, Studium an Universitäten Münster und Köln, dann an Universität Bonn Fach Politikwissenschaft sowie Geschichte, Soziologie und Staatsrecht, 1969/70 Master of Arts in political science an der University of Alberta in Edmonton, Kanada, 1973 Promotion im Fach Politikwissenschaft, bis 1977 wiss. Assistent an Universität Bonn, 1978 Professur für Politikwissenschaft an Pädagogischer Hochschule Rheinland, Abt. Neuss, 1998 Lehrstuhl Politikwissenschaft II der Heinrich-Heine-Universität Düsseldorf, Mitglied zahlreicher wissenschaftlicher Beiräte sowie politischer Berater für Bundes- und Landesregierungen, Publikationen in den Medien, Kontakt: alemann@uni-duesseldorf.de

Johannes von Thadden, geb. 1956 in Leutkirch / Allgäu., studierte Volkswirtschaftslehre, Geschichte und Politikwissenschaft an der Universität des Saarlandes, Saabrücken, 1981/82 Fulbright - Stipendiat University of Washington, Seattle, Wa., USA, 1985 Promotion zum Dr. rer. pol. in Volkswirtschaft und Politikwissenschaft, 1983/84 wiss. Mitarbeiter am Institut für Politikwissenschaft Universität des Saarlandes, von 1984 – 2002 verschiedene Verantwortungen im Deutschen Industrie- und Handelskammertag in Bonn und Berlin, von 1993 – 94 in der Industrie- und Handelskammer Frankfurt am Main und in der Deutsch – Französischen Industrie- und Handelskammer Paris, 2003 Stellvertretender Generalsekretär der Konrad-Adenauer-Stiftung Sankt Augustin und Berlin, seit 1. Januar 2004 Bundesgeschäftsführer der CDU.

Bernhard Weßels, wissenschaftlicher Angestellter am Wissenschaftszentrum Berlin für Sozialforschung (WZB), Abteilung „Demokratie: Strukturen, Leistungsprofil, Herausforderungen", lehrt Politikwissenschaft an der Freien Universität Berlin, Forschungsgebiete: Wahlen, Interessenvermittlung und politische Repräsentation.

Elmar Wiesendahl, geb. 1945, Dipl.-Soziologe, Dr. rer. pol. habil., Studium der Soziologie und Volkswirtschaftslehre in Münster und Hamburg, Professor für Politikwissenschaft an der Universität der Bundeswehr München, Tätigkeitsschwerpunkte auf den Gebieten der Parteiensoziologie, Demokratie- und Elitenforschung sowie Personalführung, Kontakt: 089 6004 3163/3164, Elmar.Wiesendahl@unibw-muenchen.de

Über dieses Buch

Im Juli 2004 hat berlinpolis in Kooperation mit dem Wissenschaftszentrum Berlin und unterstützt von der Robert Bosch Stiftung die Tagung „Parteien in der Bürgergesellschaft – Konflikt oder Kooperation?" durchgeführt. Den Partnern und Teilnehmern, vor allem den Referenten und Autoren dieses Buch sei herzlich gedankt.

Kontakt:

Daniel Dettling
Vorsitzender berlinpolis e.V.
Torstr. 98
10119 Berlin

Tel. 030-44047 805
Fax: 030-44047 806

www.berlinpolis.de

Neu im Programm Politikwissenschaft

Franz Nuscheler
Internationale Migration
Flucht und Asyl
2., vollst. überarb. und akt. Aufl. 2004.
233 S. Grundwissen Politik Bd. 14.
Br. EUR 24,90
ISBN 3-8100-3757-5

Das Buch gibt eine fundierte Einführung in die Problematik der Migration, wie sie sich heute international und in Deutschland darstellt.

Martin Sebaldt / Alexander Straßner
Verbände in der Bundesrepublik Deutschland
Eine Einführung
2004. 348 S. Br. EUR 17,90
ISBN 3-531-13543-0

Dieses Studienbuch widmet sich allen wichtigen Aspekten von Verbänden, Verbändesystem und Verbändepolitik im politischen System der Bundesrepublik Deutschland. Neben den Grundlagen vermittelt es auch Einblick in die neueren Entwicklungen seit der deutschen Einheit und wirft einen Blick auf die europäische Ebene.

Hans-Georg Wehling (Hrsg.)
Die deutschen Länder
Geschichte, Politik, Wirtschaft
3., akt. Aufl. 2004. 408 S. Br. EUR 24,90
ISBN 3-531-43229-X

In diesem Buch werden die 16 Bundesländer vorgestellt: nach geografischen Grundlagen, nach Geschichte und politisch wirksamen Traditionen, nach Wirtschaftsstruktur und wirtschaftlicher Bedeutung, nach ihren politischen Verhältnissen wie Verfassung, Parteien, Wahlen und Verwaltungsaufbau.
Das zweite große Thema des Bandes ist der deutsche Föderalismus in seiner spezifischen Ausprägung, seiner gegenwärtigen Gestalt, seiner Entwicklung, seinen Problemen und Reformperspektiven.

Erhältlich im Buchhandel oder beim Verlag.
Änderungen vorbehalten. Stand: Januar 2005.

www.vs-verlag.de

VS VERLAG FÜR SOZIALWISSENSCHAFTEN

Abraham-Lincoln-Straße 46
65189 Wiesbaden
Tel. 0611.7878-722
Fax 0611.7878-400

Neu im Programm Politikwissenschaft

Kofi Annan
Die Vereinten Nationen im 21. Jahrhundert
Reden und Beiträge 1997 - 2003
Herausgegeben von Manuel Fröhlich.
2004. 298 S. Br. EUR 24,90
ISBN 3-531-13872-3

Klaus von Beyme
Das politische System der Bundesrepublik Deutschland
Eine Einführung
10. Aufl. 2004. 436 S. Br. EUR 19,90
ISBN 3-531-33426-3

Steffen Dagger / Christoph Greiner / Kirsten Leinert / Nadine Meliß / Anne Menzel (Hrsg.)
Politikberatung in Deutschland
Praxis und Perspektiven
2004. 223 S. Br. EUR 24,90
ISBN 3-531-14464-2

Bernhard Frevel / Berthold Dietz
Sozialpolitik kompakt
2004. 241 S. Br. EUR 16,90
ISBN 3-531-13873-1

Andreas Kießling
Die CSU
Machterhalt und Machterneuerung
2004. 380 S. Br. EUR 34,90
ISBN 3-531-14380-8

Herbert Obinger
Politik und Wirtschaftswachstum
Ein internationaler Vergleich
2004. 271 S. mit 16 Abb. und 48 Tab.
Br. EUR 29,90
ISBN 3-531-14342-5

Rudolf Schmidt
Die Türken, die Deutschen und Europa
Ein Beitrag zur Diskussion in Deutschland
2004. 156 S. Br. EUR 21,90
ISBN 3-531-14379-4

Petra Stykow / Jürgen Beyer (Hrsg.)
Gesellschaft mit beschränkter Hoffnung
Reformfähigkeit und die Möglichkeit rationaler Politik. Festschrift für Helmut Wiesenthal
2004. 358 S. mit 3 Abb. und 20 Tab.
Br. EUR 49,90
ISBN 3-531-14039-6

Erhältlich im Buchhandel oder beim Verlag.
Änderungen vorbehalten. Stand: Januar 2005.

www.vs-verlag.de

VS VERLAG FÜR SOZIALWISSENSCHAFTEN

Abraham-Lincoln-Straße 46
65189 Wiesbaden
Tel. 0611.7878-722
Fax 0611.7878-400

MIX
Papier aus verantwortungsvollen Quellen
Paper from responsible sources
FSC® C105338

If you have any concerns about our products,
you can contact us on
ProductSafety@springernature.com

In case Publisher is established outside the EU,
the EU authorized representative is:
Springer Nature Customer Service Center GmbH
Europaplatz 3, 69115 Heidelberg, Germany

Printed by Libri Plureos GmbH
in Hamburg, Germany